William Hastings Burke
Hermanns Bruder

AF201832

atb aufbau taschenbuch

WILLIAM HASTINGS BURKE wurde 1983 geboren und wuchs in Sydney auf. Er lebte in den USA, Deutschland, Norwegen und Großbritannien und absolvierte ein Volkswirtschaftsstudium an der University of Sydney.

Gesine Schröder, geb. 1976, studierte in Kiel und Berlin. Sie übersetzte u. a. Kim Edwards und Curtis Sittenfeld aus dem Englischen.

Unterschiedlicher könnten zwei Brüder nicht sein: Hermann Göring, geboren 1893, ist rebellisch, hasst die Schule, findet seine Bestimmung im Soldatentum. Albert, geboren 1895, ist wohlerzogen und musisch veranlagt. Während Hermann sich der Hitler-Bewegung anschließt und zu einem der größten Nazi-Verbrecher wird, geht Albert ins Ausland, unterstützt die tschechische Widerstandsbewegung, verhilft Verfolgten zur Flucht. Die Liste der 34 Personen, die er gerettet haben soll, führt Jahrzehnte später den jungen Australier William Hastings Burke quer durch Deutschland, Europa und die USA. Er interviewt Zeitzeugen und Hinterbliebene und sucht zugleich nach dem, was dieDeutschen heute ausmacht.

»Ein wunderbares Stück Literatur.« *Aliza Olmert*

William Hastings Burke

Hermanns Bruder

Wer war Albert Göring?

*Aus dem Englischen
von Gesine Schröder*

aufbau taschenbuch

Die Originalausgabe unter dem Titel
»*Thirty four*«
2009 bei Wolfgeist Limited, London.

FSC
www.fsc.org
MIX
Papier aus ver-
antwortungsvollen
Quellen
FSC® C083411

ISBN 978-3-7466-2674-1

Aufbau Taschenbuch ist eine Marke der Aufbau Verlag GmbH & Co. KG

1. Auflage 2014
© Aufbau Verlag GmbH & Co. KG, Berlin 2014
Die deutsche Erstausgabe erschien 2012 bei Aufbau,
einer Marke der Aufbau Verlag GmbH & Co. KG
© William Hastings Burke, 2009
Umschlaggestaltung hißmann, heilmann, Hamburg
unter Verwendung von Originaldokumenten
und Fotos © Wolfgeist Limited
grafische Adaption morgen, Kai Dieterich
Satz LVD GmbH, Berlin
Druck und Binden CPI – Clausen & Bosse, Leck
Printed in Germany

www.aufbau-verlag.de

Für Da

Die Liste der Geretteten*

1. *Ehepaar Dr. Alsegg*
2. *Alfred Barbasch*
3. *Ehepaar Benaroya*
4. *Ehepaar Benbassat*
5. *Prof. Dr. med. Bauer*
6. *Prof. Dr. med. Charvat*
7. *Prof. Dr. med. Diviš*
8. *Prokurist Gratien*
9. *Dr. jur. W. Grüss*
10. *Michael Hohensinn*
11. *Ing. Vilem Hromadko*
12. *Erzherzog Joseph Ferdinand*
13. *Ing. Georg Kantor*
14. *Dr. med. L. Kovacs*
15. *Frau Franz Lehár*
16. *Fräulein M. Likar*
17. *Frau Direktor V. Maschek*
18. *Dr. med. Medvey*
19. *Frau de Montmollin*
20. *Dir. Jan Moravek*
21. *Frau Hans Moser*
22. *Familie Serge Otzop*
23. *Inspektor Pernkopf*
24. *Familien Pilzer*
25. *Familie Pollak*
26. *Mann von Henny Porten*
27. *Dr. Kurt v. Schuschnigg*
28. *Gen. Dir. Bruno Seletzky*
29. *Major Frank Short*
30. *Franz Šimonek*
31. *Hans Stahl*
32. *Gen. Dir. Karel Staller*
33. *Dr. Vilem Szekely*
34. *Dir. Franz Zrno*

* *Die Schreibweisen folgen hier dem Originaldokument von Albert Göring und weichen deshalb im Text mitunter leicht ab.*

1. Der Kompass

Der Name. Sein Name ist der Grund dafür, dass er in diesem finsteren Loch gelandet ist. Es ist Mai, man schreibt das Jahr 1945 – das genaue Datum kennt er nicht –, und er findet sich als Häftling der US Army im Seventh Army Interrogation Center (Verhörzentrum der 7. US-Armee) in Augsburg wieder. Das ehemalige Mietshaus im Stadtteil Bärenkeller wird jetzt von der jüngst inhaftierten NS-Elite bevölkert, die hier ihrem Prozess in Nürnberg entgegensieht. Zehn von ihnen werden ein Jahr darauf zum Tod durch den Strang verurteilt worden sein.

In einer der improvisierten Zellen macht er sich daran, seine Verteidigung vorzubereiten. Als er sich von der Pritsche erhebt, um sich an den Schreibtisch unter dem vergitterten Fenster zu setzen, durchzuckt ihn ein reißender Schmerz; ein Nierenleiden macht ihm zu schaffen, von dem seine Bewacher nichts bemerken. Seine Frau und die kleine Tochter, die nicht ahnen, wo er sich überhaupt befindet, warten daheim in Salzburg verzweifelt auf Nachricht von ihm.

Man hat ihn beschuldigt, ein Komplize des NS-Regimes zu sein – jenes Regimes, dem er sich mit all seiner Kraft entgegengestellt und das ihn nur fünf Monate zuvor der Subversion bezichtigt hat. Der Gestapo galt er als Staatsfeind, als Dorn im Fleisch des Volkskörpers. Juden und Nichtjuden, politische und apolitische Menschen, Arier wie Slawen, Reiche wie Arme hat er beschützt, hat sie aus Konzentrationslagern befreit oder ihnen zur Flucht über die Grenzen verholfen. Doch seine Bewacher wollen von alledem nichts wissen. Für sie zählt einzig und allein sein Name.

Denn es geht hier um den jüngeren Bruder eines weiteren Gefangenen: In Zelle fünf desselben Verhörzentrums sitzt der größte Fisch, der den Alliierten ins Netz gegangen ist, der ehemalige Reichsmarschall und Oberbefehlshaber der Luftwaffe Hermann Göring. Albert Göring – so heißt der Mann, von dem in diesem Buch die Rede sein wird – hat sich gegen Ende des Krieges im amerikanischen Counter Intelligence Corps (der Spionageabwehr-Abteilung des Heeres) gemeldet und ist sofort verhaftet worden. Nun beginnt er, seine Geschichte zu erzählen, eine phantastische Geschichte voller Heldentaten, geheimer Missionen und unfassbarer Tollkühnheiten. Er erzählt, wie er auf die herrschaftlichen Privilegien einer Kaste verzichtete, die ihn seines Namens wegen jederzeit aufgenommen hätte, und behauptet, er habe seinen Status stattdessen genutzt, das Regime von innen her anzugreifen. Er unterhält die Befrager mit Anekdoten, in denen er nur knapp der Gestapo entgeht, sich in aller Öffentlichkeit schützend vor alte jüdische Damen stellt, einen Devisenschmuggel aufbaut oder für Flüchtlinge Papiere fälscht ... und man glaubt ihm nicht. Einer der Amerikaner, Major Paul Kubala, kommt zu dem Schluss: »Das Ergebnis der Vernehmung von Albert GOERING, Bruder des REICHSMARSCHALLS Herman [sic], ist einer der plattesten Versuche der Reinwaschung und Ehrenrettung, die das SAIC [Seventh Army Interrogation Center] je erlebt hat. Albert GOERINGs Mangel an Raffinesse lässt sich allenfalls noch mit der Körpermasse seines fettleibigen Bruders vergleichen.«[1]

Deshalb trägt er jetzt in seiner Zelle auf fünf Seiten vierunddreißig Namen zusammen, die das Unglaubliche glaubhaft machen sollen. Als Titel wählt er »Menschen, denen ich bei eigener Gefahr (dreimal Gestapo-Haftbefehle!) Leben oder Existenz rettete«. Dann folgen, in alphabetischer Reihenfolge, die vierunddreißig Namen einer kleinen Auswahl von Menschen, denen er geholfen hat, der Verfolgung zu entgehen. Er fügt ihre Titel und Berufe, ihre früheren Adressen, die Staatsangehörigkeit, den Ort der letzten

Begegnung, die aktuellen Adressen, die »Art der Hilfe« sowie die »Rasse« hinzu. Dann unterschreibt er und übergibt das Dokument seinen Bewachern. Sein Schicksal liegt nun in ihren Händen.

Sechzig Jahre später sitze ich in den National Archives in Washington und halte eben diese Liste in den Händen, die Albert damals zusammengestellt hat. Diese fünf unscheinbaren, fleckigen Seiten sind meine erste wahre Berührung mit Albert Göring.

Aber eins nach dem anderen. Besser beginne ich in meiner Heimatstadt Sydney in Australien, auf dem Campus der University of Sydney, bei meiner Abschlussfeier. Meine Eltern sind da und schlagen sich tapfer mit den Tücken ihrer Digitalkamera herum. Mein Betreuer schüttelt mir feierlich die Hand, wildfremde Menschen wünschen mir alles Gute. Und jetzt?, fragen sie alle. Eine Dissertation in Philosophie oder Finanzwissenschaft vielleicht? Nein, ich will mich weder mit dem Doktortitel noch mit dem Windsorknoten schmücken. Stattdessen erzähle ich ihnen von der Idee, die mich seit einiger Zeit beschäftigt, von einer Geschichte, die mir nicht mehr aus dem Kopf geht, seit ich einen Dokumentarfilm über den Bruder von Hermann Göring gesehen habe[*]: Göring, diese Personifikation des Terrorregimes, hieß es da, hatte einen Bruder, der Widerstand leistete.

Die Vorstellung, jenes Monster, das wir aus dem Geschichtsunterricht kannten, hätte einen Oskar Schindler zum Bruder gehabt, schien mir geradezu unglaublich. Ein kurzer Besuch in der Stadtteilbibliothek, ein längerer in der Bibliothek meiner Universität und eine Konsultation der allwissenden Suchmaschine Google hatten wenig zutage befördert, das die Geschichte hätte bestätigen oder widerlegen können. Da musste doch mehr zu finden sein! War es denn möglich, dass die Leistungen eines Mannes durch

[*] *The Real Albert Goering, 3BM TV, 1998.*

die Persönlichkeit seines Bruders vollkommen ausgelöscht wurden? Der Name Göring wurde plötzlich so vielschichtig, dass ich an der Geschichtsschreibung zu zweifeln begann.

Einen Monat nach jener Abschlussfeier buchte ich ein Around-the-World-Ticket und verließ Sydney mit einem klaren Ziel vor Augen, jedoch ohne zu wissen, wie ich es erreichen sollte. Von außen betrachtet, sah alles nach einem typischen Backpacker-Abenteuertrip aus oder wie die pubertäre Weigerung, erwachsen zu werden. Doch ich hatte eine Mission: Ich wollte endlich die Spekulationen und Gerüchte von den Fakten trennen, bis Alberts wahre Geschichte zutage trat.

Und diese Mission beginnt hier, in den US National Archives, mit diesen fünf eselsohrigen Papierbögen in meiner Hand. Ich sitze in dem klinisch sauberen Lesesaal zwischen Tweedsakko- und Schnurrbartträgern und versuche mich in Albert hineinzuversetzen, der sie vor so vielen Jahren in seiner Zelle beschrieben hat. Ich frage mich, warum er aus den Hunderten von ihm geretteten Menschen gerade diese Namen wählte. Der Habsburger Erzherzog Joseph Ferdinand ist an zwölfter Stelle dabei und der glücklose österreichische Kanzler Dr. Kurt von Schuschnigg als Nummer siebenundzwanzig. Es sind alles Prominente, wird mir klar, Menschen, die man leicht finden und befragen kann, selbst heute noch.

In dem Moment beginne ich die Liste der Geretteten als Landkarte zu begreifen: als hätte Albert die gesamte Geschichte seiner Kriegsjahre in kondensierter Form in diese vierunddreißig Namen gelegt, als wäre die Liste ein Koordinatensystem. Meine Reise ins Ungewisse bekommt auf einmal eine Richtung. Die angestaubten Aktenstapel und papierenen Spuren, die ein Mensch hinterlässt, sind nur tote Überbleibsel. Doch diese Liste ist weit mehr als Papier. In ihr melden sich die Menschen zu Wort, die Albert Görings lebendiges Andenken wahren. Ihre Stimmen, das weiß ich jetzt, werden auf dieser Reise mein Kompass sein.

2. Nimmerland

Von meinem Fenster blicke ich auf den Schwarzwald, den gerade dichter Nebel in eine märchenhafte Aura hüllt. Hier könnte jederzeit ein kleines Mädchen mit leuchtend roter Kappe vom Weg abkommen, und eine Prinzessin, weiß wie Schnee, könnte mit ihren kleinwüchsigen Verehrern hinter dem nächsten Hügel leben. Es ist das Reich der Brüder Grimm und seit neuestem mein Zuhause. Hier möchte ich meine Suche nach der wahren Geschichte der Göring-Brüder beginnen.

Ich lebe in einer Wohngemeinschaft in Wiehre, einem besonders pittoresken Viertel der Bilderbuchstadt Freiburg, nahe der französischen und der Schweizer Grenze. Wenn ich will, kann ich in Deutschland frühstücken, in der Schweiz zu Mittag essen und pünktlich zum Abendessen in Frankreich sein. Die Stadt ist eine Art Nimmerland für Hippies, Ökos, Punks, studentische Aktivisten in Palitüchern und allerhand Sonderlinge, die von der rauen Realität um sie herum nichts wissen wollen. Hier ist ihr Refugium, in dem sie sich selig treiben lassen und die Schlechtigkeiten und Verbindlichkeiten der Erwachsenenwelt getrost vergessen können.

Als ich beschloss, in diese altehrwürdige Universitätsstadt zu ziehen, malte ich mir aus, dass ich in ein geistiges Milieu eintauchen würde, aus dem der nächste Friedrich Nietzsche hervorgehen könnte, der nächste Günter Grass oder Karl Marx. Aber bis auf die andere Sprache und die Verbindungsfeten habe ich hier dieselbe bierselige Kumpanei vorgefunden wie in meiner letzten Studentenstadt: in »Happy Valley«, einem der Standorte der Pennsylvania State University, wo ich ein Austauschjahr zugebracht habe.

Die europäische Kultiviertheit lässt also vorerst auf sich warten, doch Freiburg hat auch so einiges zu bieten. Jägermeister für unter einem Euro zum Beispiel.

Um meine Forschungen zu finanzieren, habe ich einen Job im hiesigen Irish Pub angenommen. Ein echter Traumjob mit nur einem Haken: Meine Chefin teilt mich immer nur für ein paar Schichten pro Woche ein. Seitdem bin ich unfreiwilliger Vegetarier. Mein Speiseplan besteht überwiegend aus Kohlenhydraten: Kartoffelpüree, selbstgemacht oder aus der Tüte, sowie Nudeln, Nudeln und Nudeln. Atkins und seine Low-Carb-Diät hin oder her – in den letzten sechs Monaten habe ich zehn Kilo abgenommen.

Doch diese finanzielle Unzulänglichkeit macht mein Job auf anderen Gebieten mehr als wett: mit endlosen Wortgefechten und Frotzeleien, Klatschgeschichten und einer Menge Spaß – oder *craic,* wie der Ire sagt. Die Stammbelegschaft und die Springer sind eine bunte Mischung von Expats: Iren, Kiwis, Schotten, Russen, Kanadier, Briten, Spanier, Walisen, Südafrikaner, Amis und Aussies. Alle haben sie ihre persönliche Auswanderergeschichte, sind vor einem tristen Leben geflohen, vor einer Exfrau, den dominanten Eltern oder sogar einem Haftbefehl. Dieser Irish Pub mitten in Nimmerland-City ist ihr inoffizielles Botschaftsgebäude, ihre Zuflucht in der Ferne und ihre Ersatzfamilie. Hier wärmen sie sich an dem, was sie gemeinsam haben: der provisorischen Existenz, der Sprache, der Tendenz zum Alkoholismus und vor allem ihrem Sinn für Humor. In der scheinbar humorfreien germanischen Kultur ist Letzterer besonders wichtig für die geistige Gesundheit – andererseits spielen sie alle, wenn sie genug deutsches Bier intus haben, völlig verrückt.

Das scheinen jedenfalls die entsetzten Gesichter der deutschen Gäste auszudrücken. Jeden Samstagabend fängt die Stammbelegschaft nach ihren ersten zehn Pints an, auf den Tischen zu tanzen, während die Deutschen wie erstarrt dasitzen, konsterniert die verrückten Ausländer beäugen und sich an ihrem warmen Kakao, ihrer Kiba oder ihrem Bananen-Weizen festklammern. Nach sechs Monaten in diesem Land kann ich es noch immer nicht fassen, dass ganze Horden junger Männer an einem Samstagabend in den Irish Pub einfallen, um dort heiße Schokolade zu bestellen ... mit Sahne!

Nicht weit von meiner Wohnung ist die Goethestraße, und passend zu ihrem Namenspatron prunkt sie mit dem verwinkelten Backsteincharme der Romantik. Ein schlankes, malerisches Häuschen reiht sich an das nächste, Türmchen und Giebel zieren die Dächer, und pastellfarbene Fassaden mit ausladenden Balkonen werden von dunkelbraunen Ecksteinen gerahmt. Fehlen nur noch die goldbeschlagenen Kutschen und ihre vornehmen Passagiere in gepuderten Perücken. Aber man sollte sich nicht täuschen lassen; keins dieser Gebäude ist wirklich alt.

Genaugenommen wurde im Zentrum von Freiburg außer dem Münster fast alles erst nach 1945 erbaut. Die Stadt hatte im Zweiten Weltkrieg zwei schwerwiegende militärische Fehler auszubaden. Zehnter Mai 1940: Dichter grauer Nebel verhüllte den Schwarzwald. Kinder tummelten sich auf den Spielplätzen, Bauern boten auf dem Münsterplatz ihre Waren feil, die Glocken der Herz-Jesu-Kirche in Stühlinger waren gerade verklungen, als ein Kruppstahlhagel auf die Umgebung des Hauptbahnhofs niederging. Kein Fliegeralarm hatte die Bevölkerung gewarnt, keine offizielle Verlautbarung, nicht einmal Gerüchte über einen bevorstehenden Angriff. Wer hätte auch alarmiert sein sollen, wenn das beruhigende Grummeln von Heinkel He 111ern ertönte und durch die Wolken das schwarzweiße Balkenkreuz auf ihren Tragflächen zu erkennen war? Doch Balkenkreuz oder nicht, an diesem trüben Frühlingstag ließen 57 Freiburger ihr Leben, darunter 22 Kinder. Warum? Wegen der unterentwickelten Navigationstechnik und der schlechten Sicht. Übereifrige Piloten hatten den Führer durch einen Überraschungsangriff beeindrucken wollen und die Stadt für das französische Dijon gehalten. Manche besaßen damals die Dreistigkeit, die »verfluchten Tommys« für den Angriff verantwortlich zu machen – nicht zuletzt Propagandaminister Goebbels.

Gut vier Jahre später waren es tatsächlich die »verfluchten Tommys«, denen der zweite Fehler unterlief. In der fälschlichen Annahme, in Freiburg hielte sich eine größere Anzahl Truppen auf, luden über 300 Kampfflugzeuge der Royal Air Force knapp 2000 Tonnen Bomben auf Freiburgs Eisenbahnanlagen ab. Zur Definition von »Eisenbahnanlagen« gehörten offenbar auch Wohnhäuser und Kirchen, Buchläden, Restaurants, Bäckereien, Cafés und Parks, Universitäten und Schulen – das gesamte Stadtzentrum. Aber nur fast, denn Freiburgs höchstes Gebäude, das imposante Münster, blieb stehen und dominiert bis heute die Silhouette der Stadt. Nach dem Angriff ragte das Gotteshaus einsam und trotzig aus den rauchenden Trümmern hervor.

Anders als bei dem Bombenangriff von 1940 wurden die Bürger von Freiburg diesmal vorgewarnt. Es waren jedoch nicht die Luftschutzsirenen oder das Radio, das sie veranlasste, in die Bunker zu fliehen, sondern, so will es die Legende, ein Erpel. Ein ganz alltäglicher Vogel, wenn auch einer von ungewöhnlicher Voraussicht und Überzeugungskraft. Noch bevor – zumindest für die menschlichen Sinne – die ersten Bomber zu hören oder zu sehen gewesen wären, hatte – so die Legende – dieses Tier mit den Flügeln zu schlagen begonnen, hoch aufgerichtet seine Vorahnungen in die Welt hinausgekrächzt und sich so auffällig benommen, dass die beunruhigten Passanten in die Schutzräume flüchteten. Zahlreichen Freiburgern soll der tapfere Erpel so das Leben gerettet haben, während er selbst nach dem Angriff tot unter den Trümmern gefunden wurde.

Gleich jenseits der Altstadt, auf der anderen Seite des Leopoldrings, gibt es im Stadtgarten, in einem kleinen Teich hinter dem Freilufttheater und der Schienenbahn, eine kleine Statue, die jenen berühmten Erpel im entscheidenden Augenblick porträtiert: Den Schnabel himmelwärts gereckt, scheint er gerade seine verzweifelte Warnung auszustoßen. »Die Kreatur Gottes klagt, klagt an und mahnt«, ist in den Sockel eingraviert.

Diese Inschrift würde auch für eine Albert-Göring-Statue gut passen, wenn es sie denn gäbe. Wie jener Vogel besaß Albert einen sechsten Sinn für die heraufziehende Gefahr und sah sich verpflichtet, seine Zeitgenossen zu warnen. Er lebte in München, der Geburtsstadt des Nationalsozialismus. An der Universität teilte er den Vorlesungssaal mit Himmler und erkannte die ersten Vorzeichen der studentischen nationalistischen Bewegung. Er erlebte, wie sein Bruder sich mehr und mehr mit Hitler und seiner Clique einließ und wie seine Reden zu Hasstiraden verkamen. Kurz gesagt, ahnte er von Anfang an, wohin diese zukünftigen Staatenlenker Deutschland führen wollten. Also schlug er Alarm und mahnte seine Landsleute, sich vorzusehen. Doch im Gegensatz zu jenem prophetischen Erpel wurde Albert Göring von seinen Zeitgenossen ignoriert.

Vor meiner Zimmertür rumpelt und lärmt es. Offenbar haben meine Mitbewohner eine ihrer »Putzoffensiven« gestartet, wie sie es so schneidig nennen. Ich wohne mit vier deutschen Studenten in einer Dachgeschosswohnung: einem Punkrocker-Grundschullehrer, einem Linguisten, einem angehenden Opernregisseur und einem Violinisten. Eine eigenwillige Truppe, die es sich gleich auf die Fahnen geschrieben hat, mir Freiburg zu zeigen und mir im ewigen Kampf mit den städtischen Behörden Schützenhilfe zu leisten. Auf den ersten Blick sind sie ganz normale Männer Anfang zwanzig, wie sie überall in der westlichen Welt anzutreffen sind: trinkfest und immer für einen Spaß zu haben. Aber wenn es um Sauberkeit und Ordnung geht, können sie ihre Herkunft nicht verleugnen. Wie in den meisten deutschen WGs gibt es auch hier einen farbigen, tortenförmigen »Putzplan«, und immer wieder sonntags treten alle in Reih und Glied in der Küche an und stürzen sich in die Schlacht gegen Unordnung und Schmutz. Nur meiner gestrigen Ein-Mann-Mission im Badezimmer habe ich es zu verdanken, dass ich heute ausnahmsweise beurlaubt bin.

Da übertönt ein Klopfen das Geheul des Staubsaugers. »Vill?« – was nun? Habe ich nicht genug Ungeziefer vernichtet? Nein, der Linguist will mir nur einen Brief überreichen, den die Aufräumaktion zutage befördert hat. Er ist von Eckardt Pfeiffer, dem Lokalhistoriker und Herausgeber einer Regionalzeitung in Franken (der Region, in der Albert und Hermann Göring aufgewachsen sind), der in Fragen zur Familie Göring als Kapazität gilt. Vor über fünf Monaten hatte ich ihn angeschrieben in der Hoffnung, er könnte mir eine paar Anhaltspunkte liefern.

Der Brief ist formell, aber freundlich im Ton, inhaltlich jedoch wenig ergiebig. Alles, was Pfeiffer mitzuteilen hat, ist, dass Albert in Hersbruck zur Schule gegangen sei. Das Schreiben wirkt fast wie eine Kopie all der anderen Antworten, die ich seit Beginn meiner Forschungsbemühungen bekommen habe. Meist beginnen sie mit den Worten »lassen Sie mich Ihnen zunächst dazu gratulieren, dass Sie sich mit der Geschichte Albert Görings befassen wollen« und enden entweder auf »Leider sind die Informationen, die wir zu Ihrem Vorhaben beisteuern können, äußerst begrenzt« oder auf »Unglücklicherweise sind uns die gewünschten Informationen nicht mehr zugänglich, da unser/e [Name des Familienmitglieds] im Jahr [Jahreszahl] verstorben ist und sein/ihr Wissen mit ins Grab genommen hat«. Ich befürchte allmählich, dass ich zwanzig Jahre zu spät gekommen bin.

Doch dann beschließe ich, die Strategie zu wechseln: Wenn die Informationen nicht zu mir kommen wollen, komme ich eben zu ihnen. Sofort rufe ich meine Chefin an und sage ihr, dass ich eine mehrwöchige Reise nach Franken plane. »Wann?«, fragt sie in ihrer typisch irischen, pragmatischen Art. – »Sobald Sie mir mehr Schichten zuteilen, damit ich das Geld dafür sparen kann.« Sie legt auf.

3. Blaue Augen, braune Augen

Es ist früh am Morgen und eiskalt. Ich warte auf Dustin, einen Amerikaner, der sich in seiner Heimat fremd fühlt und seit zehn Jahren im freiwilligen Exil in Europa lebt. Er kann besser Deutsch als ich und will mich als Assistent und Dolmetscher begleiten. Endlich biegt er um die Ecke, wir laden das Gepäck ein, werfen einen letzten Blick auf die Karte und machen uns auf den Weg zur Autobahn.

Bald darauf lassen wir das sonnige Baden-Württemberg hinter uns und erreichen das grau verhüllte Bayern. Die Autobahn verschwindet im dichten Nebel und mit ihr die sanft geschwungenen Hügel, die Kirchtürme und adretten Dörfchen, die Hängebrücken und die hartgefrorenen Acker- furchen der Felder. Wir stecken in einem Pulk von BMWs und Mercedessen, die kurz davor scheinen vom Boden ab- zuheben. Die Autobahn schlängelt sich inzwischen durch die steilen Berge und Nadelwälder der Fränkischen Schweiz. Hier liegt der Veldensteiner Forst, benannt nach der Burg Veldenstein, unserer ersten Station auf der Reise in Alberts und Hermanns Kindheit.

Der Weg zur Burg führt über malerische, gewundene Landstraßen. Hellgrüne, von niedrigen Steinmauern umge- bene Kuhweiden wechseln sich ab mit dichten Gehölzen und dunkel bemoosten Felsformationen. Jeden Moment erwartet man, eine Fuchsjagd aus dem Wald hervorbrechen zu sehen, mit dem jungen Hermann Göring an der Spitze. Hoch zu Ross und in voller Montur, einschließlich des Tirolerhuts, würde er der heulenden Meute nachsetzen, um den panisch fliehenden Fuchs zur Strecke zu bringen. Doch zunächst begegnen uns weitere kleine Dörfer mit nur einem Dutzend Häuser um die Kirche herum, und an jeder Abzweigung stehen Wegekreuze.

Schließlich windet sich die Straße einen Berghang entlang. Unter uns mäandert die Pegnitz, von oben drängt sich der Fels bedrohlich an den Wegrand heran. Hinter der nächsten Haarnadelkurve erwartet uns der erste imposante Anblick der Burg Veldenstein. Uneinnehmbar thront sie auf einem mächtigen Felsmassiv. Ihre Verteidigungsanlagen fügen sich perfekt in die Physiognomie der Landschaft ein: Steinerne Wehrgänge säumen die zerklüfteten Felswände, und runde Bastionen ragen über jedem Vorsprung auf. Jeder Eroberungsversuch von ebener Erde aus wäre Selbstmord. Im Mittelpunkt der Anlage blickt der Bergfried wachsam auf das Städtchen Neuhaus an der Pegnitz herab. Seine gebieterische Präsenz dürfte seinerzeit die wechselnden Untertanen in Schach gehalten haben. Zu seinen Füßen führen hölzerne Türen wie Kaninchenbauten direkt in den Fels. Verbergen sie Geheimgänge, durch die sich im Mittelalter die Mätressen in die Gemächer schlichen? Oder lagert hier sogar noch die Beute von Hermann Görings Kunstraubzügen?

Wir folgen der Straße an der Burgmauer entlang bergaufwärts und parken am Rande einer Wiese, auf der zwei Jungen Fußball spielen. Der ältere von beiden steht am Elfmeterpunkt und katapultiert den Ball immer wieder an dem jüngeren vorbei ins Tor, der ihm jedes Mal hangabwärts nachrennen muss. Vielleicht haben auch Hermann und Albert Göring hier ihre Kräfte gemessen. Den größeren, sportlichen Hermann stelle ich mir als Torschützen vor, dessen mächtiges Ego geschmeichelt ist, wann immer sein schmächtiger Bruder einem verpassten Ball hinterhereilen muss. In der frischen, nach Holzfeuern duftenden Abendluft laufen Dustin und ich zum Burgtor zurück, um einen Blick in Hermanns und Alberts Vergangenheit zu erhaschen.

Als das Ariertum besonders hoch im Kurs stand, 1938, veröffentlichte der deutsche Historiker Otto Freiherr von Dungern einen Artikel über den Stammbaum – oder vielmehr den Ariernachweis – von Hermann Göring. Der Artikel war Teil einer Sammlung von Ahnentafeln weiterer berühmter Deutscher, unter ihnen Arthur Schopenhauer und Rudolf Heß. Zu der Zeit galten den meisten Deutschen sechzehn arische Vorfahren als hinreichender Schutz gegen die Verfolgung aufgrund der Nürnberger Rassegesetze.[2]

Dungern sollte sich als ausgesprochen findiger Genealoge erweisen. Er griff nach der Gartenschere und verfolgte die Verästelungen der Familiengeschichte bis in das zwölfte Jahrhundert zurück. Am Fuß des Stammbaums fing er an, verwarf Unkraut und mindere Seitenwurzeln und spürte Herzwurzeln auf, die sich aus den Herrscherhäusern der Hohenzollern und Wittelsbacher speisten. Dann lichtete er beherzt die Krone auf der Suche nach einem tragenden Ast, der den Baum mit Heroismus und Ehrgeiz versorgen sollte. Den fand er in keinem Geringeren als dem »eisernen Kanzler« und Gründervater des Deutschen Reichs Otto von Bismarck. Zwischenzeitlich schwang er sich zu erstaunlicher Kreativität auf und schuf abstrakte Gartenkunst wie die gewundene Ranke zu dem größten aller deutschen Literaten, Johann Wolfgang von Goethe. Dann stutzte er die feineren Verästelungen bis in die Spitzen zurecht, die schon benachbarte Stammbäume streiften, und entdeckte einen prächtigen Seitenzweig mit Verbindung zu Kaiser Wilhelm II., dem Urenkel der Königin Victoria.[3] Schließlich stand, von einem Wust nutzloser, toter Äste umgeben, ein strahlender arischer Stammhalter vor ihm.

Wenn man diese Propaganda einmal beiseitelässt und sich mit den verworfenen Familienzweigen auseinandersetzt, ist der typische Vorfahr der Familie Göring eher ein hochrangiger, bodenständiger preußischer Beamter, der sporadische Kontakte zum Hochadel pflegt.

Als Einstieg in die wahre Herkunftsgeschichte der Familie Göring bietet sich daher eher der 1694 geborene Michael Christian Göring aus Schlawe an. Dieser Vorfahr, auf den die Görings besonders stolz waren, diente seinerzeit dem preußischen König Friedrich dem Großen und war der Erste, der statt des alten Familiennamens »Geringk« die moderne Schreibung »Göring« verwendete. Er brachte es vom Regimentsquartiermeister in Wesel zum Steuerrat und *commissarius loci* (Ortskommissar) an der Ruhr. Obwohl er zusätzlich finanzielle Mittel für das preußische Heer sammelte und im Siebenjährigen Krieg als Geisel nach Frankreich verschleppt wurde, gelang es ihm nebenbei, einen Sohn zu zeugen: Christian Heinrich Göring. Christian Heinrich seinerseits lebte im Rheinland ein bescheidenes, aber respektables Leben und zog dort Alberts und Hermanns Großvater Wilhelm Göring auf. Wilhelm trug wieder erheblich zum Renommee der Familie bei, jedoch nicht durch kriegerische Eroberungen oder eine Beamtenkarriere, sondern durch seine gesellschaftlichen Erfolge: Er pflegte Umgang mit höchsten Kreisen und heiratete schließlich Caroline de Nerée, Tochter einer holländischen Adelsfamilie mit hugenottischen Wurzeln.[4]

Am 31. Oktober 1838 ging aus dieser Ehe in Emmerich, unweit der niederländischen Grenze, ein weiterer Spross der Familie Göring hervor, Heinrich Ernst, der zukünftige Vater von Albert und Hermann. Als Sohn eines angesehenen Richters war auch ihm eine juristische Laufbahn vorgezeichnet, die er jedoch zunächst nicht verfolgte. Er studierte zwar an den renommierten juristischen Fakultäten von Heidelberg und Bonn, doch mit siebenundzwanzig Jahren legte er die preußische Uniform an und zog in den Deutschen Krieg von 1866. In nur sieben Wochen wurde die Karte Europas neu gezeichnet; das aufstrebende Preußische Königreich expandierte, während Österreich an Einfluss verlor. Schon 1871 stellte Preußen die Kartographen mit seinem Sieg im Deutsch-Französischen Krieg vor neue Herausforderungen, und wieder half Heinrich Göring dabei, die Grenzen zu erweitern, innerhalb derer kurz darauf das Deutsche Reich entstand. Er wurde für seinen Einsatz mit einem Posten als Kreisrichter, später als Landgerichtsrat belohnt.[5]

Doch schon bald befielen ihn Schwermut und Unzufriedenheit. Sein Widerwille gegen die Juristerei kam wieder hoch, und schlimmer noch: Er verlor seine erste Frau Ida, mit der er in zehn Ehejahren fünf Kinder gezeugt hatte, von denen eins früh gestorben war. Heinrich wurde depressiv und ruhelos; ein ehrbarer Richterposten war ihm nicht genug. Er suchte eine neue Herausforderung, eine Eintrittskarte in höhere Kreise, und beides fand er im diplomatischen Dienst des neuen Auswärtigen Amtes in Berlin. Er wusste um den Expansionsdrang des Deutschen Reiches und um den Wunsch Kaiser Wilhelms II., endlich wie England und Frankreich in den exklusiven Klub der Kolonialmächte aufgenommen zu werden. Kanzler Bismarck, mit dem Heinrich befreundet war, riet ihm, in London aus erster Hand das britische Erfolgsmodell der Kolonialverwaltung zu erlernen.[6]

Doch dafür musste Heinrich Göring zunächst eine Ehefrau finden, die ihm bei diesem neuen Abenteuer zur Seite stehen konnte, aber auch nicht zuletzt seine Kinder großziehen sollte. In der Situation kam ihm ein junges Mädchen mit leuchtend blauen Augen gerade recht, eine neunzehnjährige, kurvenreiche Blondine aus einfachen Verhältnissen namens Franziska Tiefenbrunn. Ihr Vater, Peter Paul Tiefenbrunn, war ein angesehener Grundbesitzer in der Tiroler Marktgemeinde Reutte. Schon bald waren der preußische Richter und das Tiroler Fräulein verlobt, nicht unbedingt nur aus Liebesgründen. Franziska war bereits mit dem ersten gemeinsamen Kind Karl Ernst schwanger, als sie ihren Verlobten nach England begleitete. Am 28. Mai 1885 wurde Franziska Tiefenbrunn in der Londoner St.-James-Kirche als Fanny Göring dem gut zwanzig Jahre älteren Heinrich angetraut.[7] Noch im selben Jahr wurde

Heinrich, inzwischen ein anerkannter Experte für Kolonial-verwaltung, von Bismarck zum ersten Reichskommissar von Deutsch-Südwestafrika ernannt.

Dustin und ich treten beim ersten Glockenschlag der nahen Kirche durch das äußere Tor der Burganlage von Veldenstein. An dem geschlossenen Kassenhäuschen wirbt ein Schild für Eis am Stiel. In der winterlichen Stille ist das Krächzen von Raben, die im Bergfried Quartier bezogen haben, das einzige Lebenszeichen. Ein kopfsteingepflasterter Weg führt uns zum eigentlichen Burgtor, oberhalb dessen ein mittelalterliches Wappen in den Stein gemeißelt ist.[*]

Ein weiterer Torbogen, eine asphaltierte, von Fahnenstangen flankierte Einfahrt, führt in das Gebäude, das einmal den Görings als Wohnraum gedient haben muss und inzwischen zum Burghotel umfunktioniert worden ist: Ein dreistöckiges architektonisches Durcheinander mit algengrüner Fassade, weißen, gesprossten Bogenfenstern, Terrakottafliesen und einer leuchtend roten Eingangstür, die entfernt an das Tor zu Willy Wonkas Schokoladenfabrik erinnert. Etwas unsicher, was mich dahinter erwarten mag, greife ich nach dem Türknauf.

Drinnen empfängt uns ein Deutscher Schäferhund mit gebleckten Zähnen und einem bedrohlichen Knurren, das gleich darauf in ohrenbetäubendes Gebell übergeht. Aus dem Flur antwortet ihm der ebenfalls bellende fränkische Dialekt seines Besitzers, eines hünenhaften Mannes, der wenig erfreut wirkt, uns zu sehen. Sein Gesicht verzieht sich zu einem Fotolächeln, das seinen Unwillen nur umso mehr betont. Wir fragen, ob das Restaurant geöffnet habe, und nach einigem Zögern erwidert der Mann mit tiefer Stimme: »Natürlich. Folgen Sie mir.«

---

[*] *Später habe ich herausgefunden, dass es sich um das Wappen von Fürstbischof Philipp von Henneberg handelt, das 1486 angebracht wurde, um den Um- und Ausbau der Burg zu dokumentieren.*

Er führt uns in den Speisesaal, eine chaotische Kultstätte der Tierpräparation: Überall hängen Hirschgeweihe aller Größen, Gämsenköpfe und ausgestopfte Fasane an den Wänden; ein Papagei, ein Geier und eine Eule setzen besondere Akzente. Dazu sind einige der Waffen ausgestellt, die vermutlich für die etwas steife Haltung dieser Kreaturen verantwortlich sind: Armbruste, Piken, Schwerter und Schilde, ja sogar eine vollständige Ritterrüstung. Bis auf Ludwig II. und Jesus sind wir die einzigen Gäste. Nur das Zischen und Knacken des Kaminfeuers unterbricht dann und wann die klösterliche Ruhe des Raums. Um die Atmosphäre nicht zu stören, unterhalten wir uns nur im Flüsterton. Hauptsächlich dreht sich unser Gespräch um das bizarre Setting und die Frage, wie wir unserem Wirt Informationen entlocken könnten. Noch bizarrer, fast schon surreal wird es, als plötzlich aus den über den Köpfen zweier Mönchsfiguren angebrachten Lautsprechern eine Art mittelalterlich anmutende Marschmusik erklingt, gefolgt von dem Soundtrack zu Mel Gibsons Film *Braveheart*.

Jedes Mal, wenn unser Wirt den Raum betritt, versuchen wir, ihn in ein unverfängliches Gespräch über das Wetter oder die Burg zu verwickeln, doch er fertigt uns jedes Mal mit einsilbigen Antworten ab und macht auf dem Absatz kehrt. Als sich die Tür das nächste Mal öffnet, betritt nicht er, sondern eine junge Kellnerin mit langem blondem Haar und einem freundlichen Lächeln den Raum. Sofort vollzieht sich ein geheimnisvoller Wandel. Die versammelte Fauna hört auf, uns bedrohlich anzustarren, die scheppernde Musik wirkt harmonischer, wir fühlen uns wohl. Nach einigen netten Worten erfahren wir von der Kellnerin, dass unser Wirt tatsächlich Herr Betzelt ist, genau der Mann, den ich, wenn auch nur ungern, nach den früheren Burgbewohnern fragen muss.

Wie nicht anders zu erwarten, ist Herr Betzelt beim Thema Albert Göring nicht weniger einsilbig als sonst. Er geht sogar so weit, zu erklären, im gesamten Ort, ach was, auf der ganzen Welt wüsste niemand irgendetwas über Albert Göring zu sagen. An diesem Punkt des Gesprächs verabschieden wir uns dankend und machen uns auf den Weg in den Ort, um ein Nachtquartier zu besorgen und seine Behauptung zu überprüfen.

Im heutigen Namibia, in der Innenstadt von Windhoek, trug eine der größten Durchfahrtsstraßen über ein Jahrhundert lang den Namen »Göring-Straße« – eine der wenigen sichtbaren Erinnerungen an die fünf Jahre, die Heinrich Göring in der Gegend zwischen den Flüssen Oranje und Kunene als Reichskommissar verbrachte. Mit seinem Stellvertreter Louis Nels und dem Polizeibeamten Hugo von Goldammer, aber ohne seine Frau – Fanny Göring war nach Deutschland zurückgekehrt, um dort ihren ersten Sohn zur Welt zu bringen –, ging Heinrich Göring 1885 in Walvisbay an Land.[8] Er kam als Geschäftsmann: Göring hatte die schwierige Aufgabe, den Herero und Nama sogenannte Schutzverträge zu verkaufen. Diese sollten es deutschen Geschäftsleuten erlauben, die natürlichen Ressourcen des Landes auszubeuten, und den christlichen Missionaren, das Wort Gottes zu verbreiten, ohne dass sie einen Speer im Rücken fürchten mussten. Problematisch war nur, dass das Produkt, welches Göring anzubieten hatte, sich bei der Kundschaft keiner besonders großen Beliebtheit erfreute. Genauer gesagt, missfiel ihnen das Konzept derart, dass sie immer wieder deutsche Außenposten angriffen, darunter auch Görings Wohnsitz.

Diese Erfahrungen sowie die Hitze und Wasserknappheit setzten seiner Frau Fanny, die inzwischen mit dem kleinen Karl Ernst nachgekommen war, gesundheitlich sehr zu. Noch schlechter ging es ihr nach der Geburt des zweiten Kindes, Olga, die sie beinahe nicht überlebte. Doch die aufopferungsvolle Pflege eines jungen Berliner Arztes mit dem Adelstitel »von« im Namen sorgte dafür, dass sie später weitere einflussreiche Kinder zur Welt bringen sollte. Dr. Hermann von Epenstein wachte Tag und Nacht an ihrem Bett und erhaschte den einen oder anderen Blick aus ihren strahlend blauen Augen. Er war hingerissen. Sobald sie in Gegenwart ihres Retters zu sich kam, begann auch sie sich für ihn zu erwärmen.[9]

Angesichts der Befürchtung, seine Karriere könne ebenso schnell enden, wie sie begonnen hatte, beschloss Heinrich Göring, seinem Angebot an die örtliche Bevölkerung etwas mehr Nachdruck zu verleihen. Die dabei ins Feld geführten Truppen wurden von vor Ort aufgestellten Polizeieinheiten aus sympathisierenden Einheimischen unterstützt. Doch sobald die äußere Ordnung wiederhergestellt war, kehrte der Reichskommissar zu seinem gemäßigten Ansatz zurück. Er sah die Einheimischen nicht als »Wilde« an, die von den zivilisierten Deutschen gezähmt werden mussten, sondern als normale Mitmenschen und schärfte auch seinen Untergebenen ein, sie entsprechend zu behandeln.[*][10] Bald wurden wieder mehr Karotten als Schlagstöcke importiert. Diplomatie und ein offenes Ohr ersetzten Zwang und Gewalt. Verträge wurden geschlossen. Zwischen Kolonisatoren und Kolonisierten entwickelte sich beinahe so etwas wie friedliche Kooperation. Gegen Ende von Heinrich Görings Zeit als Reichskommissar erstreckte sich das deutsche Territorium 800 Kilometer landeinwärts.[11]

Doch letztendlich erwiesen sich die Schutzverträge als nicht tragfähig. Das Deutsche Reich konnte seine verbrieften Pflichten, nämlich den Schutz der Vertragspartner, nicht mehr erfüllen. Der Häuptling der Nama, Hendrik Witbooi, gab wenig auf das königliche Siegel eines fernen Regenten und griff immer wieder die Viehherden der Herero an. Viele

*   *Kaum zwanzig Jahre später sollte einer seiner Nachfolger, Generalleutnant Lothar von Trotha, ganz im Gegensatz dazu seine Truppen zum Völkermord an den Herero und Nama antreiben. Von 1904 bis 1907 wurden Zehntausende Männer, Frauen und Kinder vertrieben und ermordet.*

Volksstämme, vor allem die Herero, verloren das Vertrauen in ihre Beschützer und kündigten ihrerseits die Verträge auf. Heinrich und seine Leute mussten die Kolonie vorübergehend räumen.[12]

Bei seiner Rückkehr im Jahr 1890 fand Heinrich Göring die Heimat stark verändert vor: Ein Reich ohne Bismarck, unter der Herrschaft des ungestümen jungen Kaisers Wilhelm II., voller konservativer Ideale. Heinrichs Vorstellungen von der Gleichberechtigung der Menschen, ob schwarz oder weiß, zivilisiert oder »wild«, wurden alles andere als wohlwollend aufgenommen. Seine Versuche, afrikanische Einheimische gegen unmenschliche Behandlung zu verteidigen, brachten ihm den Vorwurf ein, er sei Sozialist, was zu der Zeit ebenso schwer wog wie der Vorwurf des Kommunismus in der McCarthy-Ära.[13]

Göring beschloss, seinem geliebten Vaterland den Rücken zu kehren, selbst wenn das bedeutete, seine Frau und die Kinder – Fanny hatte gerade ihre zweite Tochter Paula geboren – wieder den Härten des Lebens in der Ferne auszusetzen. 1891 trat er den Posten des Deutschen Generalkonsuls und Ministerialresidenten in Haiti an. Dort, im auch politisch aufgeheizten Klima der Karibik, gingen Heinrichs Draufgängertum und Fannys strahlende Schönheit noch einmal eine folgenschwere Verbindung ein. Neun Monate darauf, am 12. Januar 1893, kam im Marienbad-Sanatorium in Rosenheim, Bayern – nicht allzu weit von Hitlers Geburtsort Braunau am Inn –, ein Junge zur Welt: Hermann Wilhelm Göring. Seinen ersten Vornamen verdankte er Fannys Retter, dem jungen Berliner Arzt aus ihrer Zeit in Afrika, Dr. Hermann von Epenstein. Auch bei dieser Geburt stand von Epenstein Fanny zur Seite. Mit zweitem Namen war Hermann nach Kaiser Wilhelm I. oder auch nach dem von der Familie verehrten Großvater Wilhelm Göring benannt.

Der kleine Hermann verbrachte nur sechs Wochen bei seiner Mutter, dann kehrte sie zu ihrem Gatten und dem Rest der Familie nach Haiti zurück. Die befreundete Familie Graf in Fürth bei Nürnberg übernahm seine Pflege bis zur Rückkehr der Görings nach gut drei Jahren. Diese frühe Trennung von der Mutter sollte das Leben Hermann Görings entscheidend prägen.

Nach den Erinnerungen seiner älteren Schwester Olga Rigele war Hermanns Wiedersehen mit den Eltern alles andere als ein freudiges Ereignis. Als die Grafs am Bahnsteig ihre heimgekehrten Freunde in die Arme schlossen, drehte der Dreijährige der Szene den Rücken. Und als Fanny ihren Sohn hochheben wollte, wand er sich, fuchtelte mit den Armen, brach in Tränen aus und schlug mit den Fäusten auf seine biologische Mutter ein. Den stillen Fremden, der etwas abseits stand, seinen Vater Heinrich, beachtete er nicht einmal.[14]

Heinrich Göring, vom Dienst in Haiti vorzeitig gealtert und geschwächt, arbeitete nach seiner Rückkehr noch einige Wochen im Auswärtigen Amt und zog dann als Pensionär in eine Wohnung im Berliner Vorort Friedenau. Zunächst gefiel ihm das Leben als Pensionär im Kreis seiner preußischen »Landsleute« aus Staatsdienst und Armee. Sonntags fuhr er mit den Kindern nach Potsdam, wo sie die pompösen Aufmärsche des preußischen Heeres bestaunten – der Beginn von Hermann Görings lebenslanger Faszination für alles Militärische.[15] Doch einen ehrgeizigen, fortschrittlichen Mann wie Heinrich konnte der Ruhestand nicht lange glücklich machen. Schon als junger Jurist hatte er sich lieber zur Armee gemeldet, war als desillusionierter Konsul von Deutsch-Südwestafrika nach Haiti gewechselt, und nun, als ruheloser Pensionär, wandte er sich der Flasche zu. Häufige Schübe von Bronchitis und Lungenentzündung verschlechterten zusätzlich seinen gesundheitlichen Zustand. Und während Heinrich zusehends körperlich verfiel, verbrachten seine Ehefrau und der alte Freund der Familie von Epenstein mehr und mehr Zeit miteinander.[16]

In diese familiären Verwicklungen hinein wurde am 9. März 1895 in Friedenau ein braunäugiger Junge namens Albert Göring geboren. Albert galt von Anfang an als das schwarze Schaf der Familie. Dieser Status prägte sein gesamtes späteres Leben: Alberts wacher Sinn für Widerstand gegen den verhassten Status Quo brachte ihn 1933, als die Nationalsozialisten die Macht an sich rissen, dazu, seine Heimat zu verlassen. Er befähigte ihn, dem Regime den Kampf anzusagen, machte ihn zum Exilanten und zum Verfolgten der Gestapo. Und, was das Wichtigste ist, diese seine Charaktereigenschaft rettete Hunderten potentiellen Opfern des Regimes das Leben.

Einige Jahre nach Alberts Geburt schlug von Epenstein, vorgeblich aufgrund von Heinrichs gesundheitlichen Problemen, der Familie Göring vor, in die kürzlich von ihm erworbene Burg Veldenstein einzuziehen. Ritter[*] von Epenstein hatte die vormals von Fürstbischöfen, von schwedischen und bayerischen Rittern bewohnte Burganlage 1897 für 20 000 Mark gekauft und sollte bis 1914 eine Million Mark in ihre Instandhaltung investieren. Als Arzt befand er sich schon im Ruhestand, doch das Erbe seines Vaters erlaubte es ihm problemlos, solche Summen aufzubringen. Dr. Epenstein senior war als Arzt am Hof König Friedrich Wilhelms IV. von Preußen tätig gewesen, hatte erfolgreich mit Immobilien gehandelt und war ein sehr angesehenes Mitglied der preußischen Gesellschaft. Den »Makel« seiner jüdischen Abstammung glich er teilweise dadurch aus, dass er vor seiner Heirat mit der Tochter eines reichen Kaufmanns zum Katholizismus konvertierte. Dr. Epenstein junior kam daher als Katholik auf die Welt, wurde katholisch erzogen und blieb zeitlebens bei diesem Glauben.

* *Diesen Titel hatte ihm Kaiser Franz Joseph I. von Österreich verliehen.*

Als eher gedrungener, kleingewachsener Mann war von Epenstein nicht unbedingt gutaussehend zu nennen, doch seine elegante Erscheinung, seine hochfahrende Art und die aufregenden Anekdoten aus exotischen Ländern, die er zu erzählen wusste, machten ihn gleichwohl attraktiv.[17] Zudem besaß er ein beachtliches Vermögen, zu dem außer mehreren Immobilien rund um Berlin auch die Burg Veldenstein sowie Burg Mauterndorf gehörten, eine weitere mittelalterliche Anlage in den Hohen Tauern in Österreich.

In beiden Burgen lud von Epenstein häufig zu Abendgesellschaften ein, jedoch nicht zu den üblichen formellen Empfängen – seine Veranstaltungen glichen eher mittelalterlichen Gelagen. Die Bediensteten trugen alte höfische Uniformen, der Beginn des Festmahls wurde mit einem Jagdhornsignal angekündigt, Unmengen Speisen wurden aufgetragen, und der Wein floss in Strömen, während Spielleute die Gäste zu erheitern suchten. Der alkoholkranke, beinahe schon senile Heinrich Göring wurde zu diesen Anlässen nicht eingeladen, während Fanny Göring oft die Rolle der Gastgeberin übernahm und nicht selten bis zum nächsten Morgen feierte. Wenn von Epenstein die Görings auf Burg Veldenstein besuchte, logierte er in dem exquisitesten der vierundzwanzig Zimmer, das wie von ungefähr nicht weit von Fannys Schlafgemach lag.[18] Schon bald kam in der Dorfbevölkerung und bei Freunden der Familie das Gerücht auf, der Herr Doktor und Frau Göring hätten eine Affäre.

»Wir haben nie daran gezweifelt«, erzählt Professor Hans Thirring, ein weiterer Patensohn von Epensteins, der ebenso wie die Görings häufig den Sommer auf Burg Mauterndorf verbrachte. »Jeder, der nach Mauterndorf kam, kannte die Verhältnisse, und Hermann schien sich ebenso wenig dabei zu denken wie die anderen Kinder. Wie wir alle lebten sie in Furcht und Bangen vor dem Paten Epenstein.«[19] Es gibt auch Mutmaßungen, Albert Göring könnte aus dieser Affäre hervorgegangen sein. Demnach soll aus der Freundschaft rund ein Jahr vor seiner Geburt eine Liebschaft geworden sein. Sobald Albert geboren war, bot sich von Epenstein an, die Patenschaft für alle Göring-Kinder zu übernehmen.[20] Alberts ältere Schwester Olga Rigele erinnert sich: »Hermann war bis dahin sein liebstes Patenkind gewesen, aber nachdem Albert geboren war, beschäftigte er sich ständig mit ihm.«[21] Die Gerüchte wurden noch lauter, als Albert heranwuchs und die Leute eine gewisse Ähnlichkeit zu seinem Paten zu erkennen meinten. »Dass aus dieser Beziehung ein Sohn hervorgegangen sein soll, Albert, ging immer so rum, weil der Junge Epenstein sehr ähnlich sah«, berichtet Mia Haunhorst, eine ehemalige Nachbarin aus Neuhaus an der Pegnitz.[22] Diese auffällig dunklen Augen und Haare, diese typisch zentraleuropäischen Züge waren einfach nicht zu übersehen. Sollten die Spekulationen begründet sein, dann war Albert zu einem Viertel jüdisch, was ihn nach den Nürnberger Rassegesetzen in ein Konzentrationslager hätte bringen können.

Im Laufe der Jahre wurde jedoch deutlich, dass von Epenstein Hermann dem jüngeren Bruder vorzog. Albert galt als »weich und verletzlich«.[23] Er war ein eher zartes Kind und verkroch sich gern in der sicheren Stube in seine Bücher. Statt des militärischen Kurzhaarschnitts trug er einen schulterlangen Pagenkopf. Für einen schneidigen, weltgewandten Rittersmann war er kaum der ideale Ziehsohn.

Hermann dagegen war ein selbstbewusster Junge, vielleicht sogar allzu selbstbewusst. Wenn er nicht gerade die Brigade der Dorfjugend in den imaginären Burenkrieg führte oder jagen ging, bezwang er Berge. Mit zehn überwand er die Klippen unterhalb der Burg Veldenstein, und mit dreizehn bestieg er den Gipfel des höchsten Bergs Österreichs, des 3798 Meter hohen Großglockner. Er besaß auch den Mut, seinen Helden von Epenstein gegen Anwürfe zu verteidigen. Einmal zog während der Ferien in Mauterndorf ein Junge Hermann damit auf, von Epenstein habe seinen Adelstitel »vom Kaiser gekauft«, er sei ihm nicht für persönliche Verdienste verliehen worden. Diese Unverschämtheit quittierte Hermann dem anderen mit einer blutigen Nase. Von Epenstein bekam Wind von der Sache, und einen Tag später »waren der Junge und seine Eltern aus Mauterndorf verschwunden«. Zur Belohnung »durfte [Hermann] den ganzen Tag mit dem Paten in die Berge auf die Gamsjagd gehen«.[24]

Inzwischen sind Dustin und ich im Ortskern von Neuhaus auf der Suche nach einer Unterkunft. Wir beginnen bei dem erstbesten Haus mit dem Schild »Gasthof« über der Tür. Ein niedriger Durchgang führt uns in die »Gaststube«, die, eben noch von fröhlich lärmender Geschäftigkeit erfüllt, bei unserem Eintreten schlagartig so kalt und unwirtlich wird wie der Winterabend draußen. An sämtlichen Tischen lassen die Männer mittleren Alters ihre Skatkarten und Gläser sinken und starren uns an. Wir sind die typischen Touristen, die den Leuten hier in den Sommermonaten mit ihren immergleichen Fragen auf die Nerven fallen, und das mitten im Winter. Wir stören ihre wohlverdiente Ruhe. Etwas verunsichert nähern wir uns unter dem irren Blick eines Porträts von Ludwig II. der Bar. In dem höflichsten und formellsten Deutsch, das wir aufbringen können, fragen wir, ob ein Zimmer frei sei, doch der Barmann sieht uns nur genauso genervt an wie die Gäste und brummelt: »Zimmer haben wir nicht.«

Wir beschließen, es auf der anderen Straßenseite im nächsten Gasthof zu versuchen, dem »Hexenhäusle«. Déjà vu! Derselbe niedrige Türsturz, dieselben mittelalten Skatspieler, die sich nach uns umdrehen, dasselbe Porträt Ludwigs II. über der Bar. »Zimmer haben wir nicht.« Doch diesmal wirkt der Barmann ein wenig freundlicher und gibt uns die Wegbeschreibung zu einem Gasthof, der tatsächlich Gästezimmer hat. Das Ganze erinnert mich an die ländlichen Pubs in meiner Heimat Australien: Man weiß nie, ob man freundlich aufgenommen oder behandelt wird, als hätte man gerade eine Kultstätte entweiht.

Im »Hexenhäusle« scheint eher Ersteres der Fall zu sein. Auf dem Weg nach draußen lädt uns einer der Zecher, ein Typ mit Lenin Ziegenbärtchen und passender Glatze, auf ein Bier ein. Als wir einwenden, dass wir uns erst um unsere Zimmer kümmern müssen, feixt er: »Zimmer mit oder ohne Frauen?« – »Heute mal ohne«, antworten wir. – »Na, ein Bier können Sie doch«, drängt er, und wir geben nach. »Aber nur ein kleines.« Er hat so etwas an sich, als hätten seine alten, müden Augen schon einiges gesehen.

Unser Mann steht auf, begibt sich umstandslos hinter die Bar und zapft uns zwei Maß »Kaiserbräu« aus der örtlichen Brauerei. Er ist also nicht einfach irgendein Zecher, sondern einer, dem diese Bar gehört. Mit dem Bier in der Hand führt er uns zu einem Tisch, an dem zwei ältere Herren in ein Streitgespräch verwickelt sind. Unser neuer Freund erklärt, die beiden seien aus »Süddänemark« – also aus Norddeutschland. Solche subtilen Feindseligkeiten auf der Grundlage der verschiedenen Regionen und Dialekte scheinen eine der Lieblingsbeschäftigungen der Deutschen zu sein. Und tatsächlich heben sich die beiden deutlich von den anderen Gästen ab, denn während wir mit dem Dialekt unseres Gönners einige Mühe haben, können wir ihr Hochdeutsch problemlos verstehen.

Die verschiedenen Dialekte sind allerdings nicht der einzige Stolperstein, den mir die deutsche Sprache seit meiner Ankunft hier in den Weg gelegt hat, sondern auch ihre innere Logik. Es verblüfft mich immer wieder, wie plump, technisch und, so ungern ich es auch sage, phantasielos das Deutsche sein kann. Statt ein ganz neues Nomen zu erschaffen, werden oft einfach nur zwei bereits bekannte Wörter aneinandergereiht: Stink-Tier, Tinten-Fisch, Leichen-Wagen,

Süß-Stoff, Hand-Schuhe, Hungers-Not, Selbst-Mord und so weiter. Bei Verben funktioniert es genauso. Manchmal kommt es einem vor, als könnte man jeden beliebigen Satz einfach mit »machen« vervollständigen. Sauber-machen, den Weg frei-machen, kurz machen, Party machen. Wenn du nicht weiterweißt – probier's mit »machen«!

Wir jedenfalls, und mit uns die Süddänen und Bayern an unserem Tisch, machen jetzt Party. Nie geht uns die Munition für neue Wortgefechte aus, genauso wenig wie das Bier, das uns ein Tischnachbar nach dem anderen unbedingt ausgeben will. Als es doch einmal ruhiger wird, fragen sie uns, was uns denn hergeführt habe. »Göring«, sagen wir. Die Augen unseres Gastgebers leuchten auf. Mit einer Zigarette im Mundwinkel und einer gutgeteerten Stimme beginnt er, einen wahren Schatz an Anekdoten über die Görings auszupacken. Wie sich herausstellt, hat er sämtliche einundsiebzig Jahre seines Lebens in diesem Ort verbracht und erinnert sich noch gut, wie Hermann Göring oft eben diesen Gasthof besuchte, obwohl der damalige Wirt, sein Vater, kein Parteimitglied war. Ein Umstand, der damals schon gereicht hätte, um sich Schwierigkeiten einzuhandeln. Einmal, erinnert sich der Wirt, sei der örtliche Parteiobere in den Gasthof gekommen, um seinen Vater zum Verhör einzubestellen. »Aber er war gerade jagen!«, schließt er unter Husten und schnarrendem Gelächter.

Unser Wirt spult eine Kriegserinnerung nach der anderen ab, doch eine davon wirkt ganz besonders lebhaft und detailliert, obwohl sie über sechzig Jahre zurückliegen muss. Sie handelt davon, wie Hermann immer wieder mit einem Sonderzug voller Kunstgegenstände heimgekehrt war, die er in Galerien und Museen in ganz Europa »beschafft« hatte. Mit seinem verstümmelten Zeigefinger, den er eher zur Schau stellt als verbirgt, wedelt der Wirt in Richtung der Burg Veldenstein und witzelt, es sei so viel Beute gewesen, dass die Burg bei jedem Besuch komplett verändert aussah.

Mal glich sie einem schlesischen oder böhmischen Herrenhaus, mal dem Louvre.

Wieder bricht der Mann in herzhaftes Gelächter aus, das sofort in einen Hustenanfall übergeht. Er kramt ein Hustenbonbon hervor und steckt sich die nächste Zigarette an. Trotz dieses Lasters, fährt er dann fort, sei Hermann bei den Anwohnern sehr beliebt gewesen. Er habe die Kommunionsfeiern der Dorfjugend finanziert, sie mit der nötigen Festkleidung ausgestattet.

Um ihn wieder auf die richtige Spur zu setzen, erinnere ich ihn daran, dass mich vor allem Hermanns jüngerer Bruder Albert interessiert. Der mit den geretteten Juden und Oppositionellen und so. Ob er ein bisschen verrückter ist, als wir dachten, oder schlicht schwerhörig – unser Wirt lässt sich jedenfalls nicht beirren. Er erzählt weiter begeistert von Hermann und fügt nur etwas weniger enthusiastisch hinzu: »Hermanns bester Schulkamerad war Jude. Keiner weiß, warum er seine Meinung geändert hat.« Und was ist nun mit Albert? »Ach, Albert.« Er blickt ausdruckslos vor sich hin. »Zu dem kann Ihnen hier keiner viel sagen.« Herr Betzelt hatte also recht. Wie die Geschichtsbücher tun auch die Menschen in Neuhaus an der Pegnitz ganz so, als hätte es Albert Göring nie gegeben.

Beim Aufbruch sehe ich mich noch einmal nach der Burg Veldenstein um, Alberts erstem Zuhause, und stelle mir vor, wie er als Junge allein hinter einer der Schießscharten sitzt und auf ein Leben hinuntersieht, das seinem eigenen so fern ist wie der Bergfried dem Dorf.

4. Geburt

Die Sicht reicht nie weiter als zur nächsten Straßenbiegung; jede Kurve fühlt sich an wie eine Mischung aus Achter- und Geisterbahn. Unser Weg führt höher und höher in die Hohen Tauern hinauf, und es beginnt zu dämmern. Die Zeit läuft uns davon. Allmählich werden die verstreuten Schneewehen von größeren Schneefeldern abgelöst. Bald tauchen die ersten Skifahrer auf den Loipen und Sesselliften auf. Dann öffnet sich vor uns ein grünes, mit kleinen Hütten gesprenkeltes Tal.

Es ist der dritte Tag unserer Reise in die Kindheit der Görings, und Dustin und ich folgen der B 99 durch Lundgau, zwei Autostunden südlich von Salzburg. Eben diese Straße ist vor Jahren Hermann Göring mit seinem kurvenreichen '38er Mercedes 540 K entlanggebraust, und vor Jahrhunderten nahmen römische Kaufleute diesen Weg. Wer immer hier vorüberkam, unterbrach seine Reise an der alten Zollstation, die der Burg Mauterndorf ihren Namen verlieh. Vor uns liegt Dr. Hermann von Epensteins zweite Residenz, das Märchenschloss, in dem die Görings die Sommer ihrer Kindheit verbrachten.

Bei der Anfahrt auf Mauterndorf ist die Burg das erste Gebäude, das in Sicht kommt. Sie steht auf einer Anhöhe über dem Ort, nicht annähernd so majestätisch hoch wie Burg Veldenstein. Auch Bastionen, Wehrgänge und Schießscharten sucht man hier vergebens. Stattdessen bilden cremefarbene Fassaden reizende Kontraste mit gelbem Mauerwerk und den dunklen Dachziegeln der Türme, eine Kombination, die jetzt, im Licht der Scheinwerfer, nur umso pittoresker wirkt. Die Anlage sieht weniger wie eine Trutzburg aus, die beutegierige Raubritter abschrecken soll, als wie ein geschickt getarntes Amtsgebäude, das fahrende Händler anlockt, damit man ihnen hinterrücks saftige Zollgebühren abknöpfen kann.

Eine schmale Holzbrücke führt über den leeren, üppig zugewucherten Burggraben zu einer Informationstafel, die uns die Geschichte der Burg nahebringt. Schon die Römer hatten an dieser Stelle eine Zollstation errichtet. Im 13. Jahrhundert ließ das Salzburger Domkapitel zum Schutz der Marktgemeinde Mauterndorf die Burg errichten und baute sie im 15. Jahrhundert weiter aus. Bis 1806 blieb die Anlage im Besitz des Domkapitels und wurde dann Staatseigentum. Von da an verfiel die Burg allmählich, und von Epenstein konnte sie 1894 günstig erwerben.

Angeblich spukt es auf dieser Burg. In stürmischen Nächten, so sagt man, wenn der Wind durch die Flure pfeift, fordern die verstorbenen Kerkerinsassen kreischend und heulend Vergeltung für all die feuchtkalten, hungrigen Tage, zu denen man sie einst verdammte. So weit die Legende. Aber heute, im geheimnisvollen Licht des Vollmonds, kommt sie uns gar nicht mal unglaubwürdig vor. Auf alles gefasst, folgen wir dem ansteigenden Pfad bis zum Hintereingang der Burg. Durch das schmiedeeiserne, mit Speerspitzen verzierte Tor erhaschen wir einen Blick in den Burghof, doch damit hat es sich auch schon – im Winter gelten gesonderte Öffnungszeiten, und die sind für heute vorbei.

Ein wenig geknickt beschließen wir, in den Ort zu fahren und erst einmal etwas zu essen. Die dortige Hauptstraße verdient ihren Namen kaum: Sie ist ein Flickwerk aus Kopfsteinpflaster und Asphalt und zu schmal, als dass zwei Autos aneinander vorbeifahren könnten. Wir rumpeln zwischen den Reihenhäusern und kleinen Lädchen hindurch und parken vor der Dorfkirche, derselben, die von Epenstein mit seiner riesigen Entourage – darunter auch Albert und Hermann – jeden Sonntag überfüllte. Da auch heute Sonntag ist, haben in diesem kleinen Dorf fast alle Läden zu.

Einer der wenigen Menschen, die sich blicken lassen, eine alte Dame mit traditionell geflochtenen Zöpfen und einem langen Pelzmantel, nennt uns einen Gasthof, der geöffnet sein könnte.

»Grüß Gott!«, ruft uns die Wirtin des besagten Gasthofs entgegen, dieselben Worte, mit denen Albert gute Freunde, aber auch wenig begeisterte NSDAP-Mitglieder begrüßte. Doch dem freundlichen Empfang folgt eine niederschmetternde Auskunft: Die Küche öffnet erst in einer Stunde. Wir sind kurz davor, alles aufzugeben und nach Hause zu fahren.

Hermann Göring hasste die Enge muffiger Klassenzimmer und kam mit der Schule und ihren Autoritäten alles andere als gut zurecht. Kein Wunder, waren doch die einzigen Herren, die er anerkannte, sein geliebter Pate, Mutter Natur und, nicht zuletzt, er selbst. Rückblickend, als Erwachsener, soll Göring sich prächtig darüber amüsiert haben, dass er, der allmächtige Reichsmarschall, einmal den Rohrstock zu spüren bekommen hatte.[25]

Er begann seine Ausbildung an der Volksschule in Fürth, zugleich der Auftakt für eine lange Serie von Rauswürfen und immer neuen Schulen. In Fürth blieb er nur einige Wutanfälle lang, bis seine Eltern gezwungen waren, einen Privatlehrer zu engagieren. Da er dennoch rebellisch blieb, beschloss man, ihn dem strengen Reglement eines Internats zu überantworten. Mit elf Jahren wurde er in Ansbach in einem solchen untergebracht.

Die neue Umgebung missfiel Hermann von Anfang an. Der trostlose Fraß in der Schulkantine beleidigte den von seinem Paten erlernten raffinierten Geschmack des Jungen so sehr, dass er sogar eine Revolte anzettelte. Als diese kläglich scheiterte, ergriff er die Flucht. Es heißt, er hätte sein Bettzeug vorausschicken lassen, seine Geige verkauft, um die Bahnfahrkarte zu finanzieren, und sei dann unangekündigt zu Hause aufgetaucht.[26] Doch von dort wurde er trotz aller Proteste sofort zurück an die Schule geschickt.

Die einzigen Lichtblicke seiner Jahre im Internat waren die Sommerferien auf Burg Mauterndorf. Die Wälder und Berge rings um die Burg waren für Hermann die wahre Schule des Lebens, in der er die Größe von Mutter Natur und das Ringen mit ihr erlernte. Doch immer, wenn die Tage wieder kürzer und die Nächte kälter wurden, musste er in das verhasste Internat zurück. Besonders wenig mochte er das Fach Musik und das Geigenspiel, das er statt des von seinen Eltern favorisierten Klaviers erlernen musste. Lange trug er eine gärende Wut auf die Schule im Allgemeinen und Streichinstrumente im Besonderen mit sich herum, bis es zur Entladung kam.

Eines Tages wurde den Schülern aufgetragen, einen Aufsatz über ihre größten Helden zu schreiben. Während die meisten den Kaiser oder Bismarck zum Thema wählten, schrieb Hermann über den einzigen Menschen, den er wirklich bewunderte, seinen Paten Hermann von Epenstein. Prompt wurde er zum Direktor zitiert und dafür abgemahnt, dass er sich lobend über einen Juden geäußert hatte. Der Name von Epenstein war im »Semi-Gotha« verzeichnet, einem Nachschlagewerk, das Adelsfamilien mit jüdischen Vorfahren auflistete und das der Schuldirektor offensichtlich regelmäßig konsultierte. Hermann musste zur Strafe hundert Mal den Satz niederschreiben: »Ich soll keine Aufsätze zur Verherrlichung von Juden schreiben.«[27]

Doch das war gar nichts im Vergleich zu dem, was seine Mitschüler sich einfallen ließen. Sie fielen über Hermann her und trieben ihn mit einem Schild um den Hals über den Schulhof, auf dem stand: »Mein Pate ist Jude.« Diese Aussage, sein Pate sei Jude, hatte Hermann noch nie gehört und sollte sie nie akzeptieren. Am Tag nach dieser Demütigung floh er wieder aus Ansbach, nicht ohne seinen

Helden gerächt zu haben, indem er alle Saiten der Streichinstrumente des Schulorchesters durchtrennte.[28]

Dieses Lehrstück über den Antisemitismus trug allerdings nicht dazu bei, Hermann Göring moralisch zu festigen. Jahre später wurde er als zweitmächtigster Mann im Dritten Reich zum Mitwisser und zum Beteiligten an den antisemitischen Gewaltakten seines eigenen Apparats. Sein Bruder Albert dagegen, dem eine derart brutale Kindheitserfahrung erspart blieb, sollte als Erwachsener in Wien einer alten Frau ein ganz ähnlich beschmiertes Schild abnehmen, das ihr Hermanns Braunhemden umgehängt hatten.*

Nach diesem letzten schulischen Desaster blieb Hermanns Eltern und seinem Patenonkel nichts mehr übrig, als die Armee zu Hilfe zu rufen. Zivilisten waren offensichtlich nicht in der Lage, Hermanns widerspenstiges Naturell zu bändigen. Nur ein Träger jener Uniform, die schon Österreich-Ungarn und Frankreich das Fürchten gelehrt hatte, konnte ihm offenbar etwas entgegensetzen. Also ließ von Epenstein seine Beziehungen spielen, zahlte das Schulgeld und besorgte Hermann einen Platz in der Kadettenanstalt in Karlsruhe.

In ein militärisches Internat gesteckt zu werden war für Hermann Göring, der schon seit frühester Kindheit alles liebte, was mit dem Militär zusammenhing, das Allergrößte. Schon als kleiner Junge hatte er Stunden damit zugebracht, in Khakihosen und Tropenhut die Burenkriege nachzuspielen. König Boris III. von Bulgarien vertraute er später an, er habe bei diesen Kinderzimmerkämpfen zuweilen einen Spiegel eingesetzt, um seine Truppenstärke zu verdoppeln.[29] Es drängt sich die Frage auf, ob Göring als Oberkommandierender der Luftwaffe angesichts des Nachschubmangels in den letzten Kriegsjahren seinen alten Kinderzimmerspiegel wieder hervorholte, wenn er Hitler vom Zustand seiner Truppen Bericht erstattete.

* *Siehe Kapitel fünf, ab S. 62.*

Jedenfalls blühte Hermann in seiner neuen Umgebung regelrecht auf. In der Abschlussbemerkung zu seinem herausragenden Zeugnis hieß es: »Göring war ein vorbildlicher Schüler. Er hat Eigenschaften entwickelt, mit denen er es zu etwas bringen wird. Er scheut sich nicht, ein Risiko einzugehen.«[30] Mit diesem Abschluss war es ein Leichtes, einen Platz an der renommierten Hauptkadettenanstalt in Lichterfelde bei Berlin zu bekommen, einer Eliteschmiede des deutschen Militärs.

Diese Ausbildung schloss Hermann mit *magna cum laude* in den meisten Fächern ab und bestand im Dezember 1913 das Offiziersexamen. Im Januar 1914 erhielt er einen Adjutantenposten im Infanterieregiment Nr. 112 »Prinz Wilhelm« in Mülhausen an der damaligen deutsch-französischen Grenze.[31]

Sehr viel später, in seiner Gefängniszelle in Nürnberg, sprach Hermann Göring mit dem amerikanischen Psychiater Leon Goldensohn über die Charakterunterschiede zwischen ihm selbst und seinem Bruder Albert: »Er war stets das genaue Gegenteil von mir. Er interessierte sich nicht für Politik oder das Militär; ich schon. Er war still, zurückgezogen; ich liebe Menschenansammlungen und die Geselligkeit. Er war schwermütig und pessimistisch, ich bin ein Optimist. Aber er ist kein schlechter Kerl, dieser Albert.«[32] In mancherlei Hinsicht scheint diese Beschreibung zumindest für den Schüler Albert recht passend zu sein.

Albert Göring erfüllte die Anforderungen, welche die Lehrer an ihn stellten, übertraf sie aber nur selten. Er galt als fleißiger, in einigen Fächern als sehr guter und, anders als sein Bruder, als gehorsamer Schüler. Am liebsten saß er in der hinteren Bankreihe und träumte vor sich hin, vielleicht von den Opern- und Theateraufführungen, zu denen ihn sein Patenonkel gelegentlich mitnahm. Bei diesen Ausflügen entwickelte er eine bleibende Leidenschaft für Musik und bildende Kunst. Er selbst war besonders im musikalischen Bereich begabt und spielte Klavier und andere Instrumente auf beachtlichem Niveau.

Dieser etwas verschrobene, kunstsinnige, unauffällige Schüler verbrachte seine ersten Schuljahre nicht wie sein Bruder in angesehenen Internaten und Militärschulen, sondern mit dem einfachen Volk in der Volksschule in Velden und dem Progymnasium von Hersbruck. Mit elf Jahren stand er vor der Frage, die sich deutschen Schulkindern so ähnlich auch heute noch stellt: der Wahl zwischen dem klassischen Bildungskanon eines Gymnasiums und dem praxisnäheren Curriculum einer Realschule. Albert entschied sich für Letzteres und tauchte 1906 am Realgymnasium in München in die Welt der Physik und der Mechanik ein. Wenige Monate vor Ausbruch des Ersten Weltkriegs erwarb er dort sein Abitur.

Im Jahr 1913, als sich Albert auf seine Abiturprüfungen vorbereitete und Hermann sich auf sein Offiziersexamen, stattete der inzwischen 62-jährige Hermann von Epenstein ihren Eltern einen Besuch auf Burg Veldenstein ab. Er erklärte Heinrich und Fanny Göring, er habe sich in ein junges Fräulein verliebt – vierzig Jahre jünger als er – und werde bald heiraten. Seine Verlobte Lilli kannte seinen Lebenswandel genau und hatte von ihm gefordert, seinem Junggesellendasein abzuschwören, also auch seine Affäre mit Fanny zu beenden. Als von Epenstein dies seiner langjährigen Geliebten mitteilte, kam deren Gatte Heinrich hereingeplatzt und klagte über den Verrat, den die beiden seit Jahren an ihm begingen. Sein Wutausbruch mündete in den Entschluss, nicht länger im Haus eines Ehebrechers und Verräters bleiben zu wollen.

Noch im selben Frühjahr verließ die in ihren Grundfesten erschütterte Familie Göring die Burg Veldenstein und zog nach München in ein bescheidenes Haus.[33] Der ehemalige Reichskommissar, ein körperlich wie seelisch zerrütteter Mann, trat am 7. Dezember seine letzte Reise an. Erst nach Heinrichs Tod, als sie seinen Nachlass sichteten, erkannten die Brüder, wer ihr Vater wirklich gewesen war. In den Papieren fanden sie nicht den senilen Trunkenbold ihrer Kindheit vor, sondern einen Mann, der sich in zwei Kriegen und als Kolonialbeamter um seine Heimat verdient gemacht hatte. So kam es, dass sie beide am Rande des Familiengrabs auf dem Waldfriedhof in München ein Gefühl der Schuld und der Reue bedrückte. Hermann Göring, so heißt es, war so sehr davon überwältigt, dass er trotz seiner militärisch-preußischen Selbstdisziplin eine Träne vergoss.[34]

Dann begann der Krieg ...

Unsere Mägen verlangen nach Schnitzel, unsere schmerzenden Köpfe nach einem Bett. Wir haben für heute genug Niederlagen eingesteckt und beschließen, zum Auto zurückzugehen. Auf dem Weg entdecken wir gegenüber der Kirche ein kleines geöffnetes Café. Es heißt Café Claudio und ist voller Familien und Paare in Sonntagskleidern, die offenbar gerade bei der Messe waren. Beim Eintreten grüßen sie einhellig mit einer Wendung, die ich nicht kenne, die aber wohl die regionale Entsprechung zu »Guten Abend« sein muss. Wir lassen uns ganz am Ende des Raums erschöpft in einer Nische auf die lederbespannten Bänke fallen.

Als ich mich umsehe, fällt mir eine Gruppe gutgekleideter älterer Menschen auf. Die Frauen tragen teuren Schmuck und dazu passende smaragdgrüne Halstücher. Ein Mann mit schütterem grauem Haar trägt offenbar traditionelle Lundgauer Tracht: eine hellgraue Wolljacke ohne Kragen und ein Trachtenband um den Hals. Er scheint das Reden lieber den Frauen zu überlassen und beschäftigt sich stattdessen mit seinem Glas Rotwein und einer Käseplatte.

Irgendetwas an diesem Mann kommt mir bekannt vor. Es ist seine Siebziger-Jahre-Brille mit Drahtgestell, fällt mir auf. Diese Brille habe ich schon einmal gesehen. Ich krame in meinem Gedächtnis, bis ich die Brille einem Mann zuordnen kann, den ich in einer Dokumentation über Albert Göring gesehen habe, Herbert Hohensinn, einem Bewohner dieser Region, der in dem Film seine Erinnerungen an die Görings in Mauterndorf zum Besten gegeben hat. Wie schnell das Blatt sich doch wenden kann. Eben noch wollten wir mit eingezogenen Schwänzen heimwärts fliehen, und jetzt sitzen wir einem entscheidenden Zeitzeugen gegenüber, der nur wenige Meter entfernt an seinem Rotwein nippt.

»Hallo, guten Abend. Es tut mir leid, zu stören«, begrüße ich den Mann. Ich stelle mich ihm vor und erkundige mich, ob er tatsächlich der Mann aus dem Dokumentarfilm sei. Ja, ist er, und er beginnt auch gleich ein wenig von den Görings und ihrem Gönner von Epenstein zu erzählen. Er spricht Hochdeutsch, nur manchmal mit Einsprengseln aus seinem Lundgauer Dialekt. Wie alle anderen erklärt er gleich vorneweg, über Albert wisse er leider nicht allzu viel. Doch was er weiß, reicht schon dafür, dass ich ihn gern mit Hilfe meines Diktiergeräts etwas ausführlicher interviewen würde. Er zögert, bis seine Frau sich schließlich dazwischenschaltet: »Gewiss doch, wir wohnen ja gleich gegenüber. Kommen Sie einfach in einer guten Stunde dort vorbei.«

Im August 1914, nachdem ein Mann im drolligen Federhut und seine Frau in Sarajevo ermordet worden waren, nachdem ein Bündnis bekräftigt, ein Ultimatum gestellt und ignoriert, ein Blankoscheck des Kaisers Wilhelm II. an den Kaiser Franz Joseph überbracht worden war, wurde Hermanns liebstes Kinderspiel zur blutigen Realität. Schon Stunden nach der deutschen Kriegserklärung an Frankreich bekam der 21-jährige Leutnant in Mülhausen, an der schwer befestigten Grenze in Elsass-Lothringen, Kriegshandlungen zu sehen. Allerdings nicht lange, denn ein Täuschungsmanöver im Rahmen des Schlieffenplans sah vor, dass Hermanns Infanterieregiment Nummer 112 sich hinter den Rhein zurückziehen sollte, während der Großteil der deutschen Truppen durch Belgien gen Paris zog.

Als auch für Görings Regiment endlich der Angriffsbefehl erteilt wurde, konnte er zum ersten Mal selbst in den Kampf ziehen. Doch schon nach wenigen kleineren Scharmützeln traf ihn ein harter Schicksalsschlag: Ein akuter Schub von Gelenkrheumatismus machte ihn kampfunfähig. Die heftigen Schmerzen sollten ihn, sosehr sie ihm auch zusetzten, noch weit bringen. Denn im Lazarett in Freiburg lernte er Bruno Loerzer kennen, einen Anwärter der kaiserlichen Fliegertruppe. Loerzer lud ihn als Beobachter in seine Albatros B990 ein, und Göring schoss auf einem Erkundungsflug über Verdun wertvolle Fotos der französischen Batterie am Côte de Talon. Diese Bilder brachten ihm am 25. März 1915 das Eiserne Kreuz Erster Klasse sowie die Chance ein, sich zum Flieger ausbilden zu lassen.[35] Damit begann sein Ruhm als Fliegerass des Ersten Weltkriegs, der ihm in den Folgejahren den Aufstieg zur Macht erleichterte.

Im Jahr darauf wurde Göring abgeschossen und musste monatelang untätig warten, bis er wieder dienstfähig war. Erst im Februar 1917 wurde er in der Jagdstaffel 26 eingesetzt. In der schmucken Flieger uniform glich er endlich den teutonischen Rittern aus seinen Träumen. Als Kampfpilot besaß er dieselbe tödliche Präzision wie auf der Jagd in den Wäldern um Mauterndorf und Veldenstein. Im Juni 1918 konnte er bereits 21 Abschüsse verbuchen und hatte sich damit eine Auszeichnung verdient, die ihm Freibier in jeder deutschen Bierhalle und die Bewunderung jedes deutschen Fräuleins versprach: den Pour le Mérite.

Von einem Tag auf den anderen war Hermann eine Berühmtheit geworden. Sein Bild zierte die Titelseiten von Zeitungen und Wochenblättern und stand bei den Kindern, die eifrig Sammelkärtchen von Fliegerassen tauschten, hoch im Kurs. Er war ein Held, ein Hoffnungsschimmer für die leidgeprüfte Bevölkerung. Fast konnte er sich mit dem gefürchtetsten und berühmtesten Piloten der Welt messen, mit Manfred Albert Freiherr von Richthofen, dem Roten Baron.

Am 21. April 1918 wurde der scheinbar unverwundbare Rote Baron von einer feindlichen MG-Batterie abgeschossen.[*][36] Richthofens Nachfolger wurde Wilhelm Reinhard, doch er blieb nicht lange am Steuer. Auf einem Testflug mit einem neuen Jagdflugzeug, das auch Hermann Göring kurz zuvor zur Probe geflogen hatte, wurde es ihm endgültig wieder aus der Hand genommen. Und so wurde »Nr. 178.654, 8. 7. 18 Oberlt. Hermann Göring« am 8. Juli 1918 zum Staffelführer des Richthofen-Geschwaders ernannt.[37]

Am 14. April 1945 stattete die Royal Air Force Berlins Nachbarstadt Potsdam einen ihrer berüchtigten Besuche ab. Sie hinterließ tiefe Spuren im Stadtbild, aber auch im Bild der deutschen Militärgeschichte. Denn unter den Trümmern lag das Preußische Heeresarchiv mit seinen jahrhundertealten Beständen begraben und, was für meine Zwecke bedeutsamer ist, mitsamt der schmalen Personalakte Albert Görings. Die einzigen erhaltenen Dokumente über ihn aus dem Ersten Weltkrieg finden sich in seiner Krankenakte im Krankenbuchlager des Landesamtes für Gesundheit und Soziales in Berlin. Darin vermerkt sind das Datum seines Ein- und Austritts aus dem Dienst, seine Kriegsverletzungen und sein zweiter Vorname Günther, den kein Geschichtsschreiber bisher zur Kenntnis genommen hat.

---

[*] *Ursprünglich wurde der Treffer dem kanadischen Piloten Roy Brown zugeschrieben, doch inzwischen herrscht die Meinung vor, dass er von der Fliegerabwehr abgeschossen wurde: Seine Wunde wies darauf hin, dass er von unten getroffen wurde. Nach Miller (1998) war es der australische Sergeant Cedric Popkin von der Australischen Maschinengewehr-Abteilung Nr. 24, der den Roten Baron mit seinem Vickers-Gewehr traf.*

Die Aufzeichnungen beginnen am 2. August 1914, als Albert sich in einem Wehramt in Bayern in den Dienst von Kaiser und Vaterland begab, wie es seinem Familienerbe, wenn auch nicht unbedingt seinen persönlichen Neigungen entsprach. Er wurde der 6. Königlich Bayerischen Reserve-Division als Nachrichtentechniker oder, wie man sie damals nannte, als Pionier zugeteilt.

Diese Stellung war bei weitem nicht so prestigeträchtig wie die seines Bruders, aber, besonders im Rahmen des offensiven Schlieffenplans, doch verantwortungsvoll. Für jeden Meter Geländegewinn musste ein Meter Kabel verlegt werden, und jede Unterbrechung der Kommunikation hatte eine Verzögerung des Angriffs zur Folge. Ohne präzise Meldungen über den Schlachtverlauf wäre der Schlieffenplan sofort gescheitert. Doch auch als er tatsächlich scheiterte, verloren die Nachrichtentechniker nicht an Bedeutung. Ein stetiger Kommunikationsfluss zwischen der Front und den Generälen in ihren fernen Châteaux konnte feindliche Angriffe vereiteln oder über den Erfolg einer Offensive entscheiden.

Dementsprechend bildete die Kommunikations-Infrastruktur eins der bevorzugten Ziele feindlicher Angriffe. Zu Alberts Aufgaben gehörten sowohl vorbeugende Maßnahmen, wie das Eingraben der Kabel in zwei Metern Tiefe, als auch – wenn alles Vorbeugen nicht geholfen hatte – Reparaturen. Oft bedeutete das, mitten im Artilleriefeuer nach Kabelbrüchen zu suchen und diese selbst unter Scharfschützenbeschuss eiligst zu reparieren. Diese Einsätze waren so gefährlich, dass Albert einen Großteil der Kriegsjahre in Lazaretten verbrachte.

Seine erste Kriegsverletzung erlitt der Pionier Albert Göring in der Ersten Flandernschlacht bei Ypern und wurde am 14. November 1914 in ein Militärkrankenhaus in Dortmund geschickt. Zwei Wochen später wurde er nach Hause überwiesen – nämlich in die inzwischen ebenfalls zum Krankenhaus umfunktionierte Burg Veldenstein. Nachdem er sich in dieser luxuriösen Umgebung hinreichend erholt hatte, ging es wieder zurück an die Westfront, vermutlich in die Region Flandern, irgendwo entlang der Siegfriedstellung. Dort verbrachte Albert die nächsten Monate in Schützengräben, zwischen Ratten und Läusen, die das Schützengrabenfieber übertrugen, einen beißend kalten Winter und ein schlammiges Frühjahr hindurch, immer in Reichweite des drohenden Todes, dem er gegen Ende des Krieges nur knapp entging. Während Ludendorffs verzweifelter Frühjahrsoffensive 1918 verwundete ihn ein Bauchschuss schwer.

Albert, inzwischen Leutnant und Leiter der Bayerischen Divisions-Funker-Abteilung 103, wurde wieder den chaotischen Zuständen der Feldlazaretts überantwortet. Ab dem 27. Juli verbrachte er einige Zeit in einem Krankenhaus in Montigny-en-Ostrevent in der französischen Region Nord-Pas-de-Calais und wurde dann nach Péruwelz im belgischen Hennegau verlegt. Kurz vor der Kapitulation humpelte er mit seiner notdürftig versorgten Bauchwunde, die Entlassungspapiere in der Hand, in seine Heimatstadt München zurück.[38]

Für uns heute scheint der Erste Weltkrieg so lange her und so unsagbar brutal, dass wir uns die Qualen und Tragödien, die Albert und seine Zeitgenossen erdulden mussten, kaum noch vorstellen können. In meiner Familie gab es als einzige Annäherung die Geschichten meines Urgroßvaters und -onkels, die auf den Stränden Gallipolis oder in Frankreichs Sumpfland ihr Blut für Nation und Reich vergossen. Besonders die Geschichte meines Urgroßonkels Les und sein Porträt haben mir die ferne Geschichte nahegebracht. Dieses Bild steht bis heute im Wohnzimmer meiner Eltern. Es zeigt einen jungenhaften Mann von zwanzig Jahren, der stolz seine neue Uniform präsentiert und erwartungsvoll seinem »Abenteuer« in Somme entgegensieht. Das Porträt stand schon während des Krieges im Haus meiner Familie, während Les auf das Zeichen zum Angriff wartete, während er stürmte, unter Beschuss geriet und von Schrapnellfeuer getroffen zu Boden ging, während er auf ein Schiff nach England verfrachtet und dem sicheren Tod durch seine Bauchwunde überlassen wurde, dem er dann doch wie durch ein Wunder entging. Und das Porträt blieb jahrzehntelang an seinem Platz, bis Les mit achtzig Jahren die Erinnerung nicht mehr ertrug. Noch in derselben Nacht, in der er sein Foto von der Wand nahm, starb er friedlich im Schlaf.

Alberts Kriegsverletzung scheint auf seine Familie nicht so viel Eindruck gemacht zu haben wie Hermanns Heldentaten, doch es war eine Wunde, die unzählige Soldaten aller Kriegsparteien ebenfalls spürten, die durch dieselbe Hölle gegangen waren wie er. Sie konnten verstehen, was es für Albert bedeutete, diesen mörderischen Krieg zu überstehen, der zwei Millionen Menschen das Leben kostete. Wie mein Urgroßonkel Les sollte auch Albert den Schmerz dieses Krieges bis zu seinem Tod nicht vergessen.

Der Krieg riss nicht nur körperlich schreckliche Wunden, ob bei Soldaten oder in der Zivilbevölkerung. Er lastete auch schwer auf den Herzen und Seelen der Beteiligten, besonders bei den besiegten Völkern. Als am 28. Juni 1919 jener berüchtigte Friedensschluss unterschrieben wurde, fiel Hermann, der geborene Krieger, Monarchist und Patriot, buchstäblich aus allen Wolken, als sei der Versailler Vertrag eine letzte Salve aus der Flak. Sein Stolz zerschellte in tausend Stücke. Er machte die ganz neue Erfahrung, auf der Seite der Verlierer zu stehen. Sein geliebter Kaiser wurde von zänkischen Demokraten und Industriellen abgelöst. Hermann war kein Held mehr, sondern ein Niemand ohne feste Stellung in der Welt. Er fühlte sich betrogen. Dieses Gefühl prägte seinen gesamten späteren Lebensweg und zog ihn zu dem Mann hin, der alle Antworten auf seine Fragen zu haben schien: Adolf Hitler.

Albert dagegen war sicher erleichtert, dass der Wahnsinn des Krieges vorbei war und er sein ziviles Leben wieder aufnehmen konnte. Für den Einstieg schrieb er sich im Sommer 1919 an der Universität ein, die heute Technische Universität München heißt. Während sein Bruder sich mit den Bolschewiken anlegte und mit den Freikorps einen Putsch vorbereitete, beschäftigte sich Albert acht Semester lang mit Maschinenbau.

Doch selbst der politisch desinteressierte Albert konnte den geistigen Umschwung um sich herum schwerlich übersehen. In seiner Universität war die Polemik gegen die Republik und den Vertrag von Versailles genauso verbreitet wie in den Straßen von Berlin oder Münchens Bierhallen. Heinrich Himmler, Alberts zukünftiger Erzfeind, war zur selben Zeit dort in der Agrarökonomie eingeschrieben und in der Verbindungsszene aktiv, dem damaligen Nährboden der nationalistischen Studentenbewegung. Albert musste also zumindest ahnen, in welche Richtung seine Landsleute, mit seinem Bruder an der Spitze, sich bewegten.

Doch trotz allem beschäftigten ihn diese Themen zunächst nicht übermäßig. Albert investierte den Großteil seiner Zeit und Energie in einen ganz anderen Lebensbereich: die Jagd nach schönen Frauen. Wie sein Vorbild von Epenstein fühlte er sich zunächst zu blaublütigen Damen mit dem adeligen »von« im Namen hingezogen. Am 16. März 1921 heiratete er die 21-jährige Maria von Ammon.

»Er kommt gleich«, quäkt Frau Hohensinns Stimme durch das Türtelefon. Drinnen sieht uns ihr Ehemann aus seiner einprägsamen Brille entgegen und führt uns durch einen Flur, der mit Rodelschlitten, Weihnachtsdekoration und einem großen, beunruhigend realistischen Kruzifix vollgestopft ist. Eine kleine Wendeltreppe führt in die Küche, in der es nach frisch gebackenem Lebkuchen duftet, wie es sich in Deutschland und Österreich zu Weihnachten gehört.

Hohensinn schiebt eine riesige Nähmaschine beiseite und bittet uns, am Küchentisch Platz zu nehmen.

Nachdem wir eine Weile über unsere zufällige Begegnung und über unseren erfolglosen Besuch auf der Burg geplaudert haben, erzählt uns Hohensinn ein wenig über von Epenstein. Die Restauration der Burg Mauterndorf, sagt er, habe gar nicht allzu lange gedauert. »Warum?«, fragen wir. »Weil er so viel Geld hatte«, kommt Hohensinn gleich auf den Punkt. Von Epenstein, sagt er, war in Mauterndorf wenig bekannt, weil er den Großteil seiner Zeit in Berlin verbrachte. Doch sein Geld genoss im Ort den allerbesten Ruf und sicherte ihm, wie später Hermann Göring, die Bewunderung der Bevölkerung. Er soll zum Beispiel den Bau der Vorschule von Mauterndorf finanziert haben. Ich spreche ihn auf das Gerücht an, von Epenstein sei Albert Görings leiblicher Vater. »Alles Gerüchte«, antwortet Hohensinn, »die niemand überprüfen kann. Wenn Sie mich fragen, ist das bloß Klatsch.« Als er sich ausmalt, wie alte Damen im Tante-Emma-Laden und auf den Kirchenbänken solchen Dorfklatsch weitertratschen, bricht er in herzhaftes Lachen aus.

Dann kommt das Gespräch auf Hermann, und Hohensinn beschreibt volksfesthafte Szenen mit all dem Pomp und Prunk, der Hermann Göring zeitlebens umgab. Immer wenn Mauterndorfs berühmtester Sohn den Ort beehrte, säumten die Bewohner den Weg seiner Autokolonne, und Kinder warfen Blumen in sein Mercedes-Cabriolet. Bei einem dieser Besuche, erzählt Hohensinn, bekam Hermann mehr als nur Blumensträuße.

So wie auch in England, hatte man in Deutschland mit der sogenannten Kinderlandverschickung begonnen. Besonders von Luftangriffen gefährdete Familien konnten im Rahmen dieses Programms ihre Kinder bei anderen Familien auf dem Land unterbringen. Die Hohensinns hatten ein junges Mädchen aus dem Rheinland bei sich aufgenommen. Dieses Mädchen war, um es vorsichtig auszudrücken, ziemlich eigensinnig. Hohensinn zeigt auf seinen Balkon und erzählt, wie das Mädchen und seine ältere Schwester sich dort versteckten und Wasser – oder was immer ihnen gerade in die Hände fiel – auf ahnungslose Passanten hinunterregnen ließen. Bei einer dieser Gelegenheiten kam Hermann Göring mit seiner Entourage unter dem Balkon vorbei, und die Mädchen nahmen seinen Mercedes mit Wasser unter Beschuss. Hohensinn reißt noch bei der Erinnerung ungläubig, fast entsetzt die Augen auf.

Sofort schwärmten Görings Offiziere aus, durchsuchten das Haus und fanden heraus, dass es sich bei den Angreifern um zwei junge Mädchen handelte. Sobald feststand, dass es nur Kinder aus einem ehrbaren Haushalt waren, der dem gefährdeten Nachwuchs des Reichs Obdach gewährte, konnte auch Hermann über den Vorfall lachen, schließlich hatte er in seiner Jugend selbst gern Streiche gespielt. Auch Hohensinn entspannt sich beim Erzählen wieder und beginnt zu lachen. Doch dann wird er schlagartig ernst, nimmt die Hände vom Tisch, als wollte er uns bedeuten, näher heranzurücken, und fügt mit gesenkter Stimme hinzu, die örtlichen Parteimitglieder hätten die Episode mit weniger Humor genommen und sie der Familie Hohensinn nie verziehen. Diese Parteimitglieder hätten übrigens nie Kinder aus den zerbombten Städten des Reichs bei sich aufgenommen.

Hohensinn ist ein begnadeter Erzähler. Er sprudelt über vor Anekdoten und malt seine Erinnerungen theatralisch aus. Mal hebt er die Hände, um die Dramatik eines Ereignisses zu betonen, mal legt er sie vor sich auf den Tisch, wenn er Ernsteres zu sagen hat. Er weiß genau, wann er eine Kunstpause einlegen oder langsamer werden muss, um die Pointe einzuleiten. Innerhalb weniger Sätze wechselt seine gesamte Haltung von Glück und Freude zu Trauer und Verzweiflung. Das ist allen Interviews gemeinsam, die ich mit Überlebenden des Krieges geführt habe: Menschen, die derart harte

Zeiten durchgemacht haben, schwanken offenbar leicht zwischen emotionalen Höhen und Tiefen, und ich mache jeden Anstieg und jeden Absturz dieser psychischen Achterbahnfahrt mit.

Wieder zieht Hohensinn die Hände vom Tisch, und das Gespräch nimmt eine ernstere, unerwartete Wendung. »Mein Vater wurde ins KZ gesteckt, weil er nicht in die Partei eintreten wollte ... Das war damals schon ein Grund. Das war Führerbeleidigung. Mein Vater war gegen die Nazis, und er war vielleicht nicht der Schlaueste. Er hatte keine Ahnung, wie brutal das Regime sein konnte. Das wusste man nicht so genau«, erklärt Hohensinn, »und die Gestapo kam ja immer nachts. Davon haben Sie vielleicht schon gehört. Sie warfen einen Stein ans Fenster, und dann musste man nachsehen, was los ist, und so haben sie auch meinen Vater mitgenommen.«

Sein Vater wurde in das Konzentrationslager Dachau gebracht und lernte dort Dr. Gorbach kennen, der später österreichischer Bundeskanzler und ein enger Freund der Familie werden sollte. Während er die harte Zwangsarbeit erdulden musste, wusste seine verängstigte Familie nicht einmal, wo er war. Doch Hohensinns waren gut mit der Familie Rigele befreundet, und die Dame des Hauses war Olga Rigele, geborene Göring, Alberts und Hermanns ältere Schwester. Frau Hohensinn wandte sich hilfesuchend an die Rigeles, und einige Monate später wurde ihr Mann wundersamerweise entlassen. In den Jahren darauf erwähnte Vater Hohensinn seine Erlebnisse in Dachau mit keinem Wort, teils weil er traumatisiert war, aber teils auch aus Angst. Am Lagertor hatten seine Bewacher ihm eingeschärft: »Wenn du nur ein Wort von dem erzählst, was du hier erlebt hast, sehen wir uns wieder!« Erst lange nach dem Krieg begann er über seine Erlebnisse im KZ zu sprechen.

»Und Albert, also dieser Albert«, fährt Hohensinn aufgeregt fort. »Ich habe erst bei diesem Interview damals gehört, dass mein Vater auf Alberts Liste stand.« Mit »diesem Interview« meint er den Dokumentarfilm über Albert Göring, in dem ich Hohensinn gesehen habe, und Alberts Liste ist die Liste der Geretteten. Ich bin ebenso überrascht wie Hohensinn – in der Dokumentation wurde nicht erwähnt, dass sein Vater auf der Liste stand und Albert sich für ihn eingesetzt hatte.

»Frau Rigele muss wohl Albert angerufen haben, der dann mit Hermanns Hilfe eingegriffen hat«, erklärt Herbert Hohensinn. »Hermann hatte für seine Familie immer ein offenes Ohr.« Frau Hohensinn hätte demnach Olga Rigele von der Verhaftung ihres Mannes erzählt, die daraufhin Albert in Bukarest kontaktierte, wo er für Škoda arbeitete. Und Albert hatte, entweder selbst oder mit Hermanns Hilfe, dafür gesorgt, dass Hohensinns Vater freigelassen wurde.

Hohensinn vermutet auch, dass Albert beim Verfassen seiner Liste wusste, dass sein Vater sich für ihn einsetzen würde. Denn die Männer hatten etwas Entscheidendes gemeinsam: Sie wurden beide von der Gestapo terrorisiert. Genau wie Albert wurde auch Hohensinns Vater mehrmals von der Gestapo verhaftet. Die örtlichen Schnüffler ertrugen es nicht, dass er nach seiner Freilassung aus Dachau wieder zum einflussreichen Geschäftsmann und Regimegegner wurde.

Einmal, als Hohensinns Vater gerade aus einem Gestapo-Gefängnis in Salzburg entlassen worden war, besuchte Hermann Göring die Familie. Er, der allmächtige Reichsmarschall, wollte von dem einfachen Geschäftsmann wissen, wie es in Dachau aussah. Vertrauensvoll erzählte Hohensinns Vater ihm, was er dort erlebt hatte. »Göring war doch tatsächlich schockiert!«, erinnert sich Hohensinn. »Es war nun mal nicht sein Gebiet. Man muss ja bedenken, dass diese Leute, Göring und andere, vollauf mit dem Krieg beschäftigt waren. Sie hatten andere Sorgen: die Front. Und dann gab es die Kriminellen, die für solche Angelegenheiten verantwortlich waren, Himmler und so. Die Lagerkommandanten, das waren die größten Verbrecher.« So weit Hohensinns Worte.

Im Auto, auf dem Weg nach Freiburg, gehen mir immer noch Hohensinns letzte Worte im Kopf herum. Hermann Göring, der selbst das Konzept des Konzentrationslagers nach Deutschland gebracht hat, soll schockiert darüber gewesen sein, was in Dachau geschah?

Die ersten deutschen Konzentrationslager etablierte Hermann Göring 1933 als Leiter der preußischen Polizei und der neugegründeten Gestapo. Er schuf damit Platz für die Tausenden politischen Gegner, die nach dem Reichstagsbrand am 27. Februar 1933 inhaftiert wurden – man hatte die Schuld den Kommunisten zugeschoben, den stärksten Konkurrenten der Nationalsozialisten. Von da an entwickelten sich die Lager zu einem entscheidenden, brutalen Machtinstrument zur Eliminierung von Dissidenten – und von allen, die nicht in die Doktrin des Regimes passten. Hermann, der Experte für die Burenkriege, schaute sich das Konzept von einer britischen Institution ab, die Leo Kitchener während des zweiten Burenkriegs geschaffen hatte.

Ich frage mich, was an Hohensinns Geschichte dran sein könnte, so unwahrscheinlich sie auch schien. Hermann Göring hatte tatsächlich ausgesprochen viel zu tun: Er war Reichsmarschall, Reichstagspräsident, Oberkommandierender der Luftwaffe, Beauftragter für den Vierjahresplan, Geschäftsführer der Reichswerke Hermann Göring AG und, nicht zuletzt, Reichsforstmeister und Reichsjägermeister. Die Leitung der Gestapo, und damit auch die Aufsicht über die Konzentrationslager, hatte er 1934 an Heinrich Himmler abgegeben.

Dazu kommt, dass das nationalsozialistische Regime von Geheimhaltung und parteiinternen Konflikten geprägt und von paranoiden Herrschern bevölkert war, die ihren Einflussbereich vehement gegen jegliche Einmischung verteidigten. Himmler und Göring waren in einen permanenten, gnadenlosen Machtkampf verwickelt. Sie tauschten nie mehr als die nötigen Höflichkeitsfloskeln aus; alles andere hätte der jeweilige Gegner als Munition nutzen können. Daher wird Himmler Göring kaum mit Informationen zu seiner SS versorgt haben, ebenso wie Hermann ihm keine Details zum neuesten Stand der Luftwaffe oder der Wirtschaft anvertraute.

Dennoch ist es höchst unwahrscheinlich, dass der einflussreiche, taktisch versierte Hermann seine Informationen nicht aus anderen Quellen bezog. Da ihm mit dem Forschungsamt eine eigene Abhörstation zur Verfügung stand, wird er über Himmlers Aktivitäten auf dem Laufenden gewesen sein. Sein eigener Bruder, Albert, sprach ihn ebenfalls mehrfach auf die Konzentrationslager an. Und Albert wiederum brauchte weder offizielle Quellen noch Abhöranlagen, um zu begreifen, was vor sich ging.

1923 war für die Familie Göring ein bedeutendes Jahr: Sie hatte innerhalb von zwölf Monaten zwei Hochzeiten, eine Abschlussfeier, ein Begräbnis, eine Scheidung, einen missglückten Staatsstreich und eine Flucht ins Exil zu verzeichnen. Die erste Heirat fand am 3. Februar zwischen Hermann und seiner schwedischen Geliebten Carin Freifrau von Kantzow statt.

Die Zeit nach dem Ersten Weltkrieg war von großen politischen und sozialen Unruhen geprägt. Die Straßen waren voll von frustrierten ehemaligen Kriegshelden wie Hermann Göring. In diesem Klima allgemeinen Aufruhrs wurde selbst er, der Krieger, der bisher für die Winkelzüge der Politik nichts als Verachtung übriggehabt hatte, zum politischen Menschen. Er schloss sich in Berlin den Freikorps an, paramilitärischen Einheiten, die sich nach

Kriegsende formiert hatten, und begann seine Ansichten zu verbreiten. Obwohl er ein guter Redner war, sollte aus einer politischen Karriere zunächst nichts werden. Seine Ambitionen verläpperten zusammen mit dem schlecht organisierten Kapp-Putsch im Frühjahr 1920.

Ohne eine große Sache, für die es sich zu kämpfen lohnte, ohne Kaiser und Reichsarmee, verlor Hermann Göring jeglichen Halt. Doch das Schicksal streckte eine Hand aus, um ihn wieder auf vertrautes Terrain zurückzuführen: in das Cockpit eines Flugzeugs. Der niederländische Flugzeughersteller Anton Herman Gerard »Anthony« Fokker suchte händeringend nach Piloten von Format, die das Beste aus seinen Konstruktionen herausholen und die Kundschaft auf dem wachsenden skandinavischen Markt beeindrucken konnten. Doch schon bald gab Hermann seinen Beraterposten bei Fokker wieder auf und gab sich ganz seiner Leidenschaft hin. Er heuerte vier alte Kameraden aus der Richthofen-Schwadron an und begeisterte ganz Skandinavien mit den todesverachtenden Flugmanövern, für die sie schon im Krieg so berühmt gewesen waren. Endlich wurde er wieder bewundert, und sein Bild war wieder auf den Titelseiten der Zeitungen zu sehen.[39] Görings Stolz war wiederhergestellt.

Bald nahte der skandinavische Winter, und Hermann brauchte ein festes Einkommen. Er heuerte bei der schwedischen Fluglinie Svenska Lufttrafik in Stockholm an und übernahm Charterflüge für die Reichen und Schönen. Eines stürmischen Winterabends musste er in dem Schloss eines seiner Fluggäste, Graf Eric von Rosen, übernachten. Dort, in von Rosens mittelalterlichem Anwesen Rockelstad Slott, das Göring an die Burgen seiner Kindheit erinnerte, traf Hermann Göring auf Carin von Kantzow.[40] Obwohl sie längst in festen Händen und die Mutter eines siebenjährigen Sohnes war, war sie ebenso hingerissen wie der Pilot. Im Dezember 1922 ließ sie sich von ihrem ersten Ehemann Nils von Kantzow scheiden und machte sich auf den Weg nach Süden, um in München mit ihrem neuen Helden den Bund fürs Leben einzugehen.

Albert, der bereits seit drei Semestern als Assistent am Lehrstuhl von Professor Krell Forschung über Kräne und Aufzüge betrieb, bestand im Jahr 1923 seine Abschlussprüfung in Maschinenbau mit der Note »Sehr gut«.[41] Damit konnte er München, die Brutstätte des Nationalsozialismus, hinter sich lassen, um eine Doktorandenstelle bei der I.G. Farben in Wolfen anzutreten.[42] Es war dasselbe Unternehmen, das später Zyklon B für die Gaskammern der Konzentrationslager herstellen würde. Doch als Albert dort arbeitete, wurden hier noch Teerfarben und Färbeprodukte produziert.

Auf zwei freudige Ereignisse folgte ein tragisches, als die 64-jährige Fanny Göring am 15. Juli 1923 an einer Lungenentzündung starb. Wieder standen die Brüder, älter geworden und durch die Jahre des Krieges verhärmt, nebeneinander am Familiengrab. Doch diesmal fielen sie sich nicht in die Arme. Ihre politische und ideologische Entfremdung hatte begonnen. Albert wusste um die Ansichten seines Bruders, um seine Verbindung zu jenem Österreicher mit dem schmalen Schnurrbart und seine Mitgliedschaft in der Nationalsozialistischen Partei. Einige Jahre später, in Österreich, sagte er zu seinem Freund Albert Benbassat: »Ach, ich habe in Deutschland einen Bruder, der sich mit diesem Mistkerl Hitler eingelassen hat, und mit dem wird es noch böse enden, wenn er so weitermacht.«[43] Dieser Konflikt sorgte in den folgenden zwölf Jahren für Funkstille zwischen den beiden Brüdern. Hermann Göring erklärte dazu: »Wegen seiner Einstellung zur Partei haben wir zwölf Jahre lang kein Wort gewechselt. Keiner war böse auf den anderen. Es war eine situationsbedingte Trennung.«[44]

Nicht lange darauf folgte nach nur zwei Jahren Ehe die Scheidung Alberts von Maria von Ammon. Hinter dieser frühzeitigen Trennung steckte eine weitere Dame mit einem »von« im Namen, die jedoch, ganz anders als die junge Maria, mit ihren siebenunddreißig Lenzen neun Jahre älter war als Albert Göring. Gleich nach der Scheidung, am 10. September 1923, gab er Erna von Miltner das Jawort. So schnell, wie die Heirat auf die Scheidung folgte, darf man wohl davon ausgehen, dass die Beziehung zu Erna begann, bevor die Ehe mit Maria beendet war. Und das war nur der Anfang von Alberts zahlreichen, zuweilen skandalösen Frauengeschichten.

Hermann Göring schwor unterdessen in einer Münchner Bierhalle Hitler und dem Nationalsozialismus ewige Treue. Jetzt, da er mit seiner Braut in München lebte, tummelte er sich wieder in der politischen Szene. Dem amerikanischen Psychiater Leon Goldensohn gegenüber beschrieb Hermann seine erste Begegnung mit Hitler später mit den Worten: »Ich war gegen den Versailler Vertrag, und ich war gegen den demokratischen Staat, der darin versagt hatte, das Problem der Arbeitslosigkeit zu lösen, und der Deutschland nicht zu einer mächtigen Nation, sondern zu einem kleinen, unbedeutenden Staat gemacht hatte. [...] Ich lernte Hitler 1922 bei einer Versammlung kennen und war zunächst nicht besonders beeindruckt von ihm. Bei dieser ersten Begegnung sprach er sehr wenig, genau wie ich. Ein paar Tage später hörte ich Hitler bei einer Rede in einem Münchener Bierlokal, wo er von einem größeren Deutschland sprach, von der Annullierung des Versailler Vertrags, von der Aufrüstung Deutschlands und von der zukünftigen Herrlichkeit des deutschen Volkes. Deshalb schloss ich mich ihm an und wurde Mitglied der Nationalsozialistischen Partei.«[45]

Hitler und die Nationalsozialisten hatten zu diesem Zeitpunkt noch keine allzu große Gefolgschaft und wurden von den großen gesellschaftlichen Autoritäten nicht ernst genommen: vom Militär, den großen Industriellen und etablierten Parteien. Hitler brauchte ein bekanntes

Gesicht, einen achtbaren Namen, den jeder kannte, den auch die gesellschaftliche Elite respektierte. Er brauchte einen Namen, der ihm den Weg in den Reichstag ebnete. Hermann Göring war genau das, was er suchte. Und Göring wiederum sah in ihm einen Mann voller Enthusiasmus und Charisma, einen Mann, der ohne Scheu seine Meinung sagte und dem er es zutraute, den erhofften gesellschaftlichen Wandel einzuleiten. In Hitler entdeckte Göring den ersehnten Führer.

So begann im Jahr 1922 die berühmt-berüchtigte Liebesaffäre der beiden Männer, und wie in jedem klassischen Drama musste auch hier die keimende Zuneigung eine Belastungsprobe überstehen. Zu dieser Probe kam es an einem Freitagnachmittag, dem 9. November 1923, auf dem Münchener Odeonsplatz vor der Feldherrenhalle. Zwei Schusswunden in die Leiste und die Hüfte belegten Hermanns Treue. Die Kugeln wurden von Beamten der bayerischen Landespolizei abgefeuert, die man herbeigerufen hatte, um den später sogenannten Hitlerputsch zu zerschlagen – Hitlers ersten Versuch, der Weimarer Regierung ihre Macht abzuringen. Mit diesem Tag begannen für Hermann Göring vier sehr lange, dunkle Jahre. Er entging zunächst der Verhaftung, wurde jedoch polizeilich gesucht und begab sich schwerverletzt auf die Flucht nach Österreich, Italien und schließlich nach Schweden. Es war eine Flucht aus seinem Vaterland und aus der Realität. Die ständigen körperlichen und seelischen Schmerzen trieben ihn in die Morphinabhängigkeit und führten zu Stimmungsschwankungen zwischen Apathie und unkontrollierten Wutausbrüchen. Letztere brachten ihm Aufenthalte in verschiedenen schwedischen Nervenkliniken ein. Nur die Loyalität seiner Frau Carin trug ihn über diese Phase seines Lebens hinweg.

Albert Göring ging es unterdessen sehr gut. Er lebte mit seiner zweiten Frau in Dessau und trat dort 1925 eine

Stelle in Professor Hugo Junkers' Kaloriferwerk an. Junkers war vor allem für seine Erfolge in der Luftfahrtindustrie bekannt, doch den Großteil der Betriebseinnahmen generierte die Herstellung von Boilern und Heizungssystemen. In diesem Bereich arbeitete auch Albert. Schon 1928 wurde er zum Verkaufsrepräsentanten für Österreich, Ungarn und die südliche Tschechoslowakei befördert.[46] Das ermöglichte ihm den Umzug nach Wien und, was wichtiger war, den Wegzug aus dem Zugriffsbereich von Hermann Görings SA und ihrer hasserfüllten Propaganda.

In seiner neuen Stellung war Albert in seinem Element. Er bereiste ständig Budapest und Prag und lud seine Kunden in die schönsten Wiener Kaffeehäuser und Restaurants ein. »Nach seinen eigenen Erzählungen hat er sich in dem Dreieck zwischen Wien, Prag und Budapest immer am wohlsten gefühlt – damals war das das eigentliche Zentrum Europas«, erinnert sich Edda Göring, Hermann Görings einzige Tochter, Alberts Nichte. »Dort arbeitete er. Dort hatte er die meisten Freunde. Das war seine Welt. Er passte dort sehr gut hin, so elegant, charmant, intelligent und humorvoll, wie er war.«[47]

In der halbseidenen Welt der Cabarets, der stilvollen Grandezza osteuropäischer Kaffeehäuser und Klubs trat Albert aus dem Schatten seines großen Bruders hervor. Er entwickelte sich zu einer facettenreichen Gestalt: Halb heimlicher Held, halb rücksichtsloser Hedonist und Herzensbrecher. An dieser Stelle meiner Nachforschungen bekomme ich zum ersten Mal das Gefühl, nicht einem Stapel alter Fotos und Notizen gegenüberzusitzen, sondern einer Persönlichkeit, nach der ich fast die Hand ausstrecken könnte. In den unheilschwangeren dreißiger Jahren des 20. Jahrhunderts betritt der wahre, erwachsene Albert Göring die Bühne der Geschichte.

5. Ein Junge im Bücherschrank

Gelächter und Wiener Volksmusik hallen durch eine stille Gasse in Bukarest. Der Duft frisch gebrühten Kaffees und teuren Tabaks durchzieht die sommerliche Nachtluft und quält die von der Rationierung betroffenen Nachbarn. Der Zweite Weltkrieg hat Europa fest im Griff, doch im Hause Benbassat herrscht eine ausgelassene, gesellige Atmosphäre. So ist es immer, wenn der liebste Freund der Familie zu Gast ist. Mit seinen Witzen und Anekdoten über Begegnungen mit der SS, seinen improvisierten Gesangseinlagen oder auch nur mit seinem verschlagenen, ansteckenden Lächeln vertreibt Albert Göring jeden Anflug düsterer Grübelei.

Von der anderen Straßenseite sind plötzlich die Stimmen zweier singender Männer zu hören. Mit dem Weinglas in der einen, der Zigarette in der anderen Hand betritt einer der berüchtigtsten Bonvivants Europas den Balkon, um der Störung nachzugehen. Er sieht sich zwei reichlich angeheiterten Wehrmachtsoffizieren gegenüber, die auf einem anderen Balkon ihre eigene Interpretation eines Wienerlieds zum Besten geben.

»Grüß Gott«, ruft Albert hinüber und wird von einem der Offiziere nach seinem Namen gefragt. »Albert Göring«, antwortet er. Die Offiziere erkundigen sich halb im Scherz, ob er mit dem berühmten Hermann Göring verwandt sei. »Ja, das ist mein Bruder«, erklärt Albert gelassen. Die Offiziere werden schlagartig nüchtern und ernst, nehmen Haltung an und brüllen im Chor: »Heil Hitler!« Schließlich haben sie den Bruder des Reichsmarschalls vor sich. Der jedoch hat für den Hitlerkult und die Unterwerfungsrituale des Regimes nicht viel übrig. Er hebt sein Glas zum Gruß. »Leckt mich am Arsch«, sagt er beiläufig und verlässt den Balkon.[48]

Ich laufe im prallen Sonnenschein eine breite Straße hinunter. Links und rechts sind in säuberlichen Reihen schwere Pickups und Limousinen abgestellt. Ein Passant tippt sich freundlich an die Mütze und grüßt mich mit »How you doin'?«. Laute Hip-hop-Musik dringt aus einem Siebziger-Jahre-Cadillac, der gemächlich an mir vorüberrollt. Es ist ein brütend heißer Sommernachmittag in Greenville, South Carolina.

Da ich jede Chance begrüße, ein wenig Lokalgeschichte kennenzulernen, auch wenn sie so dramatisch und sinnlos tragisch verlaufen ist wie hier, folge ich spontan den Hinweisschildern zu einem Sezessionskriegs-Museum. Es gibt Leute, die die Vergangenheit einfach nicht ruhen lassen können. Der angegraute Kurator mit dem Stonewall-Jackson-Rauschebart und der typischen Vietnamveteranen-Kleidung scheint ebenfalls zu dieser Sorte zu gehören. »Viele wissen gar nicht, dass es in der Konföderierten-Armee ein großes Kontingent von Schwarzen gab. Man sagt immer, dass es im Bürgerkrieg um die Abschaffung der Sklaverei ging, dabei haben eine Menge freie Sklaven auf unserer Seite gekämpft«, erklärt er mit einem persönlich verletzten Unterton. Dann beugt er sich mit funkelnden Augen konspirativ zu mir herüber, als könnte ein Spion der Yankees unser Gespräch belauschen, und flüstert: »Hätten Sie gewusst, dass der Norden die Sklaverei erst 1865 abgeschafft hat? Lincolns Erklärung galt nämlich nur für die Rebellenstaaten.« Willkommen in Amerikas tiefstem Süden – weit, weit weg von dem gleichgeschalteten Österreich, Rumänien unter Antonescu und Albert Göring. Doch genau hier lebt ein weiterer wichtiger Zeuge für Albert Görings Geschichte: Jacques Benbassat. Als Angehöriger der Familie, die auf der Liste der Geretteten an vierter Stelle steht, ist er einer der wenigen, die Albert Göring noch selbst als Freund und Mentor kannten.

»Hello-o«, ruft eine Frau mit nasalem New Yorker Akzent und öffnet die Tür. Das muss Doris sein, Jacques' Frau, eine Dame in den Vierzigern. Sie ist zierlich, trägt ihr graumeliertes Haar in einer Bobfrisur und mustert mich angestrengt durch ihre dicken Brillengläser.

»Hi, ist Jacques zu Hause?«, frage ich vom Fuß der Eingangstreppe.

»Nein, Jacques ist nicht da. Er ist beim Arzt. Wer sind Sie denn eigentlich? Und was wollen Sie von ihm?«

»Ich habe mich gestern mit Jacques für heute um elf zum Interview verabredet. Ich glaube, Sie und ich haben telefoniert.«

»Nein, davon hat er mir nichts gesagt.«

»Okay, und wissen Sie vielleicht, wann er zurück sein wird?«

»Keine Ahnung«, sagt sie. Es folgt ein betretenes Schweigen, bis ich sie frage, ob ich ihn auf seinem Handy anrufen dürfte, und sie mich hereinbittet.

Ich folge ihr durch einen dämmrigen Flur in die Küche und stolpere unterwegs fast über einen merkwürdig niedrig eingebauten Treppenlift. Es riecht wie im Haus meiner Großeltern. Die Küche sieht wie ein weiß gekacheltes Aquarium aus – Schwärme tropischer Fische schwimmen die Wände entlang und blicken respektvoll auf ein amerikanisches Propagandaposter aus dem Zweiten Weltkrieg, auf dem eine Frau den Ärmel ihres Overalls aufkrempelt und ihren riesigen Bizeps präsentiert. Darüber steht in großen Lettern »We can do it!«. Doris geht zu dem museumsreifen Telefon neben dem ebenso antiken Kühlschrank und fragt, welche Nummer ich anrufen möchte. »Jacques' Handynummer«, sage ich, in dem Glauben, sie hätte mich an der Tür nicht richtig verstanden. Doris sieht mich merkwürdig an und kichert: »So ein Unsinn, Jacques hat doch kein Handy!« Wieder fixiert sie mich mit diesem rätselhaften Blick, bis mir klar wird, dass er pure Verständnislosigkeit ausdrückt. Diese Frau ist nicht einfach nur vergesslich, sie leidet offensichtlich an Alzheimer.

Endlich kommt Jacques mit Hilfe eines Krückstocks hereingehumpelt. Es ist nicht viel, was die Gehhilfe zu tragen hat. Der Mann hat kein Gramm Fett und kaum Muskeln am Leib, die Haut scheint ihm zu groß geworden zu sein. Die wenigen Kopf- und Barthaare, die ihm geblieben sind, sehen aus, als könnten sie sich nicht mehr lange halten. In sein Gesicht haben sich die Furchen eines Lebens eingegraben, in dem er zwei Mal außer Landes fliehen, einen Weltkrieg überstehen und zwei brutalen Regimen entkommen musste. Er hat all das lange genug überlebt, um über die Grausamkeiten, die seine Familie und sein Volk erdulden mussten, Zeugnis abzulegen. Alles, was Menschen einander antun können, hat er durchgemacht, doch nun schickt sich die Natur an, das Werk zu vollenden – er leidet an Lungenkrebs. Benbassat hat nie viel geraucht und war beruflich keinen besonderen Risiken ausgesetzt; sein Leiden ist nur eine weitere unverdiente Strapaze.

Sehr langsam und behutsam nimmt Jacques mir gegenüber Platz und setzt sich eine dicke Brille auf die abstehenden Ohren. Er entschuldigt sich bei mir, als sei er selbst für seinen Gesundheitszustand verantwortlich zu machen, und ich versuche, das Gespräch in Gang zu bringen. Die Gegend sei so wunderbar grün, sage ich, eine Beobachtung, die Australier regelmäßig in Ländern machen, in denen Regen kein seltener Glücksfall ist. »Deshalb heißt es ja auch Greenville«, witzelt er. Ich fühle mich entsprechend dämlich, bin aber auch positiv überrascht: Trotz seiner lebensbedrohlichen Krankheit ist Benbassat noch immer in der Lage, Witze zu reißen.

Als er nun beginnt, amüsante Anekdoten aus Albert Görings und seinem eigenen Leben zu erzählen, fallen mir gewisse Ähnlichkeiten zwischen den beiden Persönlichkeiten auf. Wie Albert scheint auch Jacques Benbassat ein liebenswerter Schwerenöter und Tunichtgut zu sein. Vielleicht liegt es daran, dass Albert Göring ihn durch die prägenden Jahre seiner Kindheit und Jugend begleitet hat. Albert war häufig bei der Familie zu Gast und wurde zu einer Art Onkel für den kleinen Jacques. Auch nach dem Krieg fuhr er mit den Benbassats in den Skiurlaub in die österreichischen Alpen, als Jacques bereits als Rekrut der US-Armee in Deutschland Dienst tat, und versorgte den Jüngeren mit schlüpfrigen Anekdoten und rabenschwarzen Scherzen. »Einmal saßen wir so beieinander und plauderten über dies und das, und er war ein bisschen bedrückt, weil er keine Arbeit hatte«, erzählt Jacques von einem Gespräch, das die beiden in Bad Gastein hatten. »Und da sagt er zu mir: ›Weißt du, ich habe mir überlegt, alle meine Freunde, denen ich mal geholfen habe, die würden mir doch bestimmt teure Kränze kaufen, wenn ich tot wäre?‹ – ›Wahrscheinlich‹, sage ich. Und er sagt: ›Wäre es nicht viel besser, wenn sie mir das Geld jetzt gleich geben würden?‹«

Albert Göring und Albert Benbassat lernten sich wegen eines Krans kennen: Albert Benbassat – Jacques' zukünftiger Stiefvater, ein aufstrebender Wiener Geschäftsmann – engagierte Albert Göring – den jungen Ingenieur und Verkaufsrepräsentanten der Junkers-Werke, der nachts die Bars unsicher machte –, um einen seiner Kräne zu warten. Doch dieser Kran war nur der Anfang, denn bald stellte sich heraus, dass die beiden vieles gemeinsam hatten. Ihre Liebe zu gutem Wein, starkem Kaffee und kurvenreichen Frauen nährte eine Freundschaft, die zwei totalitäre Regime und einen Weltkrieg überdauerte und die beiden Männer bis zu Albert Görings Tod miteinander verband. Beide verkehrten in der High Society von Wien, Prag und Budapest, neben Paris und Berlin die kulturellen Zentren Europas. »Der Mann hatte Charme! Und zu seinem Glück brauchte er nie mehr als eine Tasse Kaffee oder ein Gläschen Wein«, sagt Jacques. »Bei den Frauen kam er auch immer gut an ... Er liebte es exotisch. Nur dünne Mädchen gefielen ihm nicht ... Manchmal sah er einer hinterher und sagte zu mir: ›Viel zu dürr, ich hab sie lieber fett!‹«

Jacques spricht fast unhörbar leise. Die Therapiemaßnahmen gegen den Krebs haben ihm seine Stimme genommen, und manchmal schüttelt ihn ein Schluckauf, als würde ihn selbst das Atmen Überwindung kosten. Doch wenn er von aufregenden Erlebnissen berichtet, legen sich die Symptome; seine Stimme wird kräftiger und sein Gesicht hellwach. Es ist, als wäre es heilsam für ihn, sich in die Vergangenheit zurückzuversetzen.

Bis zum »Anschluss« Österreichs an Hitler-Deutschland war Albert regelmäßig bei der Familie Benbassat zu Gast und gab immer eine Geschichte oder ein Lied zum Besten. »Ich weiß noch, dass er sehr oft bei uns war. Mein Vater freute sich immer über seinen Besuch ... Er liebte das schöne Leben. Die Musik. Mal spielte er Gitarre, mal Klavier, immer irgendwie improvisiert, aber trotzdem souverän«, erinnert sich Jacques.

Jacques war damals noch zu jung, um es mitzubekommen, doch ungefähr um dieselbe Zeit begann Albert Görings Einsatz für die Opfer der NS-Diktatur. Doch zunächst tat nicht Hermann Albert einen Gefallen, wie es in den Jahren darauf immer wieder geschah, sondern Albert half Hermann. »Ich glaube, der erste Gefallen war, dass Hermann Göring Albert Göring bat, einer Freundin seiner Frau einen Job zu verschaffen«, erzählt Jacques.

Als Repräsentant der Junkers-Werke in Österreich, Ungarn und der südlichen Tschechoslowakei hatte Albert regelmäßig mit dem österreichischen Firmenzusammenschluss Tobis-Sascha Filmindustrie AG zu tun. Er versorgte das Unternehmen mit Chemikalien zur Konservierung des Filmmaterials. Doch bei seinen Besuchen drehte sich das Gespräch nicht nur um Chemikalien. Einmal, 1934, kam die Idee auf, Albert bei Tobis als technischen Direktor einzustellen. Albert sagte begeistert zu, allerdings nicht ohne sich zuerst des Einverständnisses seines alten Arbeitgebers zu versichern.

Albert lebte zu der Zeit in Österreich im freiwilligen Exil und hatte sich gerade einbürgern lassen. Dieser Schritt war eine direkte Reaktion darauf, dass die Nationalsozialisten 1933 in dem Land seiner Geburt die Macht an sich gerissen hatten. Obwohl er leicht die Privilegien der neuen Elite für sich hätte beanspruchen können, mied er alles, was mit der Partei zu tun hatte. Er war nicht nur theoretisch oppositionell eingestellt, sondern erkannte als einer der Ersten, welche Bedrohung die Nationalsozialisten darstellten, und handelte auch danach. Das war alles andere als üblich. Die Aussicht auf eine feste Stelle, Wohlstand und die Wiederherstellung der »Ehre der Nation« nach dem 1918 verlorenen Krieg verführte viele dazu, zu bleiben. Sie übersahen geflissentlich die Brutalität der Gleichschaltung und die Vorzeichen jener Gräuel, die noch kommen sollten. Selbst von den deutschen Juden beschlossen viele zu bleiben. Zwar wanderten direkt nach der Machtergreifung auffallend viele Juden aus Deutschland aus, doch in den Jahren darauf war der Trend zunächst rückläufig: 1933 waren es 37 000, 1934 23 000 und 1938 nur 20 000 jüdische Emigranten.[49]

Angeworben wurde Albert Göring vom Studioinhaber Oskar Pilzer. Zusammen mit seinen Brüdern Kurt, Severin und Viktor hatte Oskar die Sascha Filmindustrie AG und die Tobis-Tonbild-Syndikat AG aufgekauft und fusioniert. Seither war Tobis-Sascha Österreichs größte Filmproduktionsgesellschaft. Diese Position zog Neid und Begehrlichkeiten auf sich, besonders von Goebbels' Propagandaministerium, das an dem Erfolg gern teilgehabt hätte. Die jüdischen Gebrüder Pilzer wussten um diese Bedrohung und ahnten auch, dass ihre Religionszugehörigkeit eines Tages gegen sie verwendet werden könnte. Dieses Bewusstsein dürfte bei ihrer Entscheidung, Albert, dem Bruder des Reichsmarschalls und NS-Gegner, eine Stelle anzubieten, eine entscheidende Rolle gespielt haben.

Schon ein Jahr nach Gründung der neuen AG hatte das Propagandaministerium tatsächlich versucht, Tobis-Sascha zu übernehmen, was die Gebrüder Pilzer jedoch zunächst abwehren konnten. Goebbels gab sich nicht geschlagen und erwirkte ein Importverbot für Filme nicht-arischer Firmen, mit dem er dem Unternehmen seinen größten Absatzmarkt versperrte. Bald darauf konnte er der ins Trudeln geratenen Gesellschaft den K.-o.-Schlag versetzen. Er ließ ein Konto einfrieren, das Tobis-Sascha bei der parteitreuen Creditanstalt unterhielt und auf dem über eine Million Reichsmark lagen. Am 27. Januar 1937 sahen sich die Pilzers gezwungen, ihr Unternehmen an eben die Bank zu veräußern, die sie in die schwierige Lage gebracht hatte: die Creditanstalt. Obwohl es einen Nennwert von über 33 Millionen Schilling hatte, wurden sie gezwungen, ein Angebot über gerade mal eintausend Schilling anzunehmen. Selbst dieser symbolische Betrag wurde ihnen nie ausbezahlt.[50]

Albert war nicht der Einzige, der Beziehungen zur Filmbranche unterhielt. Vier Jahre nachdem seine ergebene Ehefrau und enge Vertraute Carin* an Tuberkulose gestorben war, hatte Hermann Göring seine neue Liebe in Emmy Sonnenberg gefunden, einer Schauspielerin des renommierten Berliner Staatstheaters. Emmy hatte zahlreiche jüdische Freunde und Kollegen, die seit dem Inkrafttreten der Nürnberger Rassegesetze auf ihre Hilfe und ihren politischen

---

* Hermanns Verehrung für seine erste Ehefrau war so groß, dass er 1933 mit dem Bau von »Carinhall« begann, einem Jagdschloss mitsamt Jagdrevier und Mausoleum.

Einfluss hoffen mussten. Eine dieser Kolleginnen war Henny Porten, einer von Deutschlands ersten großen Filmstars. Hennys Ehemann, Dr. Wilhelm von Kaufmann, war jüdischer Abstammung, was sie nach den Rassegesetzen ebenso zum »Untermenschen« machte wie ihn. Henny, einst der gefeierte Liebling des deutschen Kinos, bekam plötzlich keine Rollen mehr.

Doch nach einer zufälligen Begegnung mit Emmy Göring in einem Hamburger Hotel wendete sich das Blatt. Emmy war entsetzt, als sie von den Nöten des Ehepaars hörte, und beschwerte sich bei Hermann. Der half, indem er seinen jüngeren Bruder in Wien kontaktierte. »Albert, du hast doch was zu sagen beim Film? Kannst du nicht für die Porten etwas tun? ... Emmy meint, man müsse ihr helfen.« Für Hermann war es ungewohnt, seinen kleinen Bruder Albert um Hilfe zu bitten.[51] Der jedoch tat ihm den Gefallen gern und sorgte dafür, dass Henny von seiner Produktionsgesellschaft einen Vertrag bekam. Sie konnte zwar an keiner Produktion mitwirken, doch waren sie und ihr Mann vorerst finanziell abgesichert.[52] Der Name Porten steht auf der Liste der Geretteten an sechsundzwanzigster Stelle.

Als Henny Porten und ihr Mann im Januar 1945 aus ihrer Unterkunft in Neuruppin nordwestlich Berlins vertrieben worden waren, besorgten ihnen Emmy und Hermann Göring eine Wohnung im nahen, aber von der SS relativ unbehelligten Joachimsthal am Werbellinsee.[53]

Die Nachfahren der Familie Göring arbeiten hart daran, Hermann von dem Antisemitismus der Nationalsozialisten zu distanzieren. Sie berufen sich darauf, dass Albert bei seinem Eingreifen zugunsten der Verfolgten oft auf Hermanns Hilfe angewiesen war. Hermann Görings Tochter Edda erklärt: »Es war so, dass er [Albert] Leuten, die in Not waren, durchaus selbst helfen konnte – finanziell oder durch seinen Einfluss. Aber sobald dazu größere amtliche Autorität nötig war, brauchte er die Unterstützung meines Vaters, die er auch bekam.«[54] Ohne den Schutz und das gelegentliche Eingreifen seines Bruders Hermann hätte Albert sich weder der Gestapo entziehen noch so viele Menschenleben retten können, besonders nicht in den prominenteren Fällen. Sein Handeln und sogar sein bloßes Überleben während der Kriegsjahre zeugen von dem Status, den der Name Göring ihm verlieh.

Doch Hermanns Bereitschaft, gelegentlich den Launen seiner Familienmitglieder nachzugeben und ihnen zu helfen, bedeutet nicht, dass ihn das Schicksal der Juden ernsthaft interessierte. Sie hatte vielmehr damit zu tun, dass er den Familienzusammenhalt über die Interessen der Partei stellte und es genoss, seine Macht zu beweisen. Zwar half er gelegentlich einem Verfolgten, um sein Ansehen innerhalb der Familie zu verbessern, doch sehr viel öfter trieb er die Verfolgung selbst voran, um seine Machtposition in der Partei zu festigen. Wenn es seiner Karriere nützte, antisemitische Propaganda zu verbreiten, tat er es auch.

Der Ausdruck »Anschluss« klingt, als sei Österreich freiwillig, als gleichberechtigter Bündnispartner in das Deutsche Reich eingetreten. Doch von Gleichberechtigung konnte keine Rede sein, und die Eingliederung geschah nicht ohne Zwang. Eher könnte man die Ereignisse des 12. März 1938 als militärische Annexion beschreiben, als einen von vielen Überfällen der deutschen Kriegsmaschinerie in ganz Europa.

Unter dem steigenden Druck von Hitlers Ultimaten hatte Österreichs Bundeskanzler Dr. Kurt von Schuschnigg noch kurz zuvor einen letzten Versuch unternommen, Österreichs Unabhängigkeit zu bewahren. Er kündigte am 9. März eine Volksabstimmung für den 13. März an. Damit wollte er das Schicksal des Landes in die Hände seiner Bewohner legen, die selbst für oder gegen den »Anschluss« stimmen sollten. Hitler versuchte sich diese Institution sofort selbst zunutze zu machen. Er erklärte die Abstimmung für unrechtmäßig und unterstellte Betrugsabsichten. Schließlich setzte er am Morgen des 11. März Schuschnigg noch einmal ein Ultimatum und forderte ihn auf, die Macht an die österreichische nationalsozialistische Partei zu übergeben. Doch das war nur ein Täuschungsmanöver. Längst hatte er die Order erteilt, eine Stunde vor Ablauf des Ultimatums deutsche Truppen an der Grenze aufmarschieren zu lassen. Dann unternahmen die österreichischen Nationalsozialisten mit Hilfe deutscher Truppen einen Staatsstreich und setzten Schuschniggs Regierung ab. Am 13. März 1938 wurde ohne Beteiligung des Parlaments das »Gesetz zur Wiedervereinigung Österreichs mit dem Deutschen Reich« erlassen. In dem Versuch, die Machtergreifung der Nazis und den »Anschluss« nachträglich zu legitimieren, holte Arthur Seyß-Inquart, der nicht gewählte neue Bundeskanzler, den von Schuschnigg geplanten Volksentscheid nach. Eine Sternstunde der Demokratie sollte die Abstimmung allerdings nicht werden.

Am Tag des Referendums versuchte Albert, sich der Wahlmanipulation entgegenzustellen. »In allen Wahllokalen waren SS- und SA-Leute«, erinnert sich Jacques Benbassat. »Es gab Kabinen, in denen man geheim abstimmen konnte, aber vorn in der Schlange standen meistens Nazis. Sie traten vor. Sie erklärten stolz: ›Ich brauche keine Kabine.‹ Und stimmten mit Ja. Die Leute hinter ihnen trauten sich dann nicht, in Gegenwart all der Militärs die Kabine zu benutzen. Als [Albert] Göring kam und sich auswies wie alle anderen auch, sagten sie zu ihm: ›Sie brauchen wohl kaum die Kabine.‹ Er sagte: ›Aber im Gegenteil, ich brauche sie‹, ging in die Kabine und wählte Nein. Dadurch konnten die Leute hinter ihm ohne Angst auch in die Kabine gehen und frei nach ihrem Gewissen wählen.«[55] Doch Alberts Mühe war umsonst. Das Ergebnis des Volksentscheids war ein nachdrückliches »Ja« zum »Anschluss« mit überwältigenden 99,73 Prozent der abgegebenen Stimmen.

Sobald Seyss-Inquart die Zügel fest in der Hand hielt und die Braunhemden und SS-Leute die Straßen bevölkerten, kamen auch die NS-Sympathisanten aus der Deckung. Schon im alten Habsburgerreich hatte es soziale Spannungen und Vorurteile gegen ethnische Minderheiten wie Polen, Tschechen, Ungarn, Ukrainer und auch Juden gegeben. Jetzt brachen die Konflikte offen auf, und die selbsternannten »wahren« Österreicher wollten sich die arische Vorherrschaft sichern.

Als Drittklässler an der Grundschule erlebte Jacques diese stürmischen Zeiten hautnah. »Jeden Morgen mussten wir das Vaterunser sprechen, und dann wurde aus *Mein Kampf* vorgelesen«, erinnert er sich. »Und furchtbare Schauergeschichten, in denen die Juden immer eine üble Rolle spielten. Und es gab einen Jungen in meiner Klasse, der nicht jüdisch, aber [als Jude] getauft war. Zu seinem Unglück war er auch noch der Klassenstreber. Er war der Einzige, der lange Socken tragen musste, und hatte eine viel zu große Brille.«

Als Jacques gerade zu der Pointe seiner Geschichte ansetzt, kommt Doris herein. In ihrer Ausstrahlung erinnert sie mich entfernt an George Costanzas Mutter aus *Seinfeld,* und die Alzheimer-Erkrankung verleiht ihrem resoluten Auftreten einen gewissen morbiden Charme.

»Warum flüsterst du? Darf ich nicht mithören?« Doris macht Jacques' leise Stimme nach, als sei sie in ein konspiratives Treffen hineingeraten.

»Weil ich nicht sprechen kann«, versetzt er schroff.

»Was haben sie im Krankenhaus zu deiner Stimme gesagt?«

»Dass sie wunderschön ist.«

»Wann bekommst du sie wieder?«

»In ein paar Tagen.«

»Ein paar Wochen?«

»Ein paar Tagen!«, korrigiert er sie, so laut er kann.

»Ach, Tagen. Ich mag nun mal nicht Lippen lesen.«

»Was magst du nicht?«

»Ich höre lieber.«

»Tut mir leid, damit kann ich nicht dienen.«

Nach diesem kleinen Schlagabtausch ist Jacques' Stimme noch heiserer als vorher. Dennoch fährt er mit seiner Geschichte fort. »Wir hatten da einen Lehrer, der sofort nach dem ›Anschluss‹ anfing, das Hakenkreuz zu tragen. Und der erwischte sie [die Klassenrowdys] jetzt, wie sie den Streber über den Hof jagten, und knöpfte sie sich vor. Er sagte: ›Das ist nicht der wahre Nationalsozialismus. Es geht nicht darum, Menschen zu unterdrücken.‹« Es sollte sich noch herausstellen, wie sehr dieser Lehrer sich irrte. »Ich glaube, eine Menge Leute wussten nicht, was passieren würde«, fügt Jacques hinzu. »Sie wussten nicht, wie schlimm alles werden würde.«

Doch selbst auf den Straßen Wiens waren bestimmte Anzeichen der Unterdrückung durch die Nationalsozialisten nicht zu übersehen. Immer wieder kam es vor, dass SA-Angehörige oder Zivilisten die jüdische Bevölkerung öffentlich demütigten, zum Beispiel, indem sie orthodoxen Juden die *Pejes,* die Schläfenlocken, abschnitten. Ein besonders sadistisches Ritual bestand darin, Menschen auf Knien die gepflasterten Straßen schrubben zu lassen.

»Einmal erlebte Albert Göring eine dieser Szenen«, erinnert sich Jacques. Er hat diese Geschichte von seinem Stiefvater gehört. »SA-Soldaten und eine Menschenmenge standen um ein paar ältere Damen herum, die die Straße schrubbten, feuerten sie an und verspotteten sie. Göring kam also dazu. Er zog seine Jacke aus. Schnappte sich eine der Bürsten, kniete sich hin und fing an zu schrubben. Und als ein SS-Mann ihn packte und nach seinen Papieren fragte und als er sie ihm zeigte, da war die ganze Chose sofort beendet.«[56]

Für jeden anderen wäre dieses Eingreifen Selbstmord gewesen. Die Angst, Prügel einzustecken, es den Gedemütigten gleichtun zu müssen oder, noch schlimmer, selbst aus der Gemeinschaft ausgeschlossen und als einer von »denen« behandelt zu werden, hielt jeden Normalsterblichen davon ab, sich einzumischen. Doch Albert Göring war nicht irgendein Normalsterblicher. Er trug einen der größten Namen der NS-Elite, und zugleich scheute er sich nicht, diesen Namen mit seinen Hilfsaktionen in Verbindung zu bringen. Trotz seines gehobenen Status sollte man nicht verkennen, wie mutig er sich verhielt. Göring oder nicht – wer öffentlich die Autorität auch des kleinsten SA-Schergen in Frage stellte, konnte mit körperlichen Misshandlungen oder einer Verhaftung rechnen. Jüdische Überlebende berichten einhellig, dass es selbst für jemanden wie Albert Göring nicht leicht war, sich zu widersetzen.

Bei dem nächsten Einsatz für die entrechteten Bürger Wiens wurde Albert tatsächlich von der Gestapo verhaftet. Er war einer »75-jährigen Großmutter« zu Hilfe geeilt, deren Enkel das »Farbengeschäft S. Raber in der Wehringerstraße« betrieb, das von Schaulustigen belagert wurde. Einige SA-Schläger demütigten unter den Anfeuerungsrufen der Menge die alte Frau und hängten ihr ein Schild mit der Aufschrift »Ich bin eine Saujüdin« um den Hals. Als Albert begriff, was vor sich ging, war er fassungslos. Sofort regte sich sein Impuls, das Unrecht ausgleichen zu wollen. Er »boxte sich durch die Menge« in das Zentrum des Geschehens vor.[57] »Ich ging sofort hinein und befreite sie, und dabei kam es zum Handgemenge mit zwei SA-Männern; ich schlug sie und wurde sogleich verhaftet«, gab Albert während einer Vernehmung in Nürnberg gegenüber Lieutenant William (Bill) Jackson zu Protokoll.[58]

Anders als die meisten Unglücklichen musste Albert Göring die Gastfreundschaft der SS nicht allzu lange auskosten. Sein Nachname und seine einflussreichen Freunde sorgten dafür, dass er gleich wieder freigelassen wurde – jedoch nicht ohne die Warnung, dass sich so etwas nicht wiederholen dürfe.[59] Offenbar nahm er sich die Drohung nicht allzu sehr zu Herzen, denn dieses Spiel, dass Haftbefehle ausgestellt und wieder zurückgenommen wurden, wiederholte sich im Laufe des Krieges insgesamt vier Mal.

Es klingelt an der Tür, und Jacques rappelt sich auf, um zwei Handwerker hereinzulassen. »Halloo, naa, dann wolln wir mal«, sagt einer von ihnen mit einem breiten Südstaaten-akzent.

»Was macht denn der Mann? Sag schon, was hat er vor?«, fragt Doris ängstlich und sieht sich wachsam nach den vermeintlichen Eindringlingen um.

»Sie reparieren die Klimaanlage. Vielleicht ist dir aufge-fallen, wie warm es ist? Sie ist ausgefallen«, erklärt Jacques beschwichtigend.

»Ich muss sofort hoch. Was machen die da oben?« Doris hat die Handwerker die Treppe hochgehen sehen und scheint kurz davor, in Panik auszubrechen.

»Reparieren die Klimaanlage«, wiederholt Jacques geduldig.

»Sollte ich nicht lieber nachsehen?«

»Ja, meinetwegen, ja!«

Am Fuß der Treppe dreht sich Doris noch einmal um. »Was sollen sie reparieren?«, fragt sie.

»Die Kli-ma-anlage!!«

Ja, Alzheimer ist eine grausame Krankheit, aber Jacques und Doris scheinen sich in ihrer ureigenen Sitcom-Serie ganz gut eingerichtet zu haben. Er geht auf sie ein, solange er kann, und sie liefert mit dem resoluten Charme einer jüdi-schen Mame eine absurde Pointe nach der anderen. Lungen-krebs, neurodegenerative Erkrankungen und Holocaustüberlebende – bei Jacques und Doris wirkt all das irgendwie halb so tragisch.

Mit dem »Anschluss« stieg der Druck auf die Familie Benbassat in Wien. Albert Benbassat hatte sich mit fünf Mehrfamilienhäusern ein beachtliches Immobilienvermögen aufgebaut, doch der »Anschluss« hatte nicht nur politische, sondern auch wirtschaftliche Folgen. Unternehmen wurden der Kriegswirtschaft einverleibt oder mussten nationalsozialistischen Richtlinien genügen. Wenige Monate nach dem »Anschluss« waren bereits 50 Prozent aller jüdisch geführten Unternehmen unfreiwillig aufgelöst worden.[60] Die Benbassats verloren alle ihre Mietshäuser und behielten nur eine Villa am Stadtrand. Die »Nazi-Hypothekenbank«, wie Jacques sie nennt, annullierte einfach ihre Hypotheken. Aufgrund des bedrohlichen politischen und sozialen Klimas und weil Albert Göring ihnen dazu riet, zogen die Benbassats ins nazifreie Bukarest.

Bukarest hatte für die Benbassats den zusätzlichen Vorteil, dass ihr Beschützer immer in der Nähe war, denn auch Albert Göring lebte inzwischen dort. Jacques erinnert sich: »Das war uns eine große Stütze und sehr solidarisch von ihm, dass wir immer wussten, im Falle eines Falles ist jemand da.« Diese neugewonnene Sicherheit ermöglichte es Jacques endlich, so etwas wie eine Kindheit nachzuholen. Er erinnert sich an die Wasserrutschen und das Wellenbecken eines Erlebnisbads, das er gern besuchte. Interessanterweise war dieses Erlebnisbad von Albert Göring selbst entworfen worden. Er schuf damit möglicherweise das erste Erlebnisbad Europas, wenn nicht gar der Welt.

Und dann gab es noch etwas, womit Albert Göring den Benbassats das Leben leichter machte. Jacques' Stiefvater hatte vor dem »Anschluss« eine große Sammlung seltener, wertvoller Bücher besessen, »all die großen Klassiker«. Sobald er lesen gelernt hatte, verschlang Jacques diese

Bücher mit großem Genuss. Doch eines Tages stattete der Vertreter einer großen deutschen Buchhandelsfirma der Familie in Wien einen Besuch ab und wollte ihnen den gesamten Bestand für einen Bruchteil seines Werts abkaufen. Da die Firma der NSDAP nahestand und Albert Benbassat die Sicherheit seiner Familie nicht für eine Büchersammlung aufs Spiel setzen wollte, so kostbar sie auch sein mochte, blieb ihm nichts übrig, als das Angebot anzunehmen.

Einige Monate darauf, in Bukarest, hörte Albert Göring von diesem Übergriff und beschloss, sofort zu handeln. Er setzte sich mit der rumänischen Niederlassung jener Buchhandelsfirma in Verbindung und verlangte die Bücher wie selbstverständlich zurück. »Göring sagte: ›Was haben Sie bezahlt?‹ – ›Einhundert [Reichsmark].‹ – ›Ich kaufe Sie Ihnen für hunderteins wieder ab.‹ Sie haben es nicht gewagt, nein zu sagen«, erzählt Jacques. »Und sofort stand ein Lastwagen voller Bücher vor der Tür. Wir hatten einen begehbaren Kleiderschrank, der wurde bis unter die Decke mit Büchern vollgestellt. Das war eine echte Entdeckung für mich, ich verbrachte dort Stunden, ganze Tage mit meinen Büchern.«

Doch es war nur eine Frage der Zeit, bis das politische Klima auch in Bukarest unerträglich wurde. Aufgrund immenser Gebietsverluste und der ständigen Bedrohung durch die Rote Armee geriet die Regierung König Karls II. zunehmend unter Druck. Im September 1940 ernannte Karl II. daher den »roten Hund« General Ion Antonescu zum Ministerpräsidenten. Dieser brauchte nur zwei Tage, um den Regenten zum Thronverzicht zu zwingen und durch einen Strohmann zu ersetzen: Karls Sohn Michael I. Damit war für Antonescu der Weg frei, sich selbst zum Führer, zum *Conducător* des Staates aufzuschwingen.

Antonescu verbündete sich mit Deutschland und bot der Eisernen Garde, einer faschistischen und antisemitischen rumänischen Partei, Regierungsposten an, um sie auf seine

Seite zu bringen. Doch der Machthunger der Organisation wurde dadurch nur kurzfristig gestillt, und am 21. Januar 1941 unternahmen ihre Anhänger, die sich inzwischen »Legionäre« nannten, einen Putschversuch. Die Benbassats wohnten mitten im Stadtzentrum und erlebten die Kämpfe aus nächster Nähe mit.

»In den Straßen wurde geschossen: die Armee gegen die Legionäre. Wir hatten ein Haus, das mit der Rückseite an einen öffentlichen Platz grenzte ... Und dort auf dem Platz wurde ständig gekämpft. Wir konnten sie hören, wie sie schossen und wie jemand hurra, hurra, hurra schrie«, stößt Jacques aufgeregt hervor. Trotz der Kampfhandlungen bot ihre Köchin, die aus Deutschland stammte, der Familie an, Essen für die Kinder zu besorgen. Nicht lange darauf kehrte sie unverletzt und mit einem Armvoll Lebensmittel von draußen zurück. »Sie war unsere große Heldin, bis die Armee den Legionären ordentlich auf die Mütze gab ... Ich konnte sie auf dem Dach gegenüber sehen ..., wie sie ihre Verwundeten wegbrachten«, erinnert sich Jacques. Am folgenden Tag erklärte die Köchin den Benbassats, sie wolle sofort beurlaubt werden, weil ihre Mutter krank sei. Die Familie ließ sie gehen und wünschte ihr alles Gute. Doch kaum war sie gegangen, kam die Haushälterin tränenüberströmt ins Wohnzimmer. Sie erzählte, die Köchin habe die Familie an die Legionäre verraten. »Sie hatte diesen Kerlen gesagt, da wohnten Juden mit schönen Möbeln und so weiter.« Die Köchin hatte ihnen sogar genaue Anweisungen erteilt: »Wenn ihr hier mit der Armee fertig seid, kommt einfach nach gegenüber und bedient euch, und dann gebt mir einen Anteil davon ab.« Jacques beugt sich zu mir herüber und fügt leise hinzu: »Das wäre unser Tod gewesen. Für diese Leute hätten wir genauso gut Spanier oder Chinesen sein können.«

Antonescu rettete zwar die Benbassats vor der unmittelbaren Bedrohung durch die Eiserne Garde, war aber alles andere als ein Freund des jüdischen Volkes. Er erhob den bereits latent vorhandenen Antisemitismus zur Staatsdoktrin und begann im Sommer 1941 mit der Verfolgung und Deportation »staatenloser« Juden in Konzentrationslager in Transnistrien, das damals von Rumänien besetzt war. Ein Jahr darauf waren in diesen Lagern bereits ungefähr 180 000 Häftlinge interniert.[61] Auch in Rumänien selbst wurden in den folgenden Monaten Arbeitslager errichtet. Antonescus Rumänien war der einzige Bündnispartner, der die Vernichtung der Juden ebenso konsequent vorantrieb wie Deutschland selbst. Das größte Massaker ereignete sich am 24. Oktober 1941 in Odessa. Als Reaktion auf eine Explosion, die zwei Tage zuvor die Kommandozentrale des rumänischen Militärs zerstört hatte, wurden 25 000 jüdische Männer, Frauen und Kinder ermordet. Alexe Neacşu, ein Reserveleutnant des 23. Infanterie-Regiments, sagte später aus:

»Dann feuerten sie mit Maschinenpistolen auf die in den vier Baracken ... Die Baracken wurden eine nach der anderen abgearbeitet, und die Operation dauerte bis zum Dunkelwerden. ... Nachdem sie die Baracken seit einigen Stunden unter Feuer hatten, ... beschwerte sich der Leiter der Operation darüber, dass sie die Insassen nur so liquidieren konnten; sie waren sichtlich verärgert darüber, dass es keine schnellere Methode gab, solche Operationen abzuschließen. Sie holten Öl und Benzin, gossen es auf die Baracken und zündeten sie an. ... Einige von ihnen tauchten an den Fenstern auf und flehten, um den Flammen zu entkommen, mit Handsignalen darum, erschossen zu werden, und zeigten auf ihren Kopf oder ihr Herz ... Manche der Frauen warfen ihre Kinder aus dem Fenster.«[62]

Jacques' Stiefvater wäre beinahe selbst in einem von Antonescus Lagern gelandet. Einmal stürmte ein Schlägertrupp das Haus der Familie und schickte sich an, Albert Benbassat mitzunehmen. Nachdem »einiges Geld den Besitzer gewechselt« hatte, zogen sie wieder ab. Dieses Erlebnis und die Berichte von Gräueltaten im Nordosten machten den Benbassats klar, dass Rumänien für sie zu gefährlich wurde. Bestechungsgelder und Albert Görings Einfluss würden sie nicht ewig schützen können. Also musste die Familie ein zweites Mal fliehen. Wieder wählten sie eine Diktatur als neue Heimat: Francos Spanien. Francisco Franco zeigte sich den europäischen Juden gegenüber wohlgesonnen. Er verfügte, dass Juden, die nachweislich aus Spanien stammten – zum Beispiel entsprechende Sprachkenntnisse vorweisen konnten –, spanische Staatsbürger werden durften. Da Jacques' Stiefvater von den Sephardim abstammte (von der Iberischen Halbinsel stammende Juden, die im Mittelalter von dort vertrieben wurden) und noch immer eine alte Variante des Spanischen beherrschte, bekamen seine Familie und er die Staatsbürgerschaft verliehen. Nun brauchten sie noch ein Ausreisevisum für Rumänien sowie Transitvisa für Ungarn, Kroatien, Italien, die Schweiz und Vichy-Frankreich. Diese Visa sowie Devisen für die Reise besorgte ihnen der Liste der Geretteten zufolge Albert Göring.[63]

Auf der Reise mussten sich die Benbassats wie spanische Staatsbürger verhalten, vor allem also ausschließlich Spanisch sprechen. Jacques hatte an der spanischen Botschaft in Bukarest Unterricht genommen und beherrschte die Sprache einigermaßen, doch manchmal verfiel er unwillkürlich in die deutsche Sprache zurück, erinnert er sich. Zum Glück war dann immer seine Mutter zur Stelle und rückte ihm mit einem kräftigen Klaps den Kopf zurecht. Bis auf diese Unannehmlichkeiten und gelegentliche Probleme mit dem gefälschten chilenischen Pass seiner Großmutter verlief die Fahrt bis zu ihrer ersten Zwischenstation in Venedig einigermaßen reibungslos. Dort erwartete sie mit einer Suite in einem der schönsten Hotels der Stadt Albert Göring. »Er wollte sich nur vergewissern, dass wir gut angekommen waren«, schmunzelt Jacques.

Von Venedig aus fuhren sie mit dem Nachtzug über Mailand in das sichere Genf. Es sollte nach kurzem Aufenthalt weitergehen, doch eine Entzündung am Fuß von Albert Benbassat hielt sie auf. Noch während er in Behandlung war, besetzte Hitler am 11. November 1942 zusammen mit Italien den bis dahin halbautonomen Südteil Frankreichs. Damit waren die Transitvisa der Familie für Vichy-Frankreich ungültig geworden, und sie mussten die letzten Kriegsjahre in der Schweiz verbringen. Dieses eine Mal sollte eine Handlung Hitlers über eine verwickelte Ereigniskette den Benbassats tatsächlich zugutekommen.

Denn die Familie war in der Schweiz nicht ganz hoffnungslos gestrandet: »Albert Göring half Juden in Rumänien und anderen von Deutschland besetzten Ländern, ihr Geld in die Schweiz zu transferieren. Und in unserem Fall bedeutete das, dass wir in der Schweiz ein Konto hatten, als wir dort ankamen.«[64]

So verschlafen und friedlich der Flughafen von Greenville bei meiner Ankunft war, so hektisch und chaotisch ist er jetzt. Die Schlange vor einem der Check-Ins geht fast bis zur Tür. Die Airline-Mitarbeiter haben ein Festnetztelefon an dem einen, ein Handy am anderen Ohr und lauschen mit dem dritten ihren aufgebrachten Kunden. Trotz allem scheint zunächst alles bestens zu sein: Für meinen Flug ist keinerlei Verspätung gemeldet. Doch am Gate sieht die Sache schon anders aus. Ein Gewitter in Washington D.C. hat offenbar ein Chaos ausgelöst und wird unweigerlich verhindern, dass ich dort meinen Anschlussflug nach London erwische.

»Wann geht denn der nächste Flug nach London?«, frage ich eine Mitarbeiterin der Fluggesellschaft am Gate. »Wie wäre es mit Samstag?«, sagt sie. Heute ist Dienstag. Okay, kriege ich ein Hotel? Nein, die Airline kann für höhere Gewalt keine Haftung übernehmen. Was ist mit Wartelisten für andere Flüge? Nein, das funktioniert nur von Washington aus. Und Essen? Tut uns leid, die Läden sind schon zu. Willkommen in der Flughafenhölle!

Wenn man erst einmal die Sicherheitskontrollen hinter sich hat, sind Flughäfen auf der ganzen Welt einander ähnlich: ein gesichtsloses Niemandsland zwischen dem Bekannten und dem (noch) Unbekannten. Sie sind, wie Krankenhäuser, wahre Schmelztiegel, in denen sich die unterschiedlichsten Lebenswege unvermittelt kreuzen. Manchmal kann das rührend sein: Die Wiedersehens- und Abschiedsszenen auf Flughäfen sind besser als jeder Hollywoodfilm. Doch wenn das ganze System in sich zusammenbricht, wenn arrogantes Personal, hysterische Sicherheitsleute und gereizte Passagiere aufeinandertreffen, erlebt man hier die Menschheit von ihrer schlimmsten Seite. Genau so ist der Greenville Airport heute. Und so himmelweit der Unterschied auch ist, scheint es mir nicht der schlechteste Ort zu sein, über die Abgründe des 20. Jahrhunderts nachzudenken.

Ich sehe meinen Mitreisenden dabei zu, wie sie im allgemeinen Chaos zunehmend den Kopf verlieren, und versuche Ordnung in die Geschichte zu bringen, die mich schon so lange in ihrem Bann hält: die Lebensgeschichte Albert Görings. Mir schwirrt noch der Kopf von den vielen Anekdoten, die Jacques dazu beigetragen hat. Jacques hat über sechs Jahrzehnte Zeit gehabt, seine Erinnerungen zu verarbeiten und sich zu fragen, warum Albert sich dem System widersetzte, das so viele andere zur Passivität zwang. Was hat ihn dazu getrieben, sich aufzulehnen und seine Freiheit, sein Leben zu riskieren? Und warum hat er das nicht nur für seine engsten Angehörigen, sondern auch für völlig Fremde getan?

Bei einem ihrer Familienurlaube in den Alpen, den die Benbassats mit Albert Göring verbrachten, ist Jacques zufällig über die Antwort auf diese Fragen gestolpert. Mitten im Gespräch bat Albert ihn, zu definieren, was Freundschaft sei. Jacques war damals noch ein Teenager und antwortete: »Na ja, Freundschaft ist, wenn man jemanden gern in der Nähe hat und Zeit mit ihm verbringt.« Doch Albert schüttelte lächelnd den Kopf und flüsterte ihm ins Ohr: »Es bedeutet viel mehr. Ein Freund, das ist jemand, der sein Vermögen, seine Sicherheit, sogar sein Leben aufs Spiel setzt, wenn du ihn brauchst.« Offenbar sah sich Albert Göring als Freund aller Menschen.

6. Der Emigrant

Ich warte eine halbe Ewigkeit. Nichts. Ich klingele noch einmal. Stille. Dann, endlich, meldet sich eine leise Stimme über das Türtelefon. Es ist Christine Schöffel, die Tochter des erfolgreichen Liedtexters, Drehbuchautors, Regisseurs und Filmproduzenten Ernst Neubach, der Albert Göring in Wien kennenlernte. Ich stehe vor der Tür ihres blassgelben Mietshauses am Rande der Altstadt von Graz. Am Ende der Straße ist noch gerade die Kuppelspitze der Grazer Oper zu sehen. Nicht weit von hier pulsiert das kulturelle Leben der Stadt. Und nur fünfzig Kilometer außerhalb zerfallen die letzten Überreste des Eisernen Vorhangs.

Langsam öffnet sich das metallene Gartentor, das früher die Kutschen der wohlhabenden Bewohner eingelassen haben mag, und vor mir steht der Inbegriff europäischer Raffinesse. Christine Schöffel ist leger gekleidet; sie trägt Jeans, ein schwarzes, langärmeliges Top und moderne, karierte Leinenschuhe. Ihre dezente Bräune geht vermutlich auf einen Urlaub in Griechenland zurück. Die schulterlange, karamellfarbene Bobfrisur trägt die Handschrift eines kundigen – und teuren – Coiffeurs. Passend zu dem Vermächtnis ihrer Familie besitzt sie das Auftreten einer echten Diva.

Wir durchqueren den Vorgarten und eine bogenförmige Eingangstür, steigen die ausgetretenen Holzstiegen hinauf und betreten eine Altbauwohnung mit hohen Decken, die mit ihrer harmonischen Verbindung alter und moderner Stilelemente wie eine Fortsetzung der Stadt Graz mit anderen Mitteln wirkt. Wohin das Auge blickt, sind an Picasso erinnernde Gemälde, steinerne Skulpturen und kunstvoll gedrechselte oder modern designte Möbelstücke effektvoll in Szene gesetzt.

Christine verschwindet in die Küche, um Kaffee aufzubrühen, und setzt sich dann zu mir ins Wohnzimmer. Sie redet nicht lange um ihre erste Frage herum: Es will ihr nicht in den Kopf, warum ein so junger Mensch aus einem so fernen Land sich mit dieser Geschichte befassen und dafür bis nach Graz reisen sollte. Diese Frage höre ich nicht zum ersten Mal und kann sie offenbar zufriedenstellend beantworten. Die einschüchternde Dame scheint sich ein wenig zu entspannen und bedeutet mir durch eine königliche Geste ihrer manikürten Hände, mit dem Interview zu beginnen. »Er hat mir erzählt, dass Albert Göring den Leuten geholfen hat«, sagt sie über ihren Vater. »Und nicht nur das, denn wenn er ihnen geholfen hat, hat er sich selbst in Gefahr gebracht. Man wusste nie, wie viel das Regime sich gefallen lässt. Wie weit konnte er gehen? Er hat immer seine Grenzen ausgelotet. Und er geriet in Schwierigkeiten. Aber er hat überlebt, und das war unglaublich.

Mein Vater ist in Wien geboren, am 3. Januar 1900 ... Sein Vater arbeitete bei der staatlichen Eisenbahnbehörde, und seine Mutter war Hausfrau. Er hatte einen Bruder – zwei Brüder«, korrigiert sie sich. Es wundert mich, dass sie offenbar die Anzahl ihrer Onkel nicht kennt, doch sie erklärt: »Einer seiner Brüder ist 1938 nach Venezuela ausgewandert, und einer ging nach Buchenwald.« Buchenwald – sie erwähnt den Ortsnamen so nebenher, dass mir fast entgangen wäre, wovon die Rede ist. Später fand ich heraus, dass ihr Onkel Robert im Vernichtungslager Auschwitz-Birkenau ermordet wurde.

Vor der Verfolgung durch die Nationalsozialisten, bevor er einen Bruder verlor, führte Ernst Neubach ein weitgehend beschauliches Leben. Nach seiner Geburt nahm ihn die Mutter mit in die Wohnung der Familie in Leopoldstadt, einem damals vorwiegend von Juden bewohnten Stadtteil Wiens. Wie Wien insgesamt ein Tummelplatz der Kulturen war, so lebte auch in Leopoldstadt eine bunte Mischung. Einerseits gab es die säkularisierten, angepassten jüdischen Arbeiter und Händler und andererseits die orthodoxen Juden mit ihren Kaftanen, Bärten, langen Schläfenlocken und fremden Sprachen aus den östlicheren Gebieten des alten Habsburgerreichs. Beide Gruppen gingen einander meist aus dem Weg und fanden die je anderen »zu jüdisch« oder »zu österreichisch«. Die Neubachs zelebrierten ihr kulturelles Erbe nur an Feiertagen und fielen damit in die letztere Kategorie.

Nach dem Abschluss des Gymnasiums, während des Ersten Weltkriegs, kämpfte Neubach sogar zusammen mit seinem Bruder Robert im österreichisch-ungarischen Heer, während die meisten östlichen Juden sich über derlei Patriotismus nur lustig machten. Neubach definierte sich als stolzer Habsburger, und nachdem er zum Christentum konvertiert war, um eine katholische Frau heiraten zu können, und Wien die Hauptstadt des neuen Österreich geworden war, sah er sich als stolzen, christlichen Österreicher. Er blieb nach dem Krieg sogar im Österreichischen Bundesheer und diente so lange als Leutnant der Reserve, bis über Wien die Hakenkreuzbanner wehten.

In seiner Schulzeit hatte Neubach immer geplant, zu studieren. Doch der Erste Weltkrieg und der Fall der Habsburgermonarchie durchkreuzten diese Pläne. Denn mit der Kapitulation 1918 kapitulierte auch Neubachs Vater und hinterließ seiner Familie nur eine kleine Rente. Neubach musste seinen Wunsch nach intellektueller Stimulation hintanstellen und sich stattdessen als Plakatkleber verdingen.

Doch mit jedem Film- oder Theaterpremierenplakat, das er mit Kleister bestrich, wuchs seine Verbitterung. Er wusste, dass auch sein Name auf diesen Plakaten hätte stehen können. Er hatte schriftstellerisches Talent und keine Chance, es zu beweisen. Eines Tages wurde der Schmerz stärker als die Vernunft. Neubach begann zu schreiben –

und von dem Moment an produzierte er einen Gassenhauer und ein erfolgreiches Drehbuch nach dem anderen. Nicht lange, und er wurde der Andrew Lloyd Webber seiner Zeit. »Mit *Trenck* hat er schon sehr früh angefangen. Und er hat viele Erfolgstitel geschrieben. Zum Beispiel hat er *Ich hab mein Herz in Heidelberg verloren* getextet und *Ein Lied geht um die Welt* für Joseph Schmidt; überhaupt sind die meisten Joseph-Schmidt-Lieder von ihm«, erzählt Christine Schöffel, und das ist nur ein kleiner Ausschnitt seiner großen Erfolge. Bei den Dreharbeiten zu einem seiner Filme in den Tobis-Sascha Studios kam es denn auch zu der ersten denkwürdigen Begegnung mit Albert Göring.

»Hier Göring. Ich rufe Sie wegen der Rechnungen an ... Ich bin leider gezwungen, Ihnen den Strom abzustellen, wenn Sie nicht binnen ...«, waren die ersten Worte, die Neubach von Albert zu hören bekam.[65] Wie so viele Filmemacher war Neubach während des Drehs zu seinem Film *Millionäre* in den Tobis-Sascha Filmstudios, die Albert inzwischen leitete, in die roten Zahlen gerutscht.

Bis dahin hatte Neubach Göring nur aus dem gekannt, was man sich in der Wiener Filmszene über ihn erzählte. Seine Kollegen hatten abenteuerliche Theorien darüber entwickelt, warum Hermann Görings Bruder als Filmstudioleiter arbeitete und gerade mal 800 Schilling im Monat verdiente, wenn er stattdessen in der deutschen Industrie hätte Karriere machen können. Und das noble braune Steyr-Cabriolet, mit dem Albert in Wien auf Frauenfang ging, war ein Geschenk seines deutschen Bruders, erzählte man sich. Niemand wusste so recht, wie man sich in Alberts Gegenwart verhalten sollte. Daher war Ernst Neubach, als er zum ersten Mal Albert Görings Büro in der Siebensterngasse betrat, etwas mulmig zumute.

Albert saß mit seinem »ovalen Gesicht mit den langen Backenkoteletten [und] dem schmalen Schnurrbart« kerzengerade wie ein preußischer General hinter dem Schreibtisch, als Neubach hereinkam, und begann gleich die Zahlen und Kosten herunterzurattern. Als er sah, wie Neubach schmerzlich das Gesicht verzog, änderte er jedoch seine Haltung. Er beugte sich vertraulich zu seinem Gegenüber vor und sagte, er könne ihm eine Fristverlängerung von drei Tagen anbieten. Neubach war von dieser großzügigen Geste überrascht und lud Göring auf einen Kaffee ein. Eine gute Wahl, denn »Kaffee war seine Hauptnahrung«.[66]

Nach der zweiten Tasse Kaffee plauderte Göring freimütig über sein Häuschen in Grinzing und seinen Antrag auf Einbürgerung in Österreich. Nach der dritten wandte sich das Gespräch seiner politischen – oder besser, unpolitischen – Einstellung zu. Albert erzählte, dass er mit Hermann nicht mehr sprach, ihn jedoch als Bruder nach wie vor mochte. Er ereiferte sich über die Nazis in Deutschland, die er nicht ausstehen konnte, und »prophezeite Deutschland ein bitteres Ende«.[67] So begann in einem Wiener Kaffeehaus die »kleine Freundschaft«, wie Christine Schöffel es ausdrückt, der beiden zukünftigen Emigranten.

Ein halbes Jahr darauf hörte Neubach gerade mit seiner frischangetrauten Ehefrau Jazzmusik im Radio, als das Programm plötzlich für eine Sondersendung unterbrochen wurde. Die ernste Stimme des Bundeskanzlers Kurt von Schuschnigg war zu hören: »So verabschiede ich mich in dieser Stunde von dem österreichischen Volk mit einem deutschen Wort und einem Herzenswunsch: Gott schütze Österreich!«[68] Am Freitag, dem 11. März 1938, um 19.45 Uhr verkündete von Schuschnigg mit dieser Ansprache seinen Rücktritt; der »Anschluss« hatte begonnen. Als am nächsten Tag frühmorgens das Horst-Wessel-Lied gesendet wurde, wusste ganz Österreich, dass es tatsächlich geschehen war: Die Deutschen waren einmarschiert. Der Reserveleutnant Neubach, der noch auf Befehl von Schuschniggs mobilisiert und am Franz-Josef-Bahnhof stationiert worden war, erlebte die Reaktionen seiner Landsleute auf diese Nachricht aus der Nähe mit. In ganz Wien füllten sich die Straßen mit Menschen, die sich auf die Ankunft der Deutschen vorbereiteten: Einige packten ihre Sachen, und andere halfen ihnen beim Packen.

Am selben Abend klopfte es bei Neubach an der Tür. Ein befreundeter Nachbar stand davor und hielt eine Liste der Personen in der Hand, welche die SA als Erste verhaften wollte. Auf dieser Liste stand auch Neubachs Name. Er musste fliehen. Gleich am nächsten Tag bemühte sich seine Frau in verschiedenen Botschaften um ein Ausreisevisum und musste feststellen, dass alle Grenzen bis auf diejenige zur Schweiz geschlossen waren. Kurz entschlossen nahm sie einen Bogen Briefpapier der Firma zur Hand, für die sie zu der Zeit arbeitete, und bescheinigte im Namen dieser Firma, ihr Mann solle als Vertreter nach Frankreich reisen. Mit dieser notdürftigen Legitimation ausgestattet, bestieg Ernst Neubach mit seiner Frau und seiner Mutter ein Taxi in Richtung Westbahnhof. Sie fuhren durch ein Meer von Hakenkreuzfahnen und erlebten, wie junge Leute, von der Hasspropaganda ermutigt, davon schwadronierten, »die jüdische Pest auszurotten«, oder wie Braunhemden die »Ostjuden« für sich tanzen ließen. Am Bahnsteig füllte sich der Zug nach Paris bereits mit zahllosen weiteren Flüchtenden. Als der Zug sich pfeifend und stampfend in Bewegung setzte, wurde Neubach schlagartig bewusst, was er alles zurückließ: seine Frau, seine Familie, seine Filme, seine Heimatstadt. Ihn traf die schmerzliche Erkenntnis, dass er soeben seine »geliebte Mutter zum letztenmal in diesem Leben« gesehen hatte.[69]

Nur einen Tag nach seiner Abreise schikanierte ein SA-Schlägertrupp auf der Suche nach Ernst Neubach seine Frau und plünderte die gemeinsame Wohnung. Als Albert davon hörte, besuchte er Frau Neubach, um sie zu beruhigen, und versicherte ihr, sie könne ihn jederzeit zu Hilfe rufen; er werde alles in seiner Macht Stehende tun, um ihr zur Flucht zu verhelfen.[70]

Christine springt von dem niedrigen Sofa auf, um ihre schwarze, eckige Lesebrille zu holen, und überfliegt das Dokument, das ich ihr gegeben habe. Die Brauen über ihren dunkelbraunen Augen heben sich interessiert, und ein Lächeln huscht über ihr Gesicht. Auslöser für diese erfreute Reaktion ist ein Brief ihres Vaters an den tschechoslowakischen Präsidenten der Kriegs- und Nachkriegszeit, Edvard Beneš oder, wie Neubach ihn titulierte, »Monsieur le Président de la République«. Neubach setzte sich darin für Albert Göring ein, als der 1946 in Prag vor Gericht stand und sich gegen den Vorwurf verteidigen musste, Kriegsverbrechen am tschechoslowakischen Volk begangen zu haben. Christine wusste offenbar nicht einmal von der Existenz dieses Briefes. Als sie ihn ausgelesen hat, legt sie ihn weg und nimmt wieder ihre Bühnenhaltung ein, um die Geschichte ihres Vaters fortzusetzen. »Ja, davon hat er später erzählt. Er hat erzählt, dass Albert Göring vielen Menschen geholfen hat, vielen Juden, aus Deutschland oder Frankreich wegzukommen. Er unterschrieb Papiere oder stellte sie selbst aus. Briefe unterschrieb er mit ›Hermann Göring‹ oder mit seinem eigenen Namen ... So hat es mein Vater mir erklärt.«

In den ersten Monaten nach dem »Anschluss« war Albert wie ein Frontarzt im Dauereinsatz, um die Wunden zu heilen, die sein eigener Bruder und dessen Leute der Gesellschaft zufügten. Eine seiner ersten Hilfsaktionen galt einem engen Kollegen. Oskar Pilzer, der Albert die Chance verschafft hatte, in die Filmindustrie zu wechseln, bekam jetzt seinerseits eine neue Chance. »Wir hatten furchtbare Angst. Diese Leute kamen ins Haus und rasselten mit ihren Gewehren. Sie trugen Uniformen. Und sie wirkten sehr bedrohlich. Sie packten meinen Vater, schoben ihn in eine

Zimmerecke, richteten ein Gewehr auf ihn und steckten alles ein, was sie interessierte. Und dann verschwanden sie mit meinem Vater. Sie können sich unsere Situation wohl vorstellen, wie wir uns gefühlt haben«, erinnert sich George Pilzer, Oskar Pilzers Sohn, an den Überfall der Gestapo.[71] Goebbels wollte sich offenbar nicht damit zufriedengeben, Pilzers Unternehmen und seine gesamte berufliche Existenz an sich gerissen zu haben, sondern trachtete ihm nach dem Leben.

Wie so oft klingelte Albert Görings Telefon, und noch am selben Nachmittag kam Oskar Pilzer wieder frei. George Pilzer erklärt: »Mithilfe seines Nachnamens setzte er alle Hebel in Bewegung – aber wirklich alle –, um erstens herauszufinden, wo mein Vater war, und zweitens für seine sofortige Freilassung zu sorgen. Und dafür bin ich Albert Göring sehr dankbar, meine ganze Familie verdankt ihm sehr viel.«[72] Albert brachte Oskar Pilzer persönlich zur italienischen Grenze und versorgte ihn mit Devisen für die Reise. Von Rom aus reiste Pilzer weiter nach Paris und traf dort seine Familie wieder. Leider starb er kurz darauf nach einem chirurgischen Eingriff, der Komplikationen ausgelöst hatte. Doch seine Familie fand nach Zwischenstationen in Spanien und Marokko schließlich Asyl in den USA. Der Name Pilzer steht auf der Liste der Geretteten an vierundzwanzigster Stelle. Oskars Söhne George und Herbert traten in den USA in die Fußstapfen ihres Vaters: George wurde Vize-Geschäftsführer der 20th Century Fox International für Europa, und Herbert gründete in New York die Motion Picture Enterprises Publications.

Wiens jüdische Bewohner gerieten derweil immer tiefer in den Strudel der Angst und Verzweiflung: Je schwerer es wurde, ein Visum zu ergattern, je mehr Eigentum konfisziert wurde, desto dringlicher und schwieriger wurde es, das Land zu verlassen. Mitten im Zentrum der Hysterie stand Albert Göring und half, wo er konnte.

Auch Dr. William Szekely, ein jüdisch-amerikanischer Regisseur, befand sich in einer verzweifelten Lage: »Alle Möglichkeiten, die nötigen Papiere zur Ausreise zu bekommen, erwiesen sich als erschöpft. Täglich wurden Freunde von uns verhaftet, die Bankkonten beschlagnahmt ... Albert Göring, mit dem ich befreundet war, setzte sich für uns ein. Er beschaffte uns die Ausreiseerlaubnis«, berichtete Szekely später Ernst Neubach. Mit diesen Papieren gelangte er mit Freunden in die Schweiz, doch um in seine Heimat Amerika zurückzukehren, fehlte ihm das Geld. Szekely erzählte weiter: »Wir hatten Wien verlassen müssen, ohne dass ich Geld mitnehmen konnte. Albert kassierte für mich in Wien und brachte meine Guthaben nach Zürich, damit ich nicht mittellos blieb.«[73] Szekely, die Nummer dreiunddreißig auf Albert Görings Liste, überlebte und nahm in Hollywood seine Arbeit wieder auf, ebenso wie einige weitere Filmkollegen, die mit ihm auf der Liste der Geretteten stehen.

An allererster Stelle dieser Liste finden sich der jüdisch-ungarische Leiter der Intergloria-Film Wien, Dr. Alsegg, und seine Ehefrau. Alberts schützende Hand und seine finanzielle Großzügigkeit ermöglichten es ihnen, Österreich zu verlassen. An zweiter Stelle folgt Alfred Barbasch, ein Prokurist der Tobis-Sascha, dem Albert ein Ausreisevisum beschaffte, damit er nach England fliehen konnte. Auch die Nummer neun auf der Liste, Dr. W. Grüss, zog es nach Großbritannien. Ihn versorgte Albert mit Devisen und half ihm ebenfalls bei der Ausreise.

Tag und Nacht trafen die Hilferufe bei Albert Göring ein, und mit jedem Eingreifen wuchs die Gefahr für ihn. Doch seine Entschlossenheit ließ nicht nach. Mit der ihm eigenen Zähigkeit und Dreistigkeit half er auch seinem Hausarzt Dr. Max Wolf und dessen Brüdern. »Die Brüder Wolf holte er aus dem Gefängnis heraus und den am meisten gefährdeten, bereits zum Abtransport nach Dachau bestimmten Dr. Wolf ließ er in ein Krankenhaus schaffen und am Blinddarm operieren. Dann erreichte er auch für ihn die Ausreiseerlaubnis«, berichtete Szekely.[74] Einige Monate darauf fuhren Dr. Wolf und seine Frau Margareta an der Freiheitsstatue vorüber, einer Sehenswürdigkeit, die für sie zweifellos eine ganz besondere Bedeutung besaß. Noch zwei weitere Ärzte konnten ihren Beruf als Lebensretter fortführen, weil Albert ihr Leben rettete: Dr. Bauer und Dr. Medvey vom Allgemeinen Krankenhaus Wien. Auch ihnen gelang mit Papieren und Devisen, die Albert Göring für sie beschaffte, die Flucht in die USA. Auf der Liste der Geretteten stehen sie auf den Plätzen fünf und achtzehn.

Während der Terror in Österreich immer weiter um sich griff, begegneten sich Albert, der Retter der Verfolgten, und Hermann Göring, der Drahtzieher der Verfolgung, im Mai 1938 bei einer Familienfeier in Alberts Haus in Grinzing. Im öffentlichen Leben mochten sie politische und ideologische Kontrahenten sein, doch im privaten Bereich, den sie konsequent von äußeren Einflüssen freihielten, waren sie nach wie vor einträchtige Brüder. Dieser Aspekt ihrer Beziehung ist besonders rätselhaft: Irgendwie brachten sie es fertig, sich bei Begegnungen von ihrer jeweiligen öffentlichen Rolle zu distanzieren.

Doch bei jener Zusammenkunft in Grinzing prallten ihre zwei Welten hart aufeinander, denn die ältere Schwester Olga trug den Bericht von einem Verbrechen der Nationalsozialisten in den bis dahin sakrosankten Privatbereich der Familie hinein. Olga erzählte von einem alten Erzherzog, der fernab aller politischen Turbulenzen in der österreichischen Marktgemeinde Mondsee sein friedliches Dasein fristete, bis eines Morgens die SA vor seiner Tür stand. Die Verbrecher verschleppten ihn, schoren ihm den Kopf und setzten ihn in einen Transport nach Dachau. Ihr Opfer war Erzherzog Joseph Ferdinand von Österreich-Toskana aus dem Hause Habsburg-Lothringen.

Hermann Göring wollte an diesem Abend nach dem »Triumphmarsch« in Wien seinen Erfolg gebührend feiern, indem er jedem seiner Geschwister einen Wunsch freistellte. Es dürfte ihm sehr unangenehm gewesen sein, dass Albert und Olga dieses Angebot nutzten, um ihm das Leid des alten Adligen vor Augen zu führen. »Meine Schwester und ich wünschten uns die sofortige Freilassung des alten Erzherzogs. Hermann war sehr betreten. Am nächsten Tag aber war der verhaftete Habsburger frei«, berichtete Albert Göring seinem Freund Neubach in Paris.[75] Auf der Liste der Geretteten steht Erzherzog Joseph Ferdinand an zwölfter Stelle.

Niemand schien mehr vor den Machenschaften der Gestapo sicher zu sein. Selbst der Autor von Hitlers Lieblingsoperette, der *Lustigen Witwe,* entging der Verfolgung nicht. Franz Lehár, Sohn eines ungarischen Kapellmeisters, wurde schon seit Jahren bei Musikliebhabern aus aller Welt für seine Sonaten, Walzer, Märsche, symphonischen Gedichte und vor allem seine Operetten verehrt. Sein erfolgreichstes Stück, *Die lustige Witwe,* wird noch heute in den verschiedensten Ländern und Sprachen aufgeführt. Er war so bekannt, dass ihm Hitler persönlich 1940 die Goethe-Medaille für Kunst und Wissenschaft verlieh.

Doch die Ehe mit seiner jüdischen Frau Sophie Paschkis hätte ihn beinahe seine Karriere und sein Leben gekostet. »Eines Tages klopften bei mir zwei Männer an, die sich als Gestapoleute entpuppten. Sie zeigten auf ihr Abzeichen und sagten: ›Wir sollen Ihre Frau abholen.‹ Meine Frau, die zugegen war, fiel natürlich in Ohnmacht. Ich fragte: ›Warum denn?‹ [...] Ich war in einer verzweifelten Lage, da fiel mir ein, dass ich den damaligen Gauleiter Bürkel anrufen könnte [...]. Ich erreichte die Verbindung, und in erregten Worten schilderte ich die Situation. Er sagte: ›Einer der Männer soll zum Telefon kommen!‹ Dieser Mann sprach längere Zeit mit ihm, dann wendete er sich mir zu und sagte: ›Wir sollen gehen.‹ Wenn ich nicht zufällig zu Hause gewesen wäre, hätte ich meine Frau nie mehr gesehen!«[76] Nicht lange darauf erhielt Lehár ein offizielles Schreiben, in dem es hieß, er müsse sich scheiden lassen, sonst werde er selbst als Nicht-Arier eingestuft, was ein Verbot aller seiner Werke und eine Reisesperre zur Folge gehabt hätte. Er brauchte Hilfe.

»In dieser Not bat ich Alberts Freund Dr. Nowottny, dem einzigen Menschen zu telegrafieren, der in jeder Situation für seine Freunde eingesprungen war, nämlich Albert Göring in Bukarest. Nach drei Tagen war er in Wien bei mir im ›Schikaneder-Schlössl‹ [Lehárs Villa], und schon am nächsten Tag reiste er nach Berlin«, erzählte Lehár Ernst Neubach bei einem gemeinsamen Spaziergang durch Zürich.[77] In Berlin ging Albert Göring geradewegs in das Büro seines Bruders und erzählte ihm von Lehárs Situation. Nach seiner Schilderung war Hermann ernsthaft besorgt und rief sofort Goebbels an, dessen Reichskulturkammer für die Drohungen verantwortlich war. Er erinnerte den Propagandaminister daran, dass Lehárs *Lustige Witwe* Hitlers Lieblingsoperette war und wie blamabel es für alle Beteiligten werden könnte, wenn diese absurde Entgleisung nicht sofort rückgängig gemacht würde. Das Letzte, was Goebbels wollte, war, seinen Führer zu verärgern, also bat er Albert zu sich, um die Angelegenheit mit ihm persönlich zu regeln. Nach den Schilderungen eines Mitarbeiters von Goebbels und Bekannten von Neubach empfing Goebbels Albert Göring wie einen alten Freund und sagte: »Mit solch einer Bagatelle hätten Sie sich doch lieber gleich an mich wenden sollen, mein lieber, lieber Freund. Untergeordnete Organe haben unüberlegt gehandelt. Hier haben Sie eine Ehren-Arier-Urkunde für Frau Lehár. Überbringen Sie diese mit meinen herzlichen Grüßen an den Meister.«[78]

In Wahrheit war es Goebbels rechtlich gar nicht möglich, Sophie Lehár den Status einer »Ehrenarierin« zu verleihen, doch er konnte eine Ausnahmeregelung für sie geltend machen und ihre Ehe zur »privilegierten Mischehe« heraufstufen.[79] Das bewahrte Sophie Lehár zwar vor der Deportation, doch es war ihr verboten, ohne Begleitung auszugehen. Sie musste den Judenstern tragen, und hätte sich ihr Mann von ihr getrennt, wäre sie in ihren vorigen Status zurückversetzt worden. Immerhin konnte die Nummer fünfzehn auf der Liste der Geretteten in Frieden mit ihrem Ehemann in der gemeinsamen Villa in Bad Ischl leben, bis sie 1947 eines natürlichen Todes starb.

»Ich habe von einer deutschen Quelle gehört, dass deutsche NS-Extremisten vollständige Kontrolle über Österreich erlangt haben und dass alle Österreicher, selbst österreichische Nationalsozialisten, in den Hintergrund gedrängt werden«, berichtete Sir Nevil Henderson, der britische Botschafter in Deutschland, am 16. März 1938 seinen Vorgesetzten in London. »Es hat in ganz Österreich zahlreiche Verhaftungen gegeben und man befürchtet, dass gegenüber Schuschnigg und seinen Anhängern Racheakte verübt werden könnten. Privat tue ich schon, was ich kann, und habe mich an Freiherr von Neurath und an Feldmarschall Goering gewandt, dem ich gestern Morgen zum Thema Umgang mit Schuschnigg etc. einen persönlichen Brief geschrieben habe.«[80] Hendersons Bitte, Schuschnigg freizulassen, stieß jedoch bei seinem früheren Jagdkameraden Göring auf taube Ohren. Erst später schenkte Hermann einem weiteren Fürsprecher Schuschniggs Gehör.

Gleich nach dem »Anschluss« hatte man Schuschnigg und seine Familie unter Hausarrest gestellt und von der SA bewachen lassen. Dann, am 28. Mai 1938, wurde er in einem verdunkelten Auto abgeholt und in das Wiener Hauptquartier der Gestapo im ehemaligen Hotel Metropol gebracht. Seine Gastgeber wiesen ihm eine alte Wäschekammer als Zelle zu und machten ihn gleich mit der Hausordnung bekannt: »Dr. Schuschnigg darf rauchen; vorläufig wenigstens; später wird das ohnedies von selber aufhören. Essen kann er vom Haus besorgen und hat es zu bezahlen.« [...] »Ein Posten steht im Raum, einer im Vorraum. Des Nachts hat das Licht im Zimmer zu brennen. Die Posten haben bei Dienstübernahme – Ablösung alle Stunden – die Pistole zu spannen und entsichert zu tragen. Die Pistolentasche hat offen zu bleiben. Dem Dr. Schuschnigg ist es verboten, zum Fenster oder in dessen Nähe zu gehen. Wenn er es versucht, ist sofort zu schießen. Auch wenn er sich sonst nicht fügen sollte ...«[81]

Schuschnigg war in seiner Gefangenschaft Schlafentzug, körperlichen und psychischen Misshandlungen, intensiven Verhören und ständigen Erniedrigungen ausgesetzt. »Ohne Bücher, ohne jede Nachricht, nur mit dem SS-Mann im Zimmer [...] Schlafen ausgeschlossen. Alle Stunden ist Ablösung im Haftraum, und außerdem kommt mitten in der Nacht die Inspektion [...] Obzwar von selbst wach und gern bereit, die sogenannte Nachtruhe zu beenden – kommandiert mich der Posten um 6 Uhr mit scharfem Kommando aus dem Bett [...]; dann beginnt das ›Tagewerk‹«, notierte Schuschnigg in sein Gefängnistagebuch.[82] Er war in Isolationshaft und durfte weder von einem Anwalt noch von seiner Verlobten Besuch empfangen, noch auch nur an seiner eigenen Hochzeit teilnehmen – ein Briefumschlag mit einem Ehering informierte ihn darüber, dass die Zeremonie stattgefunden hatte.

So ging es anderthalb Monate lang, bis Albert Göring in Wien mit einem Polizeibeamten ins Gespräch kam. »Von einem Polizisten erfuhr ich, wie man den Kanzler Schuschnigg behandelte [...] Als ich nach Berlin kam, sprach ich mit Hermann im Kleinen Palais und sagte: ›Ist es deutsch, einen besiegten Gegner so schweinemäßig zu behandeln?‹ Hermann telefonierte mit dem braunen Stadt-halter [sic!] Seyß-Inquart, und Schuschnigg wurde schließ-lich mit seiner Familie in einer Villa außerhalb Wiens inter-niert.« So jedenfalls schilderte Albert Göring gegenüber Ernst Neubach seine Version der Ereignisse.[83]

Zwar könnte es einen Zusammenhang zwischen dem an-geblichen Zeitpunkt der Intervention und einer spürbaren Verbesserung von Schuschniggs Haftbedingungen gege-ben haben, doch davon abgesehen war der weitere Verlauf der Dinge etwas anders, als Albert Göring es angenommen oder gehört hatte. Am 1. Juli 1938 bekam Schuschnigg über-raschend Besuch von dem »Staatssekretär für das Sicher-heitswesen im Lande Österreich« Ernst Kaltenbrunner und erstmals auch von seiner Frau. Von da an durfte sie ihn einmal wöchentlich besuchen, wobei jeder Besuch sechs Minuten währen und an einem Freitag stattfinden sollte.[84] Diese Verbesserungen könnten das Ergebnis von Alberts Be-mühungen gewesen sein. Fast sechs Monate später bekam er wiederum hohen Besuch, diesmal von Kaltenbrunners Vor-gesetztem, Heinrich Himmler. Dieser zeigte sich freundlich und brachte neues Mobiliar sowie ein Radio als Geschenke mit. Doch erst nachdem das Versprechen, Schuschnigg bei seiner Frau leben zu lassen, immer wieder gebrochen wor-den war, nachdem der Exkanzler in ein Gestapo-Gefängnis in München verlegt und seine Tochter geboren worden war, kam schließlich am 8. Dezember 1941 die von Albert Göring erwähnte »Villa« ins Spiel. Genaugenommen war sie je-doch weder eine Villa, noch lag sie »außerhalb Wiens«, sondern es handelte sich um eine einfache Holzbehausung im »Sonderhäftlingsbereich« des KZ Sachsenhausen bei Berlin. Dort lebte Schuschnigg tatsächlich, wie Albert be-richtete, »mit seiner Familie«, bis sie beim Anrücken der Alliierten 1945 Richtung Süden »evakuiert« wurden. Ihre Odyssee durch verschiedene Gefängnisse, unter anderem das KZ Dachau, endete am 4. Mai 1945 im Hotel Prager

Wildsee in Südtirol, wo sie schließlich von amerikanischen Truppen befreit wurden.

Um diesen Widersprüchen zwischen Alberts Behauptungen und den Ereignissen aus Schuschniggs Tagebuch auf den Grund zu gehen, beschloss ich, mit einem engen Verwandten Schuschniggs Kontakt aufzunehmen.

In gewisser Weise war Schuschnigg sogar eine der ersten Wegmarken auf meiner Suche nach der wahren Geschichte Albert Görings. Um das Geld für meine Weltreise zusammenzusparen, hatte ich in Sydney verschiedene Teilzeitjobs angenommen. Einige Monate lang wurde der Videoverleih an der Ecke mein zweites Zuhause.

Dort versetzten mich die Endlosschleife des Achtziger-Jahre-Klassikers *Ferris macht blau* und das monotone Piepsen, mit dem ich die Videos einbongte, regelmäßig in einen halbkomatösen Dämmerzustand, aus dem mich jedoch ein Ereignis nachhaltig herausriss. Mitten in Sydneys Innenstadt hielt ich plötzlich die Mitgliedskarte eines gewissen Dr. Tschuschnigg in der Hand. Vor mir stand der Neffe des Bundeskanzlers von Österreich Kurt Schuschnigg – das behauptete er jedenfalls, als ich ihn spaßeshalber fragte, ob er mit diesem verwandt sei.* Solche unglaublichen Zufälle halten eine ganze Armada von Astrologen und Handlesern in Lohn und Brot. Ich selbst bin weder abergläubisch, noch glaube ich an das Schicksal, doch diese Begegnung prägte sich mir tief ein. Sie war wie ein kleiner Filmstreifen, den ich jederzeit vor meinem inneren Auge abspielen konnte, um die nagenden Zweifel zu übertönen und fest entschlossen meine Recherchen weiterzuführen. Außerdem wurde sie später mein Ausgangspunkt bei der Suche nach Schuschniggs anderen Nachfahren.

---

* *Spätere Nachforschungen ergaben, dass Dr. Tschuschnigg, dessen Vater dem Familiennamen bei seiner Emigration nach Australien ein »T« vorangestellt hatte, nur ein entfernter Verwandter von Kurt Schuschnigg war.*

Zuerst spürte ich Schuschniggs Neffen Heinrich in Wien auf, dann seinen Sohn Kurt junior in New York, und fragte beide, ob sie Alberts Geschichte bestätigen könnten. Sie wussten nur zu berichten, dass Schuschniggs Ehefrau Vera ihren Geburtsarzt Dr. Rust, der auch Emmy Göring betreut hatte, darum bat, Emmy auf Schuschniggs Situation aufmerksam zu machen. Zwar habe Emmy Göring teilnahmsvoll reagiert, doch es bleibt unklar, ob sie auf Schuschniggs Fall irgendwelchen Einfluss nahm.[85] An den Einsatz eines Albert Göring für ihren Vater oder Onkel konnten sich die beiden Cousins nicht erinnern.

Eine Begegnung zwischen Ernst Neubach und Kurt Schuschnigg in der Nachkriegszeit könnte einen Hinweis darauf geben, wie es zu dieser Leerstelle kam. Nachdem beide eine Weile Kriegserinnerungen ausgetauscht hatten, kam Neubach auf Alberts Geschichte zu sprechen, erntete jedoch von Schuschnigg nur verständnislose Blicke. Es stellte sich heraus, dass Schuschnigg selbst nichts von einem Eintreten Alberts für seine Belange bekannt war. Allerdings bestätigte er die plötzliche, überraschende Verbesserung seiner Haftbedingungen und wunderte sich nicht darüber, dass er sie Albert Göring zu verdanken hatte.[86]

Da Albert bei einer derart brisanten Hilfsaktion die Unterstützung seines Bruders Hermann Göring brauchte, war es nur folgerichtig, dass er Schuschnigg nichts von seinen Bemühungen erzählte. Gerade Schuschnigg selbst verstand das nur allzu gut. Albert durfte nicht riskieren, dass der Name Göring mit der Angelegenheit in Beziehung gebracht wurde und dass Hermann deshalb in Bedrängnis kam. Wenn sich die Meinung verbreitet hätte, Hermann Göring, der Vorzeigeheld des deutschen Nationalsozialismus, sei wankelmütig geworden und hätte die Macht seines eigenen Führungsapparats untergraben, wären seine Gegner innerhalb der Partei sofort über ihn hergefallen. Seine Stellung innerhalb des Regimes hätte empfindlich gelitten und er wäre vielleicht nicht mehr in der Lage gewesen, Albert bei seinen Rettungsaktionen zu unterstützen. Geheimhaltung war für alle Beteiligten oberstes Gebot.

Mitte November 1938 überrumpelte Albert Göring Ernst Neubach noch einmal mit einem Telefonanruf. Diesmal waren sie beide in Paris im Exil, der eine, um sein Leben zu retten, und der andere, um seine Würde und seinen Seelenfrieden zu bewahren. »Göring hier«, begann Albert auf seine preußisch-direkte Art das Gespräch. Neubach war erst einmal sprachlos, nicht nur weil Albert ihn so aus heiterem Himmel anrief, sondern weil er ihn in Paris gefunden hatte. »Göring?«, antwortete er. »Wie kommen Sie nach Paris?« – »Mit der Bahn!«, gab Göring zurück.[87]

Neubach hatte sich schon bald nach seiner Ankunft in Paris bestens eingerichtet. Ende 1938 wohnte er an der Champs-Élysées und hatte mit einem weiteren Emigranten, Robert Siodmak, bereits das Drehbuch zu dem Film *Pièges* verfasst. Doch nun, auf dem Weg zu dem verabredeten Treffpunkt mit Albert Göring, erlebte er die Stadt in Aufruhr. Einige Tage zuvor hatte Herschel Feibel Grynszpan, ein junger jüdischer Emigrant aus Deutschland mit polnischer Staatsangehörigkeit, im Namen der verfolgten Juden den Diplomaten Ernst vom Rath in der deutschen Botschaft in Paris erschossen. Diese Tat wurde durch die NS-Propaganda als Rechtfertigung für die »Reichskristallnacht« missbraucht, die antisemitischen Novemberpogrome in Deutschland und Österreich, die in ganz Europa Entsetzen auslösten.

Im Café Colisée angekommen, erlebte Neubach die nächste Überraschung. Der Mann, der ihn dort begrüßte, wirkte melancholisch und verbittert, gar nicht wie die selbstsichere, schillernde Persönlichkeit, die er in Wien kennengelernt hatte. Alberts Niedergeschlagenheit hatte nicht in erster Linie mit den jüngsten Ereignissen zu tun, sondern resultierte daraus, dass er schon wieder ein Zuhause hinter sich lassen musste, in dem ihm die Schergen seines Bruders die Luft zum Atmen nahmen. »Wie beneide ich Sie, dass Sie hier bleiben dürfen!«, platzte er unvermittelt heraus. »Wer hindert Sie, das Gleiche zu tun?«, fragte ihn Neubach. »Mein Name!«, erklärte Albert knapp.[88]

Bis in den Morgen hinein saßen die beiden Männer zusammen im Café und tauschten Geschichten aus. Eine, die Albert beisteuerte, handelte von einer Einladung, die von Wiens neuer nationalsozialistischer Führungsriege an ihn ergangen war. Sie hatten ihm angeboten, selbst von den Plünderungen zu profitieren und Gauleiter für den österreichischen Film zu werden. Albert antwortete nur: »Wer den Unsinn mitmachen will, kann gehen. Ich bleibe im Büro!«[89] Albert erzählte auch, wie sehr er es leid war, »in einem Betrieb zu arbeiten mit Berliner Partei-Akrobaten, die eine Walzermelodie in preußische Märsche umwandeln«. Er suchte einen Ort, wo sich das nationalsozialistische Bekenntnis zu verbrecherischer Gier noch nicht durchgesetzt hatte, und hatte sich vorerst für Italien entschieden. »Was werden Sie in Italien beginnen?«, fragte ihn Neubach. Albert zuckte mit den Schultern. »Das Leben eines Heimatlosen führen, wie Sie, mein Lieber«, sagte er.[90]

Nach seinem Aufenthalt in Frankreich ließ Albert Ende 1938 tatsächlich Wien und seinen dortigen Posten bei Tobis-Sascha hinter sich, um sich in Italien niederzulassen. Er brach allerdings nicht ganz mit seinem früheren Arbeitgeber, sondern nahm eine Stelle bei der italienischen Schwesterfirma der Filmgesellschaft an, bei Tobis-Sascha Italiano in Rom. Seine Frau Erna war zu der Zeit schwerkrank und brauchte laufend medizinische Betreuung. Als er keinen Arzt fand, der ihm zugesagt hätte oder überhaupt nur Deutsch sprach, folgte er der Empfehlung eines Freundes und wandte sich an Dr. Ladislav Kovács.

Dr. Kovács, der ursprünglich aus Pápa in Ungarn stammte, war 1930 nach Italien emigriert, als ihn ein Professor in Würzburg freundschaftlich davor warnte, in Deutschland oder Österreich zu praktizieren, weil er Jude war. Er heiratete 1933 eine ebenfalls geflohene Deutsche und eröffnete eine Praxis in Rom, wo er vor allem die dort ansässigen Ungarn medizinisch betreute.

Und nun war dieser Dr. Kovács wieder einmal auf dem Weg zur Arbeit. Ein Hausbesuch, nichts Ungewöhnliches eigentlich, nur dass er diesmal den Namen seines Patienten nicht kannte. Stattdessen hatte ihm ein Freund die rätselhafte Anweisung mit auf den Weg gegeben, »nicht überrascht zu sein und sich keine Sorgen um die Konsequenzen zu machen«.[91] Als er dann jedoch in der genannten Adresse, einer Villa am Stadtrand von Rom, ankam und erfuhr, dass sein Auftraggeber ausgerechnet der Bruder des Mannes war, der ihn ins Exil getrieben hatte, vergaß er den Rat seines Freundes und gab Albert Göring unmissverständlich zu verstehen, er müsse sich einen anderen Arzt suchen; er selbst jedenfalls werde niemals ein Mitglied der Familie Göring betreuen. Albert konnte ihn jedoch mit einer verlockend duftenden Tasse Kaffee und der Bitte um ein offenes Gespräch davon überzeugen, zu bleiben. Sie unterhielten sich also, und was Albert dabei sagte, muss Kovács überzeugt haben, denn am nächsten Tag kam er noch einmal zu Besuch. Bei diesem zweiten Zusammentreffen brachte Albert seine ganze Verachtung gegenüber dem Nationalsozialismus zum Ausdruck: »Ich spucke auf Hitler, ich spucke auf meinen Bruder, auf das ganze NS-Regime.«[92] In Dr. Kovács' Ohren klangen diese Worte wie eine Operette von Lehár. Er kümmerte sich von da an regelmäßig um Erna Göring, bis er zu dem Schluss kam, das stickige Klima in Rom verschlimmere ihren Gesundheitszustand und sie müsse zurück nach Wien.

Albert Göring hatte in Kovács einen neuen Freund

gefunden, und wie Freunde es nun einmal tun, halfen sie einander, wo es ging. Albert lud den Arzt mitsamt Frau und zwei Kindern in seine Villa ein, damit sie sich eine Zeitlang von dem Trubel des Großstadtlebens erholen konnten. Kovács wiederum revanchierte sich, indem er Albert, als dieser beschloss, er brauche für sich allein keine riesige Villa, eine Wohnung im Stadtgebiet vermittelte. Aus diesem harmlosen Austausch von Freundlichkeiten sollte schon bald eine handfeste Partnerschaft im Widerstand gegen den Nationalsozialismus werden. Sechs Monate nach ihrer ersten Begegnung besuchte Albert Göring Dr. Kovács und erklärte ihm, er verdiene monatlich »ungefähr 25 000 Lire«, von denen er »nicht annähernd alles« für seine eigenen Auslagen benötigte. Den Rest wollte er an Kovács weitergeben mit der »Bitte, es für Juden und andere vor dem Naziterror Geflohene auszugeben«. Wie es für ihn typisch war, betonte er, er »benötige keine Quittung und keine Auskunft darüber, wem geholfen wurde«. Aus diesem ersten Arrangement wurde später ein ausgefeiltes System des Geldtransfers. Göring eröffnete ein Konto bei der Bank Orelli in Bern, wo Kovács »nur an die Bank schreiben musste, um Geld für die Unterstützung von Flüchtlingen zu beschaffen und ihnen zu helfen, via Lissabon zu fliehen«.[93]

Dann, am 10. September 1943, marschierten als Reaktion auf den Sturz Mussolinis deutsche Truppen in Rom ein. Damit war wieder Kovács derjenige, der Hilfe brauchte, denn die Gestapo begann gleich damit, Pläne zu schmieden, wie Roms 12 000 jüdische Bewohner beseitigt werden könnten. Am 16. Oktober wurden diese Pläne in die Tat umgesetzt. Noch vor Tagesanbruch wurde ein jüdisches Ghetto in der Nähe des römischen Marcellus-Theaters überfallen. Über 1200 Juden wurden zusammengetrieben und auf Lastwagen abtransportiert. In den darauffolgenden Tagen durchstreiften Gestapo-Agenten mit Adresslisten auf der Suche nach weiteren jüdischen Bürgern die Stadt.

Auch Kovács' Name und Adresse waren zweifellos auf diesen Listen verzeichnet, und seine Verhaftung schien nur eine Frage der Zeit zu sein. Doch Albert Göring kam der Gestapo zuvor und stellte Kovács und seiner Familie Schutzbriefe aus: »eine handschriftliche Bescheinigung des Inhalts, dass Kovacs sein Leibarzt sei, dass er, Goering, sehr häufig Rom besuche, regelmäßig seine Dienste brauche und wünsche, dass Kovacs nicht behelligt werde«. Offenbar aus Sorge um Kovács' Mobiliar im Falle einer Durchsuchung »stellte Goering eine Bescheinigung aus, in der es hieß, sämtliche Möbel in dem Haushalt gehörten Goering«.[94] Kovács steht auf der Liste der Geretteten an vierzehnter Stelle.

Kurz nach der Befreiung Roms durch die Alliierten am 5. Juni 1944 wurde Dr. Kovács von Major A. F. Dunlop, einem Angehörigen der britischen Special Operations Executive (SOE) befragt. Gegen Ende des Interviews kam er auf seinen Freund Albert Göring zu sprechen und berichtete von dessen Wohltaten und Widerstandsaktivitäten. Die SOE war eine 1940 gegründete nachrichtendienstliche Spezialeinheit, der Churchill den Auftrag erteilt hatte, »Europa in Brand zu setzen«. Ihre Hauptaufgabe bestand darin, Partisanen bei der Spionage und Sabotage hinter den feindlichen Linien zu unterstützen. Die SOE sollte also, kurz gesagt, Hitler das Leben so schwer wie möglich machen. Im Juni 1944 waren Angehörige der Spezialeinheit in Rom, um alle dort lebenden Ungarn zu befragen, die Mitglieder der neugegründeten »Gemeinschaft der Freien Ungarn« waren. Ungarn war seit März desselben Jahres ganz in deutscher Hand, und die SOE suchte nach Menschen, die ihnen Kontakte und Informationen zur dortigen Untergrundbewegung verschaffen konnten.

Kovács war ein passender Kandidat, da er einen radikal sozialistisch und antifaschistisch eingestellten Bruder hatte, der einer sozialistischen Untergrundbewegung aus »einfachen Industriearbeitern und intellektuellen, linksgerichteten Demokraten« angehörte und, so vermutete man, Verbindungen zum ungarischen Widerstand unterhielt.[95] Diese Informationen dürften Major Dunlop zumindest dazu veranlasst haben, interessiert den Blick zu heben. Doch erst am Ende von Kovács' Geschichte fiel ihm die Kaffeetasse aus der Hand – es muss für ihn geradezu unvorstellbar gewesen sein, dass der Bruder des Reichsmarschalls humanitäre Akte beging. Alles, was ihm dazu einfiel, war die knappe Aktennotiz: »Dieser Bericht sollte gründlich überprüft werden.«[96] Die SOE hätte nicht einmal lange suchen müssen, um diese Überprüfung durchzuführen. Sie hätten den Fall im Handumdrehen abschließen und Albert möglicherweise seine zweijährige Odyssee durch amerikanische und tschechische Haftanstalten ersparen können, wenn sie sich nur die Mühe gemacht hätten, sich an einen ihrer eigenen Soldaten zu wenden.

Major Frank Short, der im Zweiten Weltkrieg als Fernmeldetechniker der britischen Armee nach Kairo gehen sollte, lebte in den 1930er Jahren mit seiner Frau, einer Ballerina, als Leiter der österreichischen Niederlassung der Bickford & Co. AG in Wien. Diese in den 1830er Jahren gegründete Firma, die später in das gigantische Chemiekonglomerat Imperial Chemical Industries eingegliedert wurde, stellte damals »Zündschnüre und Verschlüsse« für Sprengvorrichtungen her.[97] Es lässt sich nicht mehr feststellen, ob Albert Göring Frank Short über seine Tätigkeit bei Junkers oder über das Netzwerk der Wiener High Society kennenlernte und was den Ausschlag dazu gab, dass Short ihm 1936 eine Stelle im Vertrieb der Bickford & Co. AG anbot – Alberts einnehmende Persönlichkeit, seine berufliche Vorerfahrung oder seine vorteilhafte politische Einstellung. Alberts plötzliche Beförderung zum Vorstandsvorsitzenden im Jahr 1939 lässt sich dagegen leicht erklären: Grund waren der »Anschluss« Österreichs und die Gefahren, denen infolgedessen Frank Shorts jüdische Ehefrau ausgesetzt war.

Albert kam dem Ehepaar zu Hilfe. Er ermöglichte ihnen die Flucht nach Kairo und wahrte Shorts finanzielle Interessen, indem er bis zum Ende des Krieges die offizielle Führung seiner Firma übernahm. Es gelang ihm nicht nur, die nationalsozialistische Kriegsindustrie von der Übernahme des ausländischen Betriebs abzuhalten, sondern konnte, als er nach Kriegsende das Unternehmen wieder an Short übergab, sogar »für die sechs Jahre unter seiner Leitung Profite vorweisen«.[98] Frank Short steht als einziger Brite auf der Liste der Geretteten, an neunundzwanzigster Stelle.

In Italien jedoch musste Albert Göring Anfang 1939 feststellen, dass sich alle faschistischen Diktaturen in ihrem Umgang mit der Filmindustrie ähnlich waren. Wieder musste er wie ein Zirkusclown mit einem aufgeschminkten Lächeln nach den Weisungen eines Propagandaministers Kunststückchen vollführen. Dennoch genoss er seinen Aufenthalt in Italien. Er liebte den starken Kaffee, den Wein und die Siesta-Kultur. Und er liebte die strahlende italienische Sonne, die die Schatten seines Bruders und des NS-Terrors, wenn auch nur kurzfristig, auf Distanz zu halten schien.

Als ich später das Interview mit Christine Schöffel noch einmal Revue passieren lasse, geht mir besonders ihre abschließende Bemerkung im Kopf herum: »Es ist wie diese Geschichte von Spielberg, wissen Sie, dieser – wie hieß noch der Film? – *Schindlers Liste*. Es ist dieselbe Geschichte. Es gab nämlich viele, die jüdischen Menschen geholfen haben. Es ist nicht wahr, dass niemand geholfen hat.« Aber warum haben diese Menschen so gehandelt, wie sie es taten? Oskar Schindler hatte zunächst seinen Profit im Sinn, entwickelte dann aber bald moralische Motive und wurde zum Retter vieler Juden. Sophie Scholl und ihr Bruder Hans, die Mitglieder der Weißen Rose, wurden dafür hingerichtet, dass sie in München Flugblätter gegen Nationalsozialismus und Krieg verteilten. Sie wurden von religiösen Motiven und ihrem jugendlichen Idealismus angetrieben. Raoul Wallenberg, der als schwedischer Diplomat über 15 000 ungarischen Juden das Leben rettete, erlebte den Holocaust aus nächster Nähe und wurde vielleicht von seinem humanistischen kulturellen Erbe dazu bewegt, zu handeln.

In Princeton führten 1973 zwei Sozialpsychologen eine Studie durch, um den Zusammenhang altruistischen Verhaltens mit Religiosität und verschiedenen situativen Variablen zu untersuchen. Sie fanden heraus, dass der wichtigste Faktor für einen »barmherzigen Samariter« weder die religiöse Gesinnung noch der explizit geäußerte Wunsch war, sich altruistisch zu verhalten. Entscheidend waren vielmehr die subjektiv wahrgenommenen Kosten einer altruistischen Handlung. Die Versuchsgruppe bestand aus Theologiestudenten, von denen viele nach dem Universitätsabschluss in den Kirchendienst eintreten wollten und daher besonders zu altruistischem Verhalten neigten. Die Forscher wiesen die Studienteilnehmer dazu an, in einem anderen Gebäude einen kurzen Vortrag über verschiedene mit der Kirche zusammenhängende Themen zu halten, unter anderem über das Gleichnis vom barmherzigen Samariter. Auf dem Weg zum Vortragsort begegnete ihnen ein Schauspieler, der vorgab, Hilfe zu benötigen. Bevor sie aufbrachen, war ihnen noch mitgeteilt worden, sie seien entweder schon spät dran oder hätten bis zu ihrem Vortrag noch reichlich Zeit. Nur zehn Prozent aus der »verspäteten« Gruppe hielt an, um dem Mann zu helfen, während von der zweiten Gruppe 63 Prozent Anstalten machten, sich um ihn zu kümmern. Viele der Teilnehmer, die im Begriff waren, einen Vortrag über den barmherzigen Samariter zu halten, trampelten geradezu über den Hilflosen hinweg.[99]

Doch Albert Görings Verhalten scheint von jeglichen Abwägungen der Kosten und Gefahren unabhängig gewesen zu sein. Mit den Parametern der Princetoner Studie ist es nicht zu erfassen; es lässt sich keine unabhängige Variable finden, die es wissenschaftlich erklären würde. Die Erklärung für seine Handlungen liegt in seinem Innern verborgen.

Wie alle Schindlers, Scholls und Wallenbergs dieser Welt besaß Albert einen außergewöhnlich starken Sinn für Gerechtigkeit. Weder religiöse Gebote noch soziale Normen oder juristische Kenntnisse spielten dabei eine Rolle, sondern sein angeborener Gerechtigkeitssinn, der ihn zwang, zu handeln, ohne Rücksicht auf die Folgen. Dieser war weder rational noch intellektuell begründbar, sondern das Grundprinzip seiner gesamten Existenz. Diesen Teil seines Wesens zu verleugnen wäre für Albert Göring einer Selbstverleugnung gleichgekommen.

7. Der König von Schweden

Das Café Slavia in Prag ist, ob während der deutschen Besatzung oder unter dem Kommunismus, immer ein Treffpunkt der Dissidenten gewesen, die hier ihre umstürzlerischen Pläne schmiedeten, und der Geheimagenten, die diese Pläne zu durchkreuzen suchten. Diese Beliebtheit hat es vor allem seiner Lage zu verdanken: Auf der einen Seite fällt der Blick durch hohe Bogenfenster auf die Moldau, die Prager Burg, den Aussichtsturm Petřín und die Karlsbrücke; mit der anderen liegt das Café an der Národní Třída, in unmittelbarer Nachbarschaft des Tschechischen Nationaltheaters und der Akademie der Wissenschaften. Hinter dem Café, in der Bartolomějská Ulice, befand sich in kommunistischen Tagen das Hauptquartier der Geheimpolizei.

An diesem Tummelplatz der Verschwörer und ihrer Verfolger will ich mehr über eine bestimmte Verschwörung erfahren, die vor Jahrzehnten nicht weit von hier angezettelt wurde. Schauplatz war das vom nationalsozialistischen Deutschland besetzte Prag unter »Himmlers rechter Hand« Reinhard Heydrich, und die Verschwörer waren zwei Freunde, die eine gemeinsame Verachtung für die Nationalsozialisten verband: Albert Göring und der Großvater des Mannes, den ich hier treffen möchte, Václav Rejholec. Václavs Großvater war seinerzeit einer der führenden Mediziner seines Landes, Leiter des tschechischen Pfadfinderverbands, Überlebender der KZ Dachau und Buchenwald und Nummer sechs auf der Liste der Geretteten. Er hieß Professor Josef Charvát.

Ich betrete das Café durch den Haupteingang und fühle mich sofort nach Wien versetzt. Mit der jadegrünen und mahagonibraunen Einrichtung und dem vielen Marmor ist das Slavia ein geradezu archetypisches Wiener Kaffeehaus, ein Überbleibsel aus der Zeit, als Prag noch das »Juwel« des Habsburgerreichs war. Ich schreite staunend über den roten Teppich zwischen kleinen Marmortischchen hindurch, bewundere die Porträts früherer Besucher – darunter Hillary Clinton und Václav Havel – und drehe mich im hinteren Teil des Cafés einmal um mich selbst, bis mein Blick an einem Mann mittleren Alters im grauen Anzug hängenbleibt, der mich amüsiert zu mustern scheint.

Václav ist, genau wie sein Großvater, ein schlanker, hochgewachsener Mann mit einer tadellosen, geschäftsmäßigen Kurzhaarfrisur. Er begrüßt mich mit festem Händedruck und dem strengen Blick eines Schuldirektors, der einen ungezogenen Schüler vor sich hat. Sein erster Kommentar lautet, er habe sich mich ein wenig anders vorgestellt – wie einen distinguierten, grauhaarigen Akademiker im Tweedanzug, nehme ich an. Das kann ja heiter werden. Doch als wir erst einmal ins Gespräch gekommen sind, legt er die strenge Haltung ab und erweist sich als liebenswürdiger Mensch mit einem gewissen Hang zu schwarzem Humor. Er lacht über den Eisernen Vorhang und die absurden bürokratischen Hürden, die zwischen ihm und seiner Tante in Deutschland stehen. Auch dass das Landhaus seines Großvaters von den SS-Funktionären, die es bewohnten, wohlbehalten zurückgelassen wurde, nur um anschließend von den eigenen Landsleuten geplündert zu werden, scheint ihn sehr zu amüsieren.

Die Bedienung stellt eine duftende Tasse Kaffee vor mir ab, und als ich gerade den ersten Schluck nehmen will, sagt Václav etwas, das klingt, als sei es bereits das Ende unseres Gesprächs. »Nein, nein, es war nicht Göring, der meinem Großvater geholfen hat, sondern der König von Schweden*.

* *Gustav Adolf von Schweden, auf den sich der Zeitzeuge hier bezieht, war Schwedens Erbprinz, wurde jedoch nie König, da er in jungen Jahren bei einem Flugzeugunglück starb. (A.d.Ü.)*

Sie kannten sich über die Pfadfinderbewegung«, sagt er, als ich ihn frage, wie es zu Charváts Erwähnung auf der Liste der Geretteten gekommen ist. Mit glühend roten Wangen, Schweiß auf der Stirn und zugeschnürter Kehle ringe ich darum, diese Mitteilung zu verdauen. All die Vernehmungsprotokolle, die Interviews, das Filmmaterial, die bisherige Geschichtsschreibung werden mit diesen zwei Sätzen vom Tisch gefegt. Václav zufolge ist all das eine einzige Lüge.

Es war ein Freitag, genauer genommen Freitag, der 6. August 1897, als Dr. Josef Charvát zum ersten Mal ein Krankenhaus von innen sah. Er wurde in die bescheidenen Verhältnisse einer Familie aus dem unteren Mittelstand hineingeboren, die im Prager Stadtteil Královské Vinohrady lebte. Sein Vater, ein Schlosser und Schmied, verdiente den Lebensunterhalt der Familie in einem Umspannwerk und später in einem Transportunternehmen. Josef wurde auf ein Gymnasium geschickt, damit er die Möglichkeit hatte, zu studieren. Zwar war er auch in Mathematik und den Sprachen ein begabter Schüler, doch am wohlsten fühlte er sich im Labor. Und zu seinem Labor machte er bald auch die nahen Wälder, Flüsse und Seen. Dort rundeten nicht bebrillte Professoren mit weißen Kitteln seine Ausbildung ab, sondern junge Männer in Khaki-Shorts, bestickten Hemden, knielangen Socken und breitkrempigen Hüten – die Pfadfinder, deren Leiter er später werden sollte.

Im Jahr 1916 schrieb sich Josef an der renommierten Karls-Universität für ein Medizinstudium ein.[100] Doch noch bevor seine erste Vorlesung begann, musste er den Kittel gegen eine Uniform tauschen und mit seinen Landsleuten in den Ersten Weltkrieg ziehen. Josefs Artilleriedivision bombardierte an den eisigen Hängen der Dolomiten die Italiener. Er ertrug die Ratten und Läuse, überstand Schützengrabenfieber und Ruhr, überlebte die Schrecken der Westfront und Ludendorffs Frühjahrsoffensive. »Ja, da hat er ganz schön Glück gehabt«, meint Václav mit seinem spöttischen Lächeln.

Zwar dürfte Josef Charvát auch an der Front reichlich medizinisches Anschauungsmaterial gehabt haben, doch sobald es ihm der Waffenstillstand erlaubte, kehrte er heim und nahm sein Studium wieder auf. Schon 1923 erlangte er den Doktorgrad und trat im Februar desselben Jahres eine Stelle an der Prager Zweiten Klinik für Innere Medizin an. Dort praktizierte er unter Professor Josef Pelnář, der ihn dazu ermutigte, wissenschaftliches Neuland zu betreten. Mit zwei weiteren jungen Ärzten gelangen Charvát entscheidende Fortschritte im damals neuen Bereich der Endokrinologie. Bald wurde er von renommierten Universitäten in ganz Europa zu Vorträgen eingeladen. Und 1933 gab er zusammen mit seinem Mentor Pelnář das erste Fachbuch über Endokrinologie heraus.[101] »Er war recht ... recht erfolgreich, würde ich sagen ...« Beim Aufzählen der Errungenschaften seines Großvaters gerät Václav Rejholec plötzlich ins Stocken und sieht aus dem Fenster, als suchte er die Fortsetzung der Geschichte im dichten Berufsverkehr. Als die Ampel umschaltet und der Verkehr wieder fließt, fährt auch Václav fort: »Er war einer der Ersten, der im medizinischen Bereich mit streng wissenschaftlichen Methoden forschte. Er hat viel veröffentlicht«, sagt er. Nebenher gelang es Charvát irgendwie, im Stadtteil Podolí ein Sanatorium zu betreiben, und da der inzwischen renommierte Arzt fließend Deutsch, Französisch und Englisch sprach, zog diese Einrichtung zunehmend reiche, mächtige Ausländer an. Einer von ihnen war Albert Göring.

Albert hatte inzwischen der faschistischen italienischen Filmindustrie den Rücken gekehrt und eine Stelle in dem riesigen tschechischen Maschinenbaukonzern Škoda angetreten. Dieser war vor kurzem in das Industrieimperium seines älteren Bruders, die Reichswerke Hermann Göring AG, eingegliedert worden, wie so viele tschechische Industriebetriebe seit dem Einmarsch der Deutschen in Böhmen und Mähren. Schon damals erweckte diese nepotistische Stellenbesetzung Misstrauen, umso mehr aber nach dem Ende des Krieges.

»Ihre Stelle bei Skoda haben Sie durch Vermittlung Ihres Bruders bekommen, ist das richtig?«, bohrte Lieutenant Jackson bei einer Befragung im Rahmen der Nürnberger Prozesse. Doch Albert war stolz auf seine Qualifikationen als Ingenieur und bestritt diese Behauptung. »Nein, ganz im Gegenteil. Ich wurde von einigen tschechischen Herren gebeten zu kommen, und ein Mann namens Bruno Seletzky [sic] kam eigens nach Wien, um mich zu bitten, für die Skoda-Werke zu arbeiten.« Dann betont er: »Ich musste meinen Bruder um Erlaubnis bitten, um dort arbeiten zu können.«[102] Jackson versuchte, Albert Göring eine Beteiligung an den Verbrechen seines Bruders nachzuweisen, doch Alberts Aussage lässt sich durchaus stützen.

Knapp zwei Monate nachdem die ersten deutschen Panzer am 15. März 1939 die tschechische Grenze überquert hatten, erfuhr Bruno Seletzky, Škodas damaliger Exportleiter für den Balkan, in Wien von geheimen Plänen der Reichswerke Hermann Göring AG. Demnach wollten Škodas neue Eigentümer nicht nur die tschechische Führungsriege beseitigen, sondern den gesamten Konzern auflösen und sein Kapital auf andere Reichswerke-Betriebe verteilen. Das konnte nur durch drastische Maßnahmen verhindert werden, und was hätte drastischer und mutiger sein können, als den rebellischen Bruder des Reichswerke-Leiters zu Hilfe zu holen?

Seletzky kannte aufgrund ihrer Bekanntschaft aus Wiener Zeiten Albert Görings Einstellung zum Nationalsozialismus. Er wusste, dass der österreichische Staatsbürger die geplanten Maßnahmen verhindern konnte. Albert würde Škodas Interessen vertreten, koste es, was es wolle.

Deshalb besprach Seletzky sich im Škoda-Hauptquartier in Prag mit dem Präsidenten des Verwaltungsrats Vilém Hromádko und dem Generaldirektor Adolf Vamberský, die beide von seiner Idee begeistert waren, Albert eine Stelle anzubieten.

Nachdem Seletzky Albert im italienischen San Remo aufgesucht und ihm seinen Vorschlag unterbreitet hatte, fuhren die beiden zusammen nach Prag zurück, wo Göring Hromádko, Vamberský und den Rest des Verwaltungsrats kennenlernte. Da Albert die berufliche Veränderung suchte und Škoda einen Beschützer, wurde man sich bald einig und unterzeichnete am 4. Mai 1939 den Anstellungsvertrag. Später wurde auf Alberts Betreiben hin Generalmajor Karl von Bodenschatz, Hermann Görings persönlicher Adjutant und Vertrauter aus Zeiten des Ersten Weltkriegs, zum Treuhänder ernannt und diente dem jüngeren Göring als direkter Draht zu seinem Bruder nach Berlin.

Nach einem Jahr Einarbeitungszeit in Prag übernahm Albert Seletzkys Posten als Exportleiter für die Balkanstaaten (Ungarn, Jugoslawien, Rumänien, Bulgarien und Griechenland) sowie für Italien und die Türkei. Sein Jahreseinkommen betrug 600 000 tschechische Kronen.[103] Dazu kam später eine Verkaufsprovision von vier Prozent.[104]

Sobald Albert am 1. Juni 1939 seine Stelle in der Konzernzentrale angetreten hatte, zeigte sich, dass Seletzkys Umsicht sich auszahlen würde. Seletzky selbst, die Nummer achtundzwanzig auf der Liste der Geretteten, konnte unter Alberts Schutz in die Schweiz fliehen, als die SS ihm Umtriebe gegen die Interessen des Reichs anlastete.[105] Wie erhofft, setzte sich Albert außerdem für die Souveränität der tschechischen Unternehmensleitung ein und stellte sich der Ausbeutung durch den Mutterkonzern entgegen.

Bereits vor Albert Görings Eintritt in das Unternehmen hatte das Deutsche Reich auf Škodas Führungsstruktur massiv Einfluss genommen. Unternehmensleiter war der SS-Mann Dr. Wilhelm Voss, der bis zu Bodenschatz' Berufung auch Treuhänder gewesen war. Im Verwaltungsrat saßen bereits sieben Reichsdeutsche, darunter zwei Vertreter der Dresdner Bank sowie der Leiter der Abteilung Wirtschaft des Protektorats Böhmen und Mähren, Walter Bertsch. Hromádko und Vamberský waren die einzigen verbliebenen Tschechen. Auch die meisten Geschäftsführungspositionen in Škodas Tochterunternehmen waren mit Deutschen besetzt.[106] Und dann gab es noch Albert Göring.

»80 000 Tschechen arbeiteten in den Fabriken, und sie wollten unter tschechischer Leitung arbeiten, während diese Leute [die deutschen Eigentümer] den Konzern ganz unter deutsche Leitung stellen wollten; und ich reiste öfter nach Berlin, um mit meinem Bruder Hermann zu reden und ihm zu erklären, dass das unmöglich sei. Ich sagte ihm, wenn er aus den Skoda-Werken Nutzen ziehen wolle, müssten sie unter tschechischer Leitung bleiben, weil die Arbeiter sonst nicht kooperieren würden«, gab Albert in Nürnberg dem Vernehmungsoffizier Jackson zu Protokoll.[107] Er wusste offenbar, wie er seinen Bruder zu manipulieren hatte, und legte sich regelmäßig mit Škodas deutscher Führungsriege an.

Doch nicht nur mit seinem Einsatz für die tschechische Konzernleitung sorgte Göring bei Škoda für Unruhe. Bei der Gerichtsverhandlung in Prag sagte der Zeuge Vilém Hromádko: »Göring sprach sich immer offen gegen den Nationalsozialismus aus, oft sogar so offen, dass ich lieber auf seine Gesellschaft verzichtete ... Er setzte sich immer für die Interessen der Škoda-Werke und der tschechischen Belegschaft ein. Soweit ich weiß, hat er nie den Deutschen Gruß benutzt, und in seinem Büro hing kein Hitlerfoto, obwohl das obligatorisch war. In meiner Gegenwart und auch in der Gegenwart der anderen tschechischen Geschäftsführer hat er sich immer offen gegen Hitler ausgesprochen.«[108]

Von der ersten Begegnung mit Albert Göring blieb Josef Charvát nur in Erinnerung, dass dieser in Begleitung einer jungen hübschen Ungarin war. Das zweite Treffen war da schon folgenschwerer. Alberts zweite Frau Erna, mit der er die längste seiner vier Ehen führte, litt an einer Form von Lungenkrebs. Auf Empfehlung seines neuen Vorgesetzten Hromádko bat Göring Charvát um Hilfe. Er wollte für Erna eine Überweisung in ein Schweizer Sanatorium und die notwendigen Papiere, damit sie durch das besetzte Österreich dorthin reisen konnte. Charvát hatte zunächst Vorbehalte, einem Bruder Hermann Görings behilflich zu sein. Doch als Albert ihm versicherte, er sei »ein österreichischer Staatsbürger und weder Parteimitglied noch überhaupt an Politik interessiert«, willigte er schließlich ein.[109]

Als die beiden Freunde wurden, gab Albert jede Zurückhaltung auf. Er sagte zu Charvát, »Hitler und seine Clique« seien »Lustmörder«, Hitler sei »kein Deutscher, sondern Österreicher« und Albert »schäme sich für Deutschland«. Zudem versorgte er Charvát mit wertvollen Informationen über die Kampfmoral der deutschen Truppen und den Kriegsverlauf.[110]

Doch an diesem Wendepunkt seines Lebens wurde Alberts moralischer Kompass durch den Beginn einer neuen Liebesaffäre außer Kraft gesetzt. Kurz nachdem die schwerkranke Erna in die Schweiz aufgebrochen war, ließ er sich nach sechzehn Ehejahren von ihr scheiden. Während sie im Sanatorium hilflos den Verfall ihrer Ehe und ihrer letzten Lebensenergien mit ansehen musste, warb er um die ehemalige tschechische Schönheitskönigin Mila Klazarová. Sie war zwanzig Jahre jünger als er, aus elitärer Familie, ein Liebling der High Society und der Haute Couture. Das perfekte Gegenstück zu Albert. »Meine Mutter war sehr, sehr hübsch. Mein Vater hat sich sofort in sie verliebt«, erinnert sich Elizabeth Goering*,

* Elizabeth hat die deutsche Schreibweise ihres Nachnamens aufgegeben.

Alberts einzige Tochter. »Und nach dem, was ich in den Papieren nachlesen kann, von den Briefen und dem, was er hinterlassen hat, haben sie sich sehr geliebt.«[111]

Albert lernte seine spätere dritte Ehefrau bei einem Ball in der Schweizer Botschaft über den Botschafter, Konsul Greub, und dessen Verlobte Berta Stranska kennen. Mit Greubs Hilfe sollte Albert später einen Geldschmugglerring aufbauen: Die Verbindungen des Botschafters zur Schweizer Bankenwelt und seine Privilegien als Diplomat ermöglichten es Albert, Geld auf Schweizer Konten zu transferieren, um jüdischen Flüchtlingen zu helfen.[112] Aus einem Bericht des Sicherheitsdienstes (SD)* geht hervor, dass man dort um diese Aktivitäten wusste. Vor dem Hintergrund von Himmlers ständigen Versuchen, Hermann Görings Macht zu untergraben, ging der SD jedoch davon aus, der Transfer solle dazu dienen, Hermanns Vermögen in der Schweiz in Sicherheit zu bringen.[113]

Nicht lange nachdem im Ballsaal der Schweizer Botschaft der Funke übergesprungen war, kam es zur Verlobung. Mila Klazarová besaß die Proportionen amerikanischer Pin-up-Models und dazu ein Engelsgesicht mit großen Augen und Apfelbäckchen. Doch für die Gestapo war sie als Slawin nichts als ein »Untermensch«. Reinhard Heydrich, der Reichsprotektor von Böhmen und Mähren, war entsetzt darüber, dass der Bruder eines Vorzeigeariers jemanden wie sie heiraten wollte. Um sein Missfallen angemessen zum Ausdruck zu bringen, sandte er einen Gestapo-Trupp aus, der das Haus ihrer Familie auf den Kopf stellte.

Dieses Ereignis löste auch im Berliner Büro von Hermann Göring Erschütterungen aus. Hermann hatte von der Verlobung seines Bruders bis dahin gar nichts gewusst. Göring, der mit dem sogenannten Forschungsamt (FA) einen eigenen Überwachungsdienst leitete, war bloßgestellt. Sofort zitierte er seinen Bruder zu sich. Doch Albert Göring

* *Der SD war die Geheimdienstabteilung der SS.*

blieb standhaft: Er erklärte, da er kein Parteimitglied sei, könne er tun, was er wolle. Offenbar gelang es ihm tatsächlich, Hermann zu überzeugen, denn der beauftragte seinen Adjutanten Bodenschatz damit, die Sache mit Heydrich zu bereinigen.[114]

Albert und Mila ließen sich nicht beirren. Am 23. Juni 1942 gaben sie sich in Salzburg das Jawort und verbrachten ihre Flitterwochen auf Burg Mauterndorf, dem Märchenschloss aus Alberts Kindheit. Hermann Göring blieb der Zeremonie fern. Er hatte das Paar zwar gegen Heydrich verteidigt, doch seinen Segen gab er ihrer Beziehung nicht. Albert bemerkte später: »Er hat mir zur Hochzeit nicht einmal ein Geschenk geschickt und ebenso wenig zur Taufe meiner Tochter.«[115]

»Frühmorgens um sechs kamen zwei oder mehr deutsche Soldaten in Uniform, um meinen Vater festzunehmen. Sie befahlen ihm, sich anzuziehen, denn er war noch nicht angezogen. Meine Mutter war sehr, sehr verzweifelt. Sie wäre fast ohnmächtig geworden. Sie nahmen meinen Vater mit, und niemand wusste, was da vor sich ging oder wo sie ihn hinbrachten«, erinnert sich Jiřina Rejholvová, die Tochter Josef Charváts und verstorbene Mutter meines Gesprächspartners Václav, in einem Interview.[116] Am Tag des Einmarsches in Polen, am 1. September 1939, wurde Charvát zusammen mit zahlreichen anderen tschechischen Intellektuellen und Politikern in Heydrichs Folterkeller im Pancrác-Gefängnis verschleppt.

Er wurde weder angeklagt, noch bekam er je einen Gerichtssaal von innen zu sehen, sondern fristete die Tage im Dunkel seiner Zelle, ohne auch nur zu ahnen, warum er dort war. Doch selbst wenn seine Bewacher ihm den Grund genannt hätten, wäre es ihm schwergefallen, ihnen zu glauben. Ihm wurde zur Last gelegt, Anführer einer Vereinigung von Kindern und Jugendlichen zu sein. Der deutsche Staatssekretär beim Reichsprotektor Böhmen und Mähren, Karl Hermann Frank, hatte die tschechische Pfadfinderorganisation Junák, die drittgrößte ihrer Art in Europa, mit Beginn der deutschen Besatzung sofort als Konkurrenz zur Hitlerjugend begriffen und verboten. Damit war Charvát zum Anführer einer illegalen Vereinigung und zur »politischen Bedrohung« für das Reich geworden.

Charvát verbrachte neun Tage im Pankrác-Gefängnis und wurde dann mit zahlreichen anderen Gefangenen per Zug ins Konzentrationslager Dachau deportiert.[117] Das bereits 1933 durch den damaligen Münchner Polizeipräsidenten Heinrich Himmler errichtete Lager war inzwischen ein wichtiges Werkzeug zur Ausschaltung Oppositioneller und zur Gleichschaltung der deutschen Bevölkerung. Da in Dachau hauptsächlich politische Häftlinge untergebracht wurden, waren die Bedingungen dort graduell besser als in anderen Konzentrationslagern. Dennoch erlebten die Häftlinge Folter, Zwangsarbeit, Krankheiten, Selektion, Mangelernährung und willkürliche Exekutionen. Ein ehemaliger Insasse beschreibt die Haftbedingungen wie folgt: »Während der Arbeit wurden die Bewegungen unsicherer, manchen fiel das Werkzeug aus den Händen – in unserer Gruppe wurden solche Sachen mit einem Schlag mit dem Gewehrkolben bestraft. Es gab auch solche, die von Gerüsten fielen, Schwellen schleppend über die Schienen stolperten und unter die Räder der Züge gerieten.«[118] Glücklicherweise wurde Charvát schon bald in eine Abteilung für »Sonderhäftlinge« verlegt, wo ihm die mörderische Zwangsarbeit erspart blieb.

Ab dem 27. September 1939 wurde das KZ Dachau vorübergehend als Trainingslager für die SS-Totenkopfverbände genutzt, eine vor allem in Konzentrationslagern eingesetzte Sondereinheit. Die Insassen wurden nach Mauthausen, Flossenbürg und Buchenwald verlegt. Letzteres wurde Josef Charváts neuer Aufenthaltsort.

Als Charvát in Buchenwald eintraf, wurde das Lager gerade von Masern und Ruhr heimgesucht. Charvát ließ sich von den widrigen Umständen nicht schrecken und etablierte zusammen mit anderen tschechischen Ärzten ein Hygiene- und Behandlungsschema, um die Epidemien unter Kontrolle zu bringen. Einmal impfte er eine ganze Zugladung voller polnischer Gefangener gegen die Masern.[119] »Und er hat mir erzählt, dass sogar die deutschen Ärzte seine Leistungen anerkannten, weil er ihnen damit Arbeit und Sorgen ersparte, wissen Sie«, erzählt Václav und flüchtet sich wieder in seinen grimmigen Sinn für Humor. Zwei Monate lang übernahm sein Großvater die Rolle des Lagerarztes, bis er plötzlich, am 23. November 1939, wie durch ein Wunder freikam. Mit ihm wurde ein weiterer Häftling gleichen Namens entlassen. Wenig später saßen die beiden ausgemergelten Gestalten bereits im Zug nach Prag und grübelten, was zu ihrer überraschenden Freilassung geführt haben könnte.

»Plötzlich hörte ich lautes Weinen aus dem Flur. Wir hatten damals noch eine Hausgehilfin. Ich sprang aus dem Bett, und mein erster Gedanke war: Papa ist tot!«, erzählt Jiřiná Rejholvová, Charváts Tochter. »Ich rannte also barfuß, im Nachthemd in den Flur. Meine Mutter und die Hausgehilfin weinten beide. Und der Hund sprang bellend um sie herum. Mein Vater war da, in geliehener Kleidung. Er war sehr dünn. Unser Hausmädchen, das seit elf Jahren für uns arbeitete, hatte ihn nicht erkannt. Als er klingelte, öffnete sie die Tür und sagte: >Was wollen Sie?< Und er sagte: >Slavka, erkennst du mich denn nicht?<«[120] Nach den Beschreibungen seines Aussehens bei der Entlassung aus dem Lager konnte man es der Hausgehilfin kaum vorwerfen, dass sie ihren Arbeitgeber nicht erkannte. Václav ringt nach Worten: »Ich habe eine Art Skulptur ... eine kleine Figur, die einer seiner Mitgefangenen gemacht hat. Daran kann man gut sehen, wie dünn er war. Seine Nase ... kein Gesicht, wissen Sie!« Charvát war also frei, doch wer hinter seiner Freilassung steckte, blieb ein Rätsel.

Ich hatte meinen ersten Eindruck von Charváts Fall dem britischen Dokumentarfilm *The Real Albert Goering* zu verdanken. Dieser vertritt, gestützt auf Interviews mit Jiřiná Rejholvová und mit Christine Schöffel, der Tochter von Alberts gutem Freund Ernst Neubach, die These, Albert Göring habe Charváts Freilassung erwirkt. »Er fand den Briefkopf seines Bruders Hermann Göring, und er schrieb in Hermann Görings Namen einen Brief an den Lagerkommandanten in Dachau, Dr. Charvát solle freigelassen werden. Das Problem war nur: Als der Lagerkommandant diesen Brief bekam, wusste er nicht, was er tun sollte, weil es zu der Zeit in Dachau zwei Dr. Charváts gab. Also ließ er beide frei.« So schildert Christine Schöffel in dem Dokumentarfilm die Ereignisse.[121] Nach dieser Aussage und einer Überleitung mit triumphaler Musik beschreibt Jiřiná Rejholvová die Heimkehr ihres Vaters, was den Eindruck erweckt, ihre Familie sei derselben Ansicht.

Ich hatte keinen Grund, an dieser Darstellung zu zweifeln, denn bei meinem Besuch im Nationalarchiv in Washington fand ich Dr. Charvát auf der Liste der Geretteten an sechster Stelle. In Deutschland besorgte ich mir dann die Kopie eines Zeitschriftenartikels von Ernst Neubach mit dem Titel »Mein Freund Göring«. Da Christine die ganze Geschichte von ihrem Vater gehört hatte, war es wenig verwunderlich, dass dieser Artikel sie bis auf kleinere Abweichungen stützte. Neubach wiederum hatte die Geschichte aus dem Mund Albert Görings gehört. Seiner Version nach entwendete Albert nicht das Briefpapier seiner Bruders und fälschte auch nicht seine Unterschrift, sondern benutzte Briefbögen, auf denen der Name und das Wappen der Familie abgebildet waren, und unterschrieb nur mit »Göring«.[122] Wenn das stimmt, war Alberts Vorgehen geradezu genial. Technisch gesehen, konnte man ihm keinen Betrugsversuch nachweisen, folglich konnte er nicht belangt werden, wenn der Coup aufflog. Als Mitglied der Familie Göring hatte er das Recht, ihr Wappen im Briefkopf zu führen und mit »Göring« zu unterzeichnen. Den Brief zu interpretieren blieb allein dem Lagerkommandanten überlassen, und dieser ging offenbar davon aus, dass er von seinem mächtigen Vorgesetzten stammte, nicht von dessen findigem kleinem Bruder.

Und schließlich nahm ich im Tschechischen Staatsarchiv Einsicht in das auf den 17. Dezember 1946 datierte Vernehmungsprotokoll, welches im Auftrag des Innenministeriums erstellt worden war. Darin behauptete Albert Göring: »Zu einem Zeitpunkt, den ich nicht mehr genau benennen könnte, traten die Frau des Professors Josef CHARVÁT und der Arzt Dr. BLAZIL, der auch meine Frau betreute, an mich heran und baten, mich für ihren Mann einzusetzen … Ich schrieb einen Brief an die Lagerleitung und sorgte für CHARVÁTS Freilassung.« In demselben Dokument ist auch Alberts Aussage verzeichnet, er habe einem Dr. Diviš, dem Sohn eines weiteren Medizinprofessors, in ganz ähnlicher Weise geholfen: »Der Sohn von Professor DIVIŠ war während der Studentenunruhen 1939 verhaftet und ins Konzentrationslager Buchenwald gebracht worden. Auch in seinem Fall wandte ich mich an die Lagerleitung und erwirkte seine Freilassung.«[123] Professor Diviš steht auf Alberts Liste an siebter Stelle.

Angesichts all dieser Belege hatte ich erwartet, von Charváts Enkel eine ähnliche Geschichte zu hören …

Aber nein: »Es war nicht Göring, der meinem Großvater geholfen hat, sondern der König von Schweden. Sie kannten sich über die Pfadfinderbewegung.« Mit diesen simplen Sätzen zieht mir Václav unvermittelt den Boden unter den Füßen weg. »Das war 1939 oder 1940. Und einer der Anhänger dieser Pfadfinderbewegung war eben der König von Schweden, der in Deutschland Kontakte hatte. Also hat er über seine Geheimkanäle ein paar hochrangige Funktionäre darum gebeten, Charvát freizulassen.« Nach unserem Interview kaufte ich mir auf Václavs Empfehlung hin in einer Prager Buchhandlung eine Ausgabe von Charváts Memoiren. Erst in Freiburg, als ich einige Textpassagen hatte übersetzen lassen, lernte ich Charváts eigene Version der Ereignisse kennen. Auf S. 18 seiner Memoiren mit dem Titel *Můj labyrint světa. Vzpomínky, zápisky z deníků* (Mein Weltenlabyrinth. Erinnerungen und Tagebuchnotizen), die erst neunzehn Jahre nach seinem Tod 1984 erschienen sind, heißt es: »Es mag paradox klingen, doch die Pfadfinderei hat mir das Leben gerettet. Als Prinz Gustav Adolf von Schweden (der Vorsitzende des schwedischen Pfadfinderverbands und nach vielen Jamborees mein guter Freund) von meiner Verhaftung hörte, legte er bei Hitler persönlich Einspruch ein – und deshalb wurde ich aus Buchenwald entlassen.«[124] Charvát schreibt also nicht nur, dass er von Schwedens Erbprinz Gustav Adolf gerettet wurde, sondern dass man ihn aus Buchenwald entließ, nicht aus Dachau, wie es meine bisherigen Quellen behaupteten.

Weitere Nachforschungen ergaben, dass Charvát den Prinzen bei dem Besuch mehrerer Jamborees (Pfadfindergroßlager) unter anderem in Budapest, Rumänien und Holland kennengelernt hatte. 1937 besuchte er sein letztes Jamboree als Vorsitzender der Junák das internationale Pfadfindergroßlager in Stockholm. Dort wurde er von Prinz Gustav Adolf und seiner Frau, Prinzessin Sybilla, zu einem königlichen Festmahl eingeladen. Es sollte ihre letzte Begegnung werden, denn am 26. Januar 1947 starb der Prinz bei einem tragischen Flugzeugunglück.

Gustav Adolf, von der schwedischen Öffentlichkeit der *Tyskprins* (der deutsche Prinz) genannt, hatte aufgrund seiner Deutschlandbesuche in den 1930er Jahren enge Verbindungen zu mehreren hochrangigen Nationalsozialisten.

Es existiert sogar ein 1939 aufgenommenes Foto von Gustav Adolf mit seinem Großvater König Gustav V. und Hermann Göring, der seit seiner Heirat mit Carin von Kantzow seinerseits Beziehungen zum schwedischen Adel unterhielt. Dieser Variante zufolge müsste der Prinz also irgendwie von Charváts Lage erfahren und sich bei Hitler persönlich für seine Freilassung eingesetzt haben. Wenn es so war, dann hatte Charvát der Pfadfinderbewegung nicht nur seine Verhaftung, sondern auch seine Freilassung zu verdanken.

Um herauszufinden, welche der zwei Versionen stimmte, suchte ich anschließend nach Belegen für Charváts Sicht der Dinge. Ich erkundigte mich nach Experten für die Geschichte der schwedischen Königsfamilie und stieß auf Per Svensson, dessen Werk *Han som aldrig fick bli kung – Berättelsen om Carl XVI Gustavs pappa* (Er, der nie König werden sollte. Die Geschichte von dem Vater Gustavs XVI.) sich ausschließlich mit dem Leben Prinz Gustav Adolfs befasst. Auf meine Fragen hin bestätigte er, dass der Prinz ein begeistertes Mitglied der Pfadfinderbewegung war und während des Zweiten Weltkriegs als Vorsitzender ihres internationalen Komitees fungierte. Svensson wusste auch zu berichten, dass sich Gustav Adolf für Pfadfinderorganisationen einsetzte, die unter deutscher Besatzung verboten worden waren. Was Josef Charvát anging, konnte er jedoch nur sagen, dass ihm der Name in seiner bisherigen Forschungsarbeit nicht untergekommen war, geschweige denn Hinweise auf eine Intervention Gustav Adolfs zugunsten des tschechischen Mediziners.[125]

Als Nächstes untersuchte ich, ob Charváts Peiniger in Buchenwald hilfreiche Dokumente hinterlassen hatten. Ich kontaktierte die Archivarin der Gedenkstätte Buchenwald, die jedoch nur bestätigen konnte, dass Josef Charvát am 27. September 1939 zusammen mit 2000 weiteren Häftlingen von Dachau nach Buchenwald verlegt wurde. Seine Häftlingsnummer lautete 35163, und er wurde, wie in seinen Memoiren beschrieben, am 23. November aus Block 47 desselben Lagers in die Freiheit entlassen.[126] Beide Quellen konnten also die Beteiligung des schwedischen Erbprinzen weder bestätigen noch widerlegen.

Eine Zeitlang wusste ich nicht weiter, bis ich mich noch einmal näher mit Charváts Memoiren befasste und eine weitere Schlüsselstelle fand: »Er [Albert Göring] war ein aufrichtiger Kerl, an den ich mich gern erinnere. Von ihm erfuhr ich später, warum ich ins Konzentrationslager geschickt und wie ich so plötzlich wieder daraus entlassen wurde.«[127] Also stammte die Behauptung, Gustav Adolf habe Charvát aus dem Lager befreit, von niemand anderem als Albert Göring. Nur er und vielleicht der Lagerkommandant kannten die Wahrheit. Doch warum hätte Albert Josef Charvát eine andere Geschichte erzählen sollen als allen, mit denen er später über den Fall sprach?

Es wäre durchaus möglich, dass Albert bei seiner Vernehmung in Prag von dem Einsatz für den renommierten, allseits beliebten tschechischen Mediziner erzählte, um seine Position zu stärken. Vielleicht fand er anschließend selbst Gefallen an der Geschichte und erzählte sie deshalb nach dem Krieg seinen Freunden weiter, die ihrerseits zu ihrer Verbreitung beitrugen. Allerdings gibt es keinerlei Hinweise darauf, dass so ein Manöver typisch für ihn oder überhaupt notwendig gewesen wäre. Während der Verhandlungen gab es zahllose Zeugenaussagen angesehener tschechischer Bürger, die von seinem Einsatz für ihre Landsleute berichteten. Alberts Kollegen aus den Škoda-Werken, Geschäftspartner, denen er als Exportleiter begegnet war, und Freunde aus seinen Tagen bei Tobis-Sascha in Österreich bestätigten seine Beteuerungen. Zudem war Albert kurz zuvor von den Amerikanern freigesprochen worden, die, sosehr sie ihm an den Kragen wollten, in fünfzehn Monaten nichts fanden, was sie ihm hätten anlasten können. Warum hätte er also lügen und seine Glaubwürdigkeit gefährden sollen? Die Rettung eines weiteren tschechischen Staatsbürgers hätte seine Verteidigung nicht wesentlich überzeugender gemacht, somit waren die Kosten dafür, bei einer Lüge ertappt zu werden, weit größer als deren potentieller Nutzen.

Dagegen scheint es nicht unwahrscheinlich, dass Albert Göring Charvát selbst die Wahrheit vorenthielt, um keinen der Beteiligten in Gefahr zu bringen. Schließlich hatte er mit seinem Brief an die Lagerleitung bewusst den erklärten Willen des Regimes unterlaufen. Auch ist offensichtlich, dass Himmler und die SS spätestens seit Alberts Verhaftung 1938 begierig auf eine Gelegenheit warteten, ihn – und mit ihm seinen Bruder – zu Fall zu bringen.

Bereits vor seinem Arbeitsantritt in den Škoda-Werken 1939 stapelten sich bei der SS Berichte über Alberts »terroristische Akte« gegen das Reich. Von Kriegsgerichtsrat Ehrhardt, Hermann Görings persönlichem Berater, hatte Albert erfahren, dass die Gestapo in einem ihrer Berichte bereits die Frage stellte: »Wie lange soll dieser Staatsfeind noch so weitermachen dürfen?« Zudem war ihm bekannt, dass die Gestapo von einer Äußerung wusste, die er im engsten Freundeskreis gemacht hatte: Albert hatte mit einem subtilen Sprachspiel Adolf Hitler nicht als GRÖFAZ, als größten Feldherrn aller Zeiten bezeichnet, sondern als größten Verbrecher aller Zeiten, also GRÖVAZ.[128] Er wusste daher nur zu gut, was ihm blühte, wenn die SS jemals von seiner Widerstandstätigkeit erfuhr. Haft, Folter oder die Todesstrafe wären für ihn und seine Komplizen die Folge gewesen. Im nationalsozialistisch besetzten Europa war Schweigen lebensnotwendig. Himmler hatte einen Polizeistaat errichtet, dessen raffiniertes System aus Überwachung und Denunziation Orwell'sche Ausmaße hatte.

Auch lange nach Kriegsende und Himmlers Selbstmord erzählte Albert Göring nur engen Freunden und seiner Familie von seinen Aktivitäten während des Krieges. Einige seiner Schützlinge erfuhren sogar nie, wer ihnen geholfen hatte. Diesen Hang zur Geheimhaltung illustriert die Aussage von Jarmila Modra, der Schwiegertochter des stellvertretenden kaufmännischen Leiters der Škoda-Werke Josef Modrý, in dem Dokumentarfilm *The Real Albert Goering*. Mit Bezug auf die Verhaftungswelle als »Vergeltung« für das Attentat auf Reinhard Heydrich am 27. Mai 1942 berichtete sie: »Er [Josef Modrý] hat erzählt, dass Albert vor allem finanziell den Familien der verhafteten Škoda-Arbeiter half. Und dass er sie auf jede erdenkliche Weise unterstützte. Aber niemand wusste, dass er es war. Selbst die, die Geld bekamen, wussten nicht, woher es kam und wer es geschickt hatte.«[129] Als ich selbst mit Jarmila sprach, stellte sich zudem heraus, dass ihr Schwiegervater ihr ebenfalls erst nach dem Krieg von Albert Göring und seinen Aktivitäten erzählt hatte; vorher war es einfach zu gefährlich gewesen, solche Informationen zu verbreiten.[130]

Ein gewisses Maß an Vertraulichkeit war also notwendig, damit Albert auf freiem Fuß blieb und seinen Widerstand gegen das NS-Regime fortsetzen konnte. Wenn er tatsächlich hinter Charváts Freilassung steckte, war es im Interesse aller Parteien, dass er seine Beteiligung leugnete, selbst wenn er dazu einen angeblichen blaublütigen Wohltäter ins Spiel bringen musste.

Tags darauf beschließe ich, mir Charváts ehemalige Adresse in der Resslova Ulice unweit des Café Slavia anzusehen. Dort erwartet mich kein neugotisches, neobarockes oder Jugendstil-Wohngebäude, sondern ein Höhepunkt der architektonischen Moderne. Václav hatte mir, wieder mit einem finsteren Glucksen, bereits erzählt, dass gegen Ende des Krieges, am 14. Februar 1945, während eines fehlgeleiteten amerikanischen Luftangriffs eine Bombe das Wohnhaus zerstörte. 1996 erzitterte hier wieder die Erde, doch diesmal im Namen der Kunst und der Musik. Die von dem berühmten kanadischen Architekten Frank O. Gehry entworfene Touristenattraktion, welche nach Jahren die Baulücke schloss, sieht aus wie das legendäre Tanzpaar Ginger Rogers und Fred Astaire und wird deshalb auch das Tanzende Haus genannt.

Ich laufe die Straße weiter hinunter und komme an eine orthodoxe Kirche. In ihrer grauen, verwitterten Sandsteinfassade gibt es ein schmales horizontales Fenster, das an eine Schießscharte erinnert. Um das Fenster herum ist das Mauerwerk von Einschüssen gesprenkelt, die von großkalibriger Maschinengewehrmunition zu stammen scheinen. Darüber hängt eine Gedenkplatte zur Erinnerung an zwei in England geschulte tschechische Agenten, Jan Kubiš und Jozef Gabčík, die an dem Attentat auf Reinhard Heydrich beteiligt waren. Sie wurden mit Fallschirmen über der besetzten Tschechoslowakei abgesetzt, legten sich an einer Kreuzung im Prager Vorort Libeň auf die Lauer und griffen Heydrichs Cabriolet mit einer Panzerabwehrgranate an. Sofort begann die Jagd auf die Täter, die schließlich hier, in dieser Kirche, mit einem Feuergefecht und dem Selbstmord der beiden Märtyrer endete.

Vor diesem Showdown hatte die Gestapo sämtliche umliegenden Wohnhäuser nach den Agenten durchsucht. Als das Gebell ihrer Schäferhunde durch die Nachtluft hallte, vernichtete Josef Charvát alle Notizen, Adresslisten, Tagebücher und Briefe, die er vor und während des Krieges angesammelt hatte. Mit ihnen verschwanden auch die Planungen der tschechischen Widerstandsbewegung – seit seiner Freilassung aus Buchenwald war er aktives Mitglied dieser Bewegung und half seinen Landsleuten, aus der besetzten Tschechoslowakei zu fliehen.

Dass Charvát die Lagerhaft überlebte, ermöglichte es ihm, ebenso wie Albert Göring das nationalsozialistische Regime zu bekämpfen. Er und viele andere, die Albert rettete, wurden Teil einer Kettenreaktion, die zahllose Menschen in ganz Europa erfasste. Die Namen auf der Liste der Geretteten ergeben, wenn man die Schicksale dahinter kennt, ein Netzwerk von Überlebenden, die andere unterstützten und sie dazu inspirierten, es ihnen gleichzutun. Albert hat vielen Menschen geholfen, doch er war sich immer bewusst, dass ihr Überleben – und nicht seine Anerkennung als Retter – die entscheidende Voraussetzung war, um noch unzählige andere zu retten.

8. Baron von Mosch

»Sie haben neue Nachrichten.« Die Mail ist von ihm. Eine kurzfristige Änderung: Jetzt möchte er sich am Sonntag in Paris mit mir treffen. Heute ist Freitag, und ich bin in Freiburg. Das bedeutet, ich muss heute ein Auto mieten, morgen direkt nach meiner Schicht im Irish Pub losfahren und die Nacht im Auto verbringen, um am Sonntag frisch wie der junge Morgen zum Interview zu erscheinen. Dustin erklärt sich gleich bereit, mich wieder zu begleiten. Er hat eine Zeitlang in Paris gelebt; seine Französischkenntnisse könnten sich als nützlich erweisen.

Samstagabend. Das letzte Pint ist gezapft, die Tische abgewischt, und ich warte mit Dustin auf meine Ablösung, den notorisch unpünktlichen Moe. Seinen Namen hat er nicht den Eltern zu verdanken, sondern einer verblüffenden Ähnlichkeit mit jener *Simpsons*-Figur. Trotz des wirtschaftlichen Aufwärtstrends in seiner Heimat, dem neuen »Keltischen Tiger«, hat Moe es vorgezogen, seine 55 Kilogramm schwere Existenz von Tipperary nach Freiburg zu verpflanzen. Auch sonst ist er nicht leicht zu verstehen. Moe liebt dieses Land, besonders das billige und wohlschmeckende Bier, das man hier bekommt, doch seinen Bewohnern mit ihrem obsessiven Hang zur *Ordentlichkeit* und ihrer strikten Ablehnung von *Spaß* kann er nicht viel abgewinnen. *Spaß,* meint er, sei in Deutschland ohne ausdrückliche Genehmigung *verboten.* Doch so gern er sich auch über die Deutschen beschwert, ist er doch in mancher Hinsicht längst zu einem von ihnen geworden. Man muss ihn nur beim Überqueren einer Ampel beobachten, um zu wissen, dass er nicht nur physikalisch, sondern auch metaphorisch die Seiten gewechselt hat.

Ampeln trennen hierzulande namlich nicht nur den Fußgänger- vom Autoverkehr, sondern auch Ausländer von Deutschen. Letztere warten grundsätzlich geduldig auf Grün, während die »verdammten Ausländer« lässig bei Rot über die Straße schlendern. Auch ich bin lange ein »verdammter Ausländer« gewesen. Ich habe mich köstlich amüsiert, wenn jemand um Mitternacht an einer einsamen Kreuzung stand und beharrlich auf Grün wartete, um sie zu überqueren. Doch im Laufe der Zeit begannen die missbilligenden Blicke der Älteren und der Eltern doch an meinem Gewissen zu nagen. Ich fühlte mich schuldig. Ich war ein Kindsmörder, ein Verräter. Schlimmer noch: Ich gehörte nicht dazu. Irgendwann siegte mein unbewusster Drang, mich anzupassen, und ich begann, ebenfalls auf das Erscheinen des kleinen grünen Mannes zu warten. Nur in Gegenwart eines anderen Ausländers wäre ich nie auf die Idee gekommen, mich dem Diktat der Ampel zu beugen – bis letzte Woche jedenfalls.

Ich war mit Moe durch Freiburg unterwegs und ging wieder einmal demonstrativ bei Rot, als ich plötzlich feststellte, dass ich allein war. Moe stand noch auf der anderen Seite, bei den Deutschen. Er wartete, wenn auch etwas verlegen. Ich hatte ihn erwischt. Als er schließlich bei Grün zu mir herüberkam, lächelte ich ihm zu – nicht spöttisch, sondern verständnisvoll, um ihm zu signalisieren, dass auch ich längst nachgegeben hatte. Sind die sozialen Strukturen in Deutschland wirklich so stark, dass sie auch die Undeutschesten und Unkonventionellsten irgendwann auf Linie bringen?

Endlich kommt Moe jedenfalls zur Tür hereingestolpert, und ich begreife gleich, warum er sich verspätet hat. Er sieht aus wie der Tod auf Hühnerbeinen und riecht nach Jägermeister. Anscheinend ist er gerade nach einem Gelage aufgewacht, das bis in den Morgen gedauert hat. Ich werfe ihm meine Schürze und die Verantwortung für den Pub über die schmalen Schultern und setze mich mit Dustin ins Auto.

Als wir aufwachen, schieben sich an den Fensterscheiben Scharen von Touristen vorbei und starren uns an, als seien wir vom Mars. Vielleicht hat es damit zu tun, dass wir vierhundert Meter vor der Sacré-Cœur entfernt parken. Nach einem *petit déjeuner* in einem der Cafés auf dem Montmartre begeben wir uns in die Métro, die Unterwelt von Paris. In dem Tunnel zum Bahnsteig begegnen uns nacheinander ein Bettler, der zu einem Achtziger-Jahre-Begleitbeat vom Band grauenhaft Saxophon spielt, ein alter, Obszönitäten pöbelnder Säufer und ein Geschäftsmann, der gegen die gekachelte Wand uriniert. In den öffentlichen Verkehrsmitteln kann man jede Stadt von unten sehen. Aber Paris ist die einzige, die es irgendwie fertigbringt, als die romantischste Stadt der Welt gehandelt zu werden, während ausgewachsene Männer in Anzügen in ihre U-Bahn-Schächte pinkeln. Oben lockt und verführt die Stadt der Lichter, unten lauern die abschreckenden, unheimlichen Gestalten, die den schönen Schein nur stören würden.

»École Militaire« – hier steigen wir aus. Am Ende des Tunnels ist wieder das strahlende, prächtige Paris zu sehen. Es ist ein sonniger Spätwintertag, und die Bewohner der Stadt schlendern durch die Alleen oder präsentieren sich in den Straßencafés dieses mondänen *arrondissement* im Schatten des Eiffelturms. Die Métro-Station verdankt ihren Namen der altehrwürdigen Militärakademie, die hier in einem Prachtbau aus dem 18. Jahrhundert untergebracht ist. Hier hat schon Frankreichs berühmtester kleiner Korse ab 1784 seine militärische Ausbildung erhalten. Unweit der École Militaire liegt das Café Le Tourville, mein Treffpunkt mit Jorge Sobota, dem Sohn von Karel Sobota, der in den Škoda-Werken in Brünn als Albert Görings persönlicher Assistent gearbeitet hat.

Allerdings ist das Tourville weniger ein gemütliches Café als eine lebhafte Bar. Kellner balancieren ihre schwere Fracht zwischen den dicht gedrängten Tischen hindurch und ignorieren stoisch die »Pardon«- und »S'il vous plaît«-Rufe ihrer Gäste, die ohnehin im Stimmengewirr und der lauten »Vordergrundmusik« untergehen. Völlig überfordert blicke ich mich um und sage unwillkürlich: »Wo ist er denn bloß?« Zu meiner Überraschung bekomme ich prompt eine Antwort vom Nebentisch: »Hier ist er!«

Jorge trägt ein schwarzes Levi's-T-Shirt zur hellblauen Jeans. Er hat die hochgewachsene Statur seines Vaters und die Lebhaftigkeit seiner südamerikanischen Heimat geerbt. Immer wieder blitzt sein ansteckendes Lächeln auf, wenn er die Geschichten seines Vaters aus den drei Jahren mit seinem Vorgesetzten und Freund Albert Göring weitererzählt.

»Mein Vater hat mir seine [Görings] Geschichte erzählt, hat aber den Namen geändert«, erklärt Jorge. »Vielleicht hatte er Angst, mir den wahren Namen zu verraten, solange ich noch ein Kind war … Falls ich meinen Freunden davon erzählte und sich die Sache weiterverbreitete. Solche Informationen … hätten ihn in Schwierigkeiten bringen können. Also nannte er ihn Baron von Mosch.«

Der junge Karel Sobota kannte seinen Vater kaum. Er war erst fünf Jahre alt, und der Erste Weltkrieg hatte gerade erst begonnen, als die Familie von dessen Tod benachrichtigt wurde. Ohne den Versorger musste die Mutter ihr Zuhause in Jinonice verlassen – damals noch ein kleines Dorf außerhalb Prags – und bei den Eltern ihres verstorbenen Mannes im Stadtzentrum unterkommen. Von da an war es Aufgabe der Großeltern, Karel, seine Mutter und seine zwei Geschwister zu versorgen. Das war für die alten Leute nicht leicht. Großvater Sobota war ein begabter Steinmetz, doch mit dem Sohn hatte er auch seinen einzigen Lehrling verloren. Mit seinen alten, abgearbeiteten Händen schaffte er es gerade, für das Nötigste zu sorgen.

Doch seinen Enkel Karel hielt das nicht davon ab, sich seiner Leidenschaft für Sprachen zu widmen. »Als er noch klein war, sieben vielleicht ... gaben ihm seine Großeltern ab und zu ein bisschen Taschengeld, ein paar Heller. Sie waren keine reichen Leute; sie waren arm. Während seine Freunde ihr Geld für Süßigkeiten und so was ausgaben, sparte er seins immer«, sagt Jorge. Wenn er eine Zeitlang gespart hatte, lief er am Süßwarenladen vorbei in die Buchhandlung und stürzte sich dort auf die Wörterbücher und Grammatiken fremder Sprachen. In der Schule profitierte er von seiner Beharrlichkeit: Er bekam ein Stipendium der renommierten Prager Wirtschaftsakademie, wo er internationale Wirtschaft und Linguistik studierte.

Nach seinem Abschluss im Jahr 1928 und acht Jahren als Übersetzer in einer Prager Firma bekam er eine Stelle bei der Československá Zbrojovka Brno, der Tschechoslowakischen Waffenfabrik in Brünn, einem Rüstungskonzern, der mit der British Royal Small Arms Factory in Enfield zusammen das leichte Maschinengewehr-Modell »Bren« entwickelt hatte. Nach seiner Gründung 1918 hatte das Unternehmen zunächst davon profitiert, dass die großen deutschen Rüstungsunternehmen aufgrund des Versailler Vertrags nicht produzieren konnten, und sich eine internationale Führungsposition in der Herstellung von Mauser-Gewehren erobert. Im Dezember 1938 trat es dem Škoda-Konsortium bei, indem es dem französischen Waffenproduzenten Schneider & Cie in Creusot für 9,5 Millionen US-Dollar Anteile an Škodas Rüstungsbereich abkaufte. Wenige Monate nach der Besetzung Böhmens und Mährens am 15. März 1939 wurde es als erstes Škoda-Unternehmen zwangsweise in die Reichswerke Hermann Göring AG eingegliedert.[131]

Mit seinen Sprach- und Fachkenntnissen wurde Karel Sobota in der Exportabteilung der Tschechoslowakischen Waffenfabrik angestellt. Er fungierte für seine Vorgesetzten als Dolmetscher und betreute ausländische Militärattachés, indem er ihnen die Testgelände zeigte oder sie zum Essen ausführte. Seine Position brachte ihm viele hochrangige Kontakte ein, zum Beispiel zum britischen Botschafter im Iran, zum Exilkönig Afghanistans und zu jenem geheimnisvollen »Baron«.

Baron von Mosch oder Albert Göring, wie wir ihn jetzt wohl nennen dürfen, war inzwischen zum Exportleiter der Škoda-Werke inklusive der Československá Zbrojovka aufgestiegen und brauchte für sein Büro in Brünn einen persönlichen Assistenten. Aufgrund seiner hervorragenden Referenzen und guten Beziehungen bot Albert diese Stelle im Jahr 1940 Karel Sobota an. Der sagte zu, wenn auch nicht ohne Vorbehalte. Wie viele andere Škoda-Mitarbeiter war er dem neuen Vorgesetzten gegenüber zunächst misstrauisch. Zwar hatte er schon manches über Alberts aufsehenerregendes Verhalten gehört: seine Weigerung, den Deutschen Gruß zu verwenden, das Fehlen eines Hitlerporträts in seinem Büro und seine Versuche, tschechische Mitarbeiter gegen die nationalsozialistischen Direktoren Dr. Wilhelm Voss und Reinhold Freiherr von Lüdinghausen in Schutz zu nehmen. Zudem war Albert ein umgänglicher Mensch. Doch zugleich blieb er trotz allem Hermann Görings Bruder. Erst nach einem einschneidenden Erlebnis im Jahr 1942 begann Karel Albert Göring wirklich zu vertrauen.

»Da kam – ich weiß nicht, wie es auf Deutsch genau heißt – aber eine Art General der SS. Der Mann war ganz in Schwarz, mit allen Insignien. Er lief schnurstracks an meinem Vater vorbei und stürmte, ohne anzuklopfen, in Albert Görings Büro«, beginnt Jorge. Die Reaktion auf dieses ungefragte Eindringen waren ein lautstarker Verweis und ein Hinauswurf aus dem Büro. Dann öffnete Albert selbst die Tür und bat Karel herein, um mit ihm einige Fotos durchzusehen. Das dauerte etwa eine halbe Stunde, bis Albert schließlich sagte: »Also, Herr Sobota, dann rufen Sie den Herrn jetzt mal herein.« – »Mein Vater steht also auf, und der General saß immer noch da, ganz rot im Gesicht ... Und so ging bei Škoda hinterher der Witz rum, dass das der erste rote Nazi war, den man je gesehen hatte.« Jorge muss so sehr lachen, dass er Mühe hat weiterzuerzählen. Schließlich sagt er: »Das hat also gezeigt, dass es da irgendwie eine Verbindung gab, eine Art Anerkennung.«

Das war nicht die einzige Episode, deren Zeuge Karel wurde. »Ich erinnere mich an noch etwas ... Das war eine sehr subtile Beleidigung. Denn wenn man damals einem Parteimitglied begegnete und vergaß, die Hand zu heben, konnte man dafür verhaftet werden«, erklärt Jorge. »Da kam also ein Oberst oder so, glaube ich. Normalerweise redeten sie erst mit meinem Vater und trafen sich dann mit Albert. Und mein Vater stellte ihn also vor und führte ihn in sein Zimmer: ›Das hier ist Herr Oberst Soundso‹, oder so ähnlich. Der Oberst schlug die Hacken zusammen und [grüßte mit] Heil Hitler. Und Albert, hat mein Vater erzählt, [sagte einfach]: ›Hallo, Herr Oberst, wie geht's?‹, und hat nicht einmal den Arm gehoben.« Diese und ähnliche Anekdoten kursierten bald im ganzen Unternehmen und brachten Albert bei der Belegschaft eine Art Kultstatus ein. Er war ihr heimlicher Held.

Um 1940 herum hatte Albert seinen Platz im Leben gefunden. Einen ziemlich komfortablen Platz sogar: Jeden Abend ließ er sich nach getaner Arbeit in die Arme seiner Schönheitskönigin sinken. Da er von der Lebensmittelrationierung ausgenommen war, schwelgte er in einem Luxus, den sonst nur die nationalsozialistische Elite genoss: Champagner, verrauchte Cabaret-Salons und echter Kaffee, nicht der Eichelkaffee, mit dem das einfache Volk vorliebnehmen musste. Er war ein Dorn im Fleisch der NS-Führungsriege bei Škoda und wurde von seinen tschechischen Kollegen als Held verehrt. Er lebte auf der Überholspur, und zwar buchstäblich: Wenn er nicht in dem schnittigen Cabriolet aus dem Hause

Škoda Auto in Mlada Boleslav durch Osteuropa brauste, fuhr er seinen aufsehenerregenden Schlitten von Steyr-Daimler-Puch.

Letztere Firma war das Ergebnis eines Zusammenschlusses der drei führenden Automobilhersteller Österreichs im Jahr 1934: der Steyr-Werke AG, Austro-Daimler und der Puch-Werke. Wie die meisten österreichischen Industriebetriebe wurde auch dieser Konzern nach dem »Anschluss« Österreichs der Reichswerke Hermann Göring AG einverleibt. Als kurz darauf auch Škoda Teil des Industrie-Imperiums wurde, waren die beiden Unternehmen Schwesterbetriebe. Ein Kooperationsabkommen sah vor, dass die Interessen von Steyr-Daimler-Puch im Balkanraum durch Škodas Exportabteilung vertreten wurden, deren Leiter, wie wir inzwischen wissen, Albert Göring war. Eine der Sondervergünstigungen für diese Tätigkeit war jener Geschäftswagen von Steyr-Daimler-Puch.

In diesem Luxuswagen bereiste Albert Göring also die Balkanländer, Italien und die Türkei und schloss mit deren Regierungen Verträge über die Herstellung ziviler Güter ab, wie er später in Nürnberg betonte. Dazu gehörten seiner Definition nach auch Lokomotiven, Kräne, Dieselmotoren, Werkzeugmaschinen und Tabakpressen. Nur – wie zivil waren diese zivilen Güter tatsächlich? Und hat Albert Göring wirklich nur mit ihnen gehandelt, oder war er auch in die Rüstungsproduktion verwickelt? Hat er sich zum Kriegsverbrecher gemacht, indem er die Herstellung von Gütern beförderte, die den Krieg verlängerten? Diese und ähnliche Fragen trieben Lieutenant Jackson um, der Albert Göring in Nürnberg verhörte.

Besonders den Begriff »zivile Güter« stellte Jackson nachdrücklich in Frage. Albert Göring war schließlich nicht nur der Bruder des Beauftragten für den Vierjahresplan, sondern arbeitete auch für eine Firma, die in diesem Plan eine wichtige Rolle spielte. Doch Albert blieb bei seiner Position und bot in dem stickigen Vernehmungsraum seinem Befrager die Stirn. Er bestätigte zwar, dass Škoda Waffen produzierte, leugnete aber hartnäckig, mit dieser Abteilung etwas zu tun gehabt zu haben. Er antwortete: »Nein, nein; so konnte es gar nicht sein, weil ich mit alledem nichts zu tun hatte. Ich war für den Export von Friedensgütern zuständig, damit Škoda seinen Markt für die Nachkriegszeit nicht verlor. Es stimmt, dass dort Artilleriewaffen produziert wurden, doch damit hatte ich überhaupt nichts zu tun. Man kann das auch daran sehen, dass in die Länder, für die ich zuständig war, Waffen exportiert wurden ... Das wurde aber zwischen Prag [Škodas Konzernzentrale] und Berlin vereinbart, und ich hatte dabei nichts weiter zu tun, als die Zahlungen entgegenzunehmen.«[132]

Albert fuhr fort: »Ich habe alle möglichen Belege dafür zusammengetragen, dass die Produktion dieser Güter weiterhin notwendig war, vor allem für den Export, damit Devisen hereinkamen, mit denen sich die Tschechen ernähren konnten ... Einmal kam eine Order von der Gruppe Transportwesen, und da hieß es, die Produktion von Automobilen sei sofort einzustellen. Ich legte umgehend Widerspruch ein, und ich ging damit bis ganz oben, zu Neurath, der zu der Zeit Reichsprotektor des Landes war, und machte ihm klar, dass es unmöglich sei, die Ausfuhr von Automobilen nach Ungarn und Rumänien zu stoppen, und er genehmigte das, und dann wurden diese Automobile eben weiter produziert.«[133]

Doch Albert setzte sich nicht nur für die Produktion von Autos ein. »Einmal wollte König Boris von Bulgarien, ein ausgebildeter Lokführer, von mir sechs Lokomotiven für Bulgarien haben; ich schaffte es, sie zu liefern, und er war sehr zufrieden damit. Aber man kann sicher nicht sagen, dass es einem armen Land wie Bulgarien ermöglichte, länger Krieg zu führen, wenn man ihm sechs Lokomotiven gab.«[134] Man muss wohl nicht eigens betonen, dass Albert bei seinen Aktivitäten Ressourcen in die Produktion ziviler Güter umleitete und damit die Liefermenge von Waffen für die kriegerischen Zwecke des Reiches drosselte – und nicht vergrößerte, wie William Jackson es suggerierte.

Als Albert Göring in Nürnberg freigesprochen worden war, lieferte man ihn an die Tschechoslowakei aus, wo ihn die Nachkriegsregierung ebenfalls wegen Kriegsverbrechen vor Gericht stellte und wieder seine Rolle bei Škoda zur Sprache kam. Diesmal setzten sich seine ehemaligen Arbeitskollegen für ihn ein. Josef Modrý, Škodas ehemaliger stellvertretender kaufmännischer Leiter, sagte aus: »Göring war ein sehr kompetenter Mann, der auch nach den wirtschaftlichen Interessen unseres Unternehmens handelte, besonders indem es da dieses Abkommen der tschechischen Unternehmungsleitung von vor dem Krieg gab, das vorsah, den Waffenexport nach Deutschland so weit wie möglich zu begrenzen und die Ausfuhr vor allem auf den Südwesten und Russland zu konzentrieren, und dieses Vorhaben hat Göring als Exportleiter unterstützt. Dadurch hat er indirekt auch die Kriegsanstrengungen der Alliierten unterstützt.«[135]

In den Jahren 1940 bis 1945 war Albert Göring ein vielbeschäftigter Mann. Neben seiner Tätigkeit in der Industrie streckte er seine Fühler auch in Richtung Finanzmarkt und Außenhandel aus. 1940 nahm er einen Posten bei der Anglo-Prager Creditbank als Bevollmächtigter und Filialleiter der Niederlassungen in Bukarest, Belgrad und Sofia an. Dieser Schritt mag ihm dazu gedient haben, sein ohnehin üppiges Gehalt noch weiter aufzubessern, doch zugleich nutzte Albert wieder seinen Einfluss, um die tschechischen Interessen gegenüber denen der Nationalsozialisten zu verteidigen.

Kurz nachdem die Wehrmacht in Prag einmarschiert war, gelang es Albert Göring, den Übernahmeversuch eines Konsortiums aus nationalsozialistisch geführten deutschen Banken abzuwehren. Er legte in einem detaillierten Brief an

Reichsprotektor Neurath in zwölf Punkten dar, dass eine solche Übernahme für keinen der Beteiligten von Vorteil wäre. Insbesondere, so argumentierte er, würde die Übernahme unnötige und kostspielige Transaktionen notwendig machen und dadurch ein bereits effizientes, profitables tschechisches Unternehmen in seiner Arbeit behindern.[136] Da hier die wirtschaftliche Effizienz zur Debatte stand, kam man nicht umhin, auf Göring zu hören. Und dabei blieb es immerhin ein Jahr lang, bis die Bank trotz Alberts Widerstand doch noch übernommen und anschließend aufgelöst wurde.

Auch mit dem international agierenden Handelsunternehmen Omnipol hatte Albert Kontakt. Omnipol hatte innerhalb des Škoda-Konzerns die Funktion, Handelspartnern aus Ländern mit einer unvorteilhaften Währung die Zahlung in Form von Waren zu ermöglichen. Diese Waren wurden dann in die Tschechoslowakei eingeführt und dort verkauft. Da Albert vor allem die wirtschaftlich instabilen Balkanstaaten bereiste, nahm er häufig die Dienste dieses Unternehmens in Anspruch, doch einmal, im Oktober 1941, wurden die Rollen vertauscht.

In diesem Jahr 1941 bekam Omnipols tschechischer Unternehmensleiter František Zrno einen von den Nationalsozialisten eingesetzten Herrn Febranz an die Seite gestellt. Dieser begann sofort mit einem ordentlichen Frühjahrsputz und tauschte vierzig tschechische Führungskräfte durch deutsche aus. Am 25. September 1940 verfasste Josef Modrý, der stellvertretende kaufmännische Leiter von Škoda, ein Memorandum, in dem er Febranz' Methoden kritisierte. »Febranz war offenbar der Ansicht, Modrý hätte sich dabei auf Aussagen von uns, dem tschechischen Management, gestützt«, sagte František Zrno später vor Gericht. »Er muss uns an die Gestapo verraten haben, also mich, Alfons Pler, Josef Schwarz, Jaroslav Vanek und František Dolensky, die ebenfalls Direktoren bei Omnipol waren.«[137]

Febranz war damals in erster Linie darauf aus, sich die Taschen zu füllen, und musste daher alle loswerden, die sein Handeln kritisieren konnten. Also legte er sich gegen die fünf Direktoren eine Anklage wegen Spionage zurecht. Seine Anschuldigungen stützte er auf Fotografien von einer Messe in Prag, auf denen die Beschuldigten scheinbar mit General Spear von der britischen Armee und mit einem jüdisch-deutschen Emigranten namens Kalman konspirierten. Sie wurden sofort von der SS verhaftet, obwohl die Fotografien von 1938 stammten. Des Verrats angeklagt, warteten die fünf Männer in ihren Zellen auf ihr Todesurteil. Doch dann kam Albert Göring von Bukarest nach Prag zurück und wurde von Josef Modrý darum gebeten einzuschreiten.

»Er [Albert] schrieb einen Brief an [den SS-Gruppenführer] K. H. Frank, in welchem er darauf hinwies, dass die Bilder von 1938 stammten, und den Vorwurf des Hochverrats gegen Direktor Zrno zurückwies«, erklärt Vladislav Krátký, der Leiter des Škoda-Archivs, in seiner Zusammenfassung der Ereignisse. »Er wandte sich auch an General Bodenschatz, Hermann Görings Adjutanten. Als er im Dezember 1941 feststellte, dass seine Intervention wirkungslos geblieben war, kam er noch einmal nach Prag und wandte sich mit Bodenschatz zusammen an den stellvertretenden Reichsprotektor Reinhard Heydrich. Er verwies darauf, dass sein Bruder angeordnet hatte, entweder die Anklageschrift nach Berlin zu übersenden oder die Beschuldigten freizulassen.« Bodenschatz' einschüchternde Art und die strengen Worte des Reichsmarschalls müssen Heydrich tief beeindruckt haben, denn »ein paar Wochen darauf, im Januar 1942, wurden alle Omnipol-Mitarbeiter freigelassen«.[138]

Albert schaffte es sogar, den meisten Freigelassenen wieder neue Stellen bei Škoda zu verschaffen. »Nach einem Monat Erholungsurlaub wurde Zrno Leiter der Bausparkasse der Škoda-Werke, und seine Kollegen bekamen ebenfalls

Führungspositionen innerhalb des Konsortiums«, schreibt Krátký.[139] Vor Gericht fügte Zrno, der Letzte auf der Liste der Geretteten, noch hinzu: »Ich möchte auch daran erinnern, dass ich von den Herren Direktoren Modrý, Hromádko und Skřivánek von den unermüdlichen und aufrichtigen Bemühungen [Albert] Görings um meine Befreiung und die der anderen Gefangenen erfahren habe und dass ich persönlich überzeugt bin, dass wir unsere Freilassung nur Göring verdanken. An Göring lag es auch, dass wir so schnell entlassen wurden, denn ich habe von Herrn Hladky erfahren, dass die Gestapo gegen mich auch in einer anderen Angelegenheit ermittelte.«[140]

Kaum hatte Albert die Omnipol-Direktoren befreit, als ihn schon das nächste Kräftemessen mit der SS erwartete. Ab März 1939 waren alle Bewohner des Protektorats Böhmen und Mähren aufgefordert, ihre Gewehre und Pistolen abzuliefern. Zuwiderhandlung wurde mit dem Tod bestraft. Die Direktion der Škoda-Werke und ihre Wachmannschaft durften dagegen per Ausnahmeregelung ein Kontingent an Pistolen und Munition behalten. Unter Anleitung des Polizeimitarbeiters und Mitglieds der deutschen Spionageabwehr Weber verstauten sie die Waffen in einer gutgesicherten Lagerhalle in Prag.[141] Dieses Arrangement bewährte sich, bis Škodas nationalsozialistische Führungsriege einen neuen Plan ausheckte, um die tschechischen Direktoren loszuwerden: Sie wurden des illegalen Waffenbesitzes beschuldigt, und zwar von eben jenem Herrn Weber, der ihnen die Lagerung der Waffen gestattet hatte.

In einem zusätzlichen Versuch, der tschechischen Škoda-Führung etwas anzuhängen, stellte SS-Gruppenführer Karl Hermann Frank, der damalige Staatssekretär des Protektorats Böhmen und Mähren, einen Durchsuchungsbefehl aus. Gestapo-Agenten durchforsteten die Haushalte des Geschäftsführers Adolf Vamberský und der Direktoren Modrý und Beneš. Doch sie konzentrierten ihre Suche nicht auf

Keller und Waffenschränke, sondern auf die Bibliotheken und Arbeitszimmer. Sie suchten verborgene Dokumente. Zwar kam dabei nichts Belastendes zutage, doch die Anklage wegen illegalen Waffenbesitzes wurde aufrechterhalten.

Dringende Anrufe und Appelle folgten. Da den Direktoren die Zeit davonlief, eilte Albert sofort nach Berlin und bat seinen Bruder, die Beschuldigungen aus der Welt zu schaffen. Er überredete Hermann Göring, seinen Untergebenen in Prag einen Brief zu schreiben, in dem er auf die Haltlosigkeit der Vorwürfe und auf die Bedeutung der Direktoren für die deutsche Kriegsführung verwies.[142] Damit waren die Verhaftungen abgewendet, und Albert Görings Heldenstatus war bis auf weiteres gesichert.

Wie ein waschechter *parisien* wedelt Jorge energisch mit dem Arm und schnippt mit den Fingern, um den Kellner herzubeordern. Er verbringt seit längerem einen Großteil seiner Zeit in dieser Stadt. In fließendem Pariserisch, samt genäseltem » -ah« nach jedem zweiten Wort, bestellt er uns die nächste Runde Bier und benetzt sich die Kehle mit der neun Euro teuren Flüssigkeit, bevor er von der Widerstandstätigkeit in den Škoda-Werken zu erzählen beginnt.

Die Fabrikarbeiter standen unter ständiger Beobachtung und waren nur selten in offensichtliche Sabotageakte verwickelt, doch mit ihrer ganz eigenen, subtilen Form des passiven Widerstands gelang es ihnen immer wieder, beträchtlichen Schaden anzurichten. Zum Beispiel produzierten sie Blindgänger-Munition, indem sie weniger Schießpulver in die Patronenhülsen füllten, oder sie zogen Projekte endlos in die Länge, bis sich die deutschen Aufseher gezwungen sahen, persönlich bis zum Abschluss über die Ausführung zu wachen. »Albert kümmerte sich nie um die Widerstandsaktivitäten bei Škoda; er sah einfach weg«, erzählt Jorge.

Einmal hätten Karel und einer seiner Cousins in Prag fast die Grenze zum offenen Widerstand überschritten, als sie bei der Weinherstellung besondere Kreativität an den Tag legten. »Sie besorgten gewisse Kräuter ... und das schmuggelten sie in ... den großen Vorratstank mit dem Wein für die deutschen Truppen«, kichert Jorge. »Und am nächsten Tag bekamen alle, die den Wein getrunken hatten, fürchterlichen Durchfall. Alle mussten sie rennen.« Jorge lacht laut auf und wird erst allmählich wieder ernst, als er den Mann erwähnt, der hinter diesen ausgebufften Sabotageakten steckte: »Jan Moravek war bei Škoda der Anführer [des Widerstands].«

Dieser Anführer war rein zufällig auch ein guter Freund Albert Görings. Jan Moravek war der Exportleiter der Československá Zbrojovka Brno und Karel Sobotas ehemaliger Vorgesetzter. In dieser Funktion war er Albert Göring – damals noch Verkaufsrepräsentant für Junkers – 1933 bei einem Branchentreffen in São Paulo zum ersten Mal begegnet. Die beiden Ingenieure mochten einander auf Anhieb. Nach der Fusion der Československá Zbrojovka mit Škoda entwickelte sich eine stabile, fruchtbare Freundschaft zwischen ihnen.

Albert wusste, dass Jan, ebenso wie sein Bruder Breta Moravek, einer der Hauptakteure des tschechischen Widerstands war. Jan leitete wiederholt kriegswichtige Informationen weiter. Sein folgenreichster und wagemutigster Einsatz geschah im Rahmen der »Geheimaktion Crossbow«. Unter diesem Namen plante die britische Regierung Bombenangriffe unter anderem auf Deutschlands geheime Versuchsstation für V1- und V2-Raketen in Peenemünde. Jan fand über einen Freund, der dort arbeitete, Position und Zweck des Geländes heraus und leitete beides durch die Kanäle der tschechischen Widerstandsbewegung am 15. August 1943 nach London weiter.[143] Schon 48 Stunden später trat die Royal Air Force in Aktion und überzog die Versuchsstation mit einem Bombenteppich.

In dem dichten Netz von Gestapo-Agenten und Denunzianten, das die Deutschen im Protektorat gesponnen hatten, konnte jeder falsche Schritt für Jan Moravek verhängnisvoll sein. Doch bis zum Frühjahr 1941 gelang es ihm, den täglich lauernden Gefahren aus dem Weg zu gehen.

»Eines frühen Morgens im Juni, als sie [Frau Moravek] noch schlief, rief meine Tante Libuse an und bat sie, zu meinem Onkel zu kommen, ohne am Telefon Gründe zu nennen«, schreibt Elsa Moravek Perou de Wagner, Jan Moraveks Tochter, in ihren Memoiren *My Roots Continents Apart* (Meine Wurzeln auf zwei Kontinenten). »Am Tonfall meiner Tante erkannte meine Mutter gleich, dass etwas nicht stimmte.«[144] Als Elsas Mutter im Haus ihres Schwagers ankam, erfuhr sie, dass ihr Mann in großer Gefahr schwebte. Es gab einen Haftbefehl gegen ihn, und die Gestapo suchte ihn bereits.

Am Vortag war die Gestapo in das Landhaus von Jan Moraveks Eltern in Starý Ples eingedrungen. Vorgeblich suchten sie nach einem ohne Genehmigung gehaltenen Hausschwein – was damals ein schwerwiegendes Vergehen war –, stöberten jedoch bei ihren Nachforschungen einen Ordner mit Nachweisen über undeklarierte Fonds und Vermögen in Übersee auf. Die Moraveks waren über diesen Fund eher erleichtert. Wäre die Gestapo mit der für sie typischen Gründlichkeit vorgegangen, dann hätten sie einen Koffer voller Dokumente gefunden, aus denen eindeutig hervorging, dass Jan und sein Bruder Kontakte zur tschechischen Widerstandsbewegung unterhielten. Elsa Moravek Perou de Wagner schreibt dazu: »Weder mein Vater noch mein Onkel noch vielleicht die gesamte Familie hätten überlebt, wenn die Beamten ihn nicht übersehen hätten.«[145]

Während Jan noch geschäftlich in Jugoslawien war, erhielt Frau Moravek einen Anruf von einer Sekretärin bei Škoda, die sie darum bat, am nächsten Tag zu einem Treffen in die Konzernzentrale zu kommen. Mit wem sie sich treffen sollte, erwähnte die Sekretärin nicht. Voller Sorge kam sie der Aufforderung nach. Im Škoda-Hauptquartier wurde sie von der Sekretärin in ein Büro begleitet und dort »einem hochgewachsenen, gutaussehenden Mann vorgestellt, der hinter seinem imposanten Schreibtisch Zigarre rauchte. Sein Aussehen passte gar nicht zu den Nazis, die sie bisher kennengelernt hatte. Im Gegenteil sah er eher wie ein Zigeuner aus.« Es war Albert Göring, der Freund ihres Mannes. Er begrüßte sie auf Französisch und erklärte anschließend »auf Deutsch, in wenigen, präzisen Sätzen«, sie könne bald nach Rumänien ausreisen und dort ihren Mann wiedersehen.[146]

Zuerst war Frau Moravek angesichts von so viel Großzügigkeit eines Deutschen, noch dazu des Bruders von Hermann Göring, misstrauisch. Doch der Vorsitzende des Verwaltungsrats, Vilem Hromádko, versicherte ihr, »Herr Göring« sei gegen die NS-Herrschaft und ein vertrauenswürdiger Mensch, der sich um alles kümmern werde.

Albert Göring kontaktierte Jan Moravek in Jugoslawien und schärfte ihm ein, um keinen Preis nach Prag zurückzukehren, sondern nach Bukarest zu reisen, wo er einen Posten in der Unternehmensleitung der dortigen Škoda-Niederlassung antreten konnte. Der Posten war ausgesprochen gut dotiert und erlaubte es ihm problemlos, das Bußgeld für seine Unterschlagungen zu bezahlen. Somit war seine Existenz bis auf weiteres gesichert, und die Familienzusammenführung konnte beginnen. Ein Jahr lang bereitete Albert, ohne dass die Gestapo etwas merkte, die Flucht der Familie vor. Er war inzwischen geübt darin, Reisepapiere, Devisen und falsche Ausweise zu beschaffen.

Eine »unbekannte Person« erschien eines Tages im Haus der Moraveks und stattete die Familie mit Fahrscheinen und deutschen Ausweispapieren aus. Dann erklärte die Person Frau Moravek, sie solle »am selben Tag um zehn Uhr abends mit dem Nachtzug abreisen, nur Sie und die

Kinder, mit höchstens zwei Koffern«.[147] Unterwegs kam ein »junger Mann mit dunklem Haar« in ihr Abteil und sagte, er sei damit beauftragt sicherzustellen, dass sie wohlbehalten nach Rumänien gelangten.[148] Am Morgen des zweiten Reisetags, als sie sich bereits in Rumänien befanden, hielt der Zug in Brașov, einer 166 Kilometer von Bukarest entfernten Kleinstadt. Und auf dem Bahnsteig stand niemand anderer als Jan Moravek und rief nach seinen Kindern. »Wir waren so überwältigt vor Freude und Glück, dass wir ihn alle gleichzeitig umarmen wollten«, erinnert sich seine Tochter Elsa.[149] Auf der Liste der Geretteten trägt Familie Moravek die Nummer zwanzig.

Obwohl Albert Göring die Familie vor dem Zugriff der Gestapo bewahrt hatte, blieb Frau Moravek ihm gegenüber misstrauisch. Sie fühlte sich in seiner Gesellschaft unwohl und ging ihm aus dem Weg. Wenn sie einander doch begegneten, forderte sie ihn immer wieder heraus. Bei einem gemeinsamen Abendessen erklärte Albert: »Ich bin eigentlich kein Deutscher, sondern Österreicher.« Wütend entgegnete Frau Moravek: »Wie merkwürdig. Es muss wohl ein echt deutsches Wunder sein, wenn Sie als Deutscher eigentlich Österreicher sind und ich als Bolivianerin eigentlich eine Deutsche.« Albert reagierte gelassen wie immer. Er sagte nur, er bewundere ihre Aufrichtigkeit, eine Eigenschaft, die er nur selten zu Gesicht bekam, da sich viele wegen seines Bruders vor ihm fürchteten.[150] Das nahm ihr den Wind aus den Segeln, und von dem Tag an entwickelte sich zwischen den beiden eine tiefe gegenseitige Zuneigung. Albert wurde für die Familie Moravek zu einem guten Freund und gerngesehenen Gast.

Von Zeit zu Zeit tauchte Albert auch unangekündigt bei einem der vielen Abendessen auf, welche die Moraveks in Bukarest veranstalteten. Seine liebste Zeit war nach dem Essen, wenn die Zigarrenkästen und die Vitrinen mit den edlen Tropfen geöffnet wurden und sich das Gespräch sei-

nem Lieblingsthema zuwandte: der Wut auf die Nationalsozialisten. »Er war sehr gut darin, interessante, lebhafte
Gespräche zu führen, und zum Krieg sagte er ehrlich und
ernsthaft seine Meinung, wenn sie auch, da er Deutscher
war, sehr traurig und pessimistisch klang. Er war so gut wie
sicher, dass Deutschland den Krieg verlieren würde, und
machte sich große Sorgen wegen der Auswirkungen, die der
bevorstehende Zusammenbruch auf sein Vaterland und auf
ganz Europa haben würde«, schreibt Elsa Moravek Perou
de Wagner.[151] Bei solchen Zusammenkünften wurde nicht
nur der ideologische Graben zwischen den beiden Göring-
Brüdern häufig diskutiert, sondern man kam auch auf ihre
mangelnde körperliche Ähnlichkeit zu sprechen. Neugie-
rigen Fragen ging Albert jedoch immer aus dem Weg, indem er witzelte, seine wahre Mutter sei eine Zigeunerin aus
Böhmen gewesen.

Diese lockere Atmosphäre herrschte auch bei Alberts
Besuchen in der Skihütte der Moraveks in Poiana in den
südlichen Karpaten. »Sobald er ankam, rief er nach einem
Fernet Branca und einem Kaffee ... Er genoss das Leben in
vollen Zügen ... Er war liebenswert, lebhaft und amüsant.
Später erfuhr ich, dass fast alle Frauen in ihn vernarrt waren«,
erinnert sich Elsa. Albert betätigte sich auch gern als Koch:
Er sammelte Pilze im nahen Wald, briet sie und verwöhnte
seine Gastgeber mit einem raffinierten Abendessen. Nach
dem Essen kümmerte er sich dann um die Kinder, indem er
sie bei Mondlicht mit dem Schlitten spazieren fuhr oder sie
zum Skifahren mitnahm. Elsa berichtet: »Dann war Albert
wieder der perfekte Begleiter, weil er Kinder liebte und es
eine seiner Lieblingsbeschäftigungen war, im Schnee her-
umzutollen.«[152]

Trotz Jan Moraveks unfreiwilliger Abwesenheit hörten die
Arbeiter in den Škoda-Werken nicht auf, sich zu widersetzen,
sondern gingen sogar allmählich vom passiven Widerstand

zu direkten Sabotageakten über. Der Betrieb in Brünn, in dem Karel Sobota arbeitete, blieb bis 1944 immer von den Luftangriffen der Alliierten verschont. Immer wieder heulten die Luftschutzsirenen und verließen die Arbeiter die Werkhallen, doch nie wurden über dem Gelände Bomben abgeworfen. »Es gingen also alle raus in einen kleinen Wald, der ein Stück von der Fabrik entfernt lag, und da blieben sie, bis das Signal gegeben wurde, dass sie wieder reinkonnten«, erläutert Jorge.

Der ständige Fehlalarm wurde so sehr zur Routine, dass es schließlich den Oberbefehlshabern der Wehrmacht auffiel. »Dann wurde es interessant, weil sich die Deutschen dachten, na schön, wenn die Amerikaner die Fabrik nicht bombardieren, dann sind wir doch mal ganz schlau und bauen da eine Kommandozentrale hin«, erzählt Jorge und rückt vor Anspannung auf seinem Sitz nach vorn. Für diese Kommandozentrale begannen die Deutschen einen Betonbunker zu bauen, eine uneinnehmbare Festung – beinahe jedenfalls.

Jan Moraveks ehemalige Zöglinge in der Widerstandsbewegung fanden schon bald die Schwachstelle der Bunkeranlage: Der Eingang war wenig gepanzert, sodass Beschuss von der Seite her den ganzen Komplex von innen zerstören konnte. Diese Information reichten sie über ihre Geheimkanäle an die Alliierten weiter, und einige Monate darauf flog die 15. US-Luftflotte tatsächlich ihren nächsten Angriff auf Brünn. Es ist nicht klar zu belegen, ob der Angriff eine Reaktion auf die übermittelten Informationen war oder die Luftflotte in Brünn Ersatzziele bombardierte, doch der Bunker wurde zerstört, und einige der Fabrikgebäude ebenfalls. Eines der Opfer dieses Überraschungsangriffs war Karel Sobota. Nach so vielen Fehlwarnungen hatten seine Kollegen und er beschlossen, die Sirenen zu ignorieren, und fanden sich kurz darauf in einem Schutthaufen wieder. Als Karel wieder zu sich kam, lag er mit zwei gebrochenen Rippen im Krankenhaus.

Die deutschen Befehlshaber schäumten vor Wut. Sie glaubten nicht an einen Zufallstreffer. So viel Präzision schien ohne genaue Ortskenntnis kaum möglich zu sein. Da es keine Hinweise auf einen Schuldigen gab, marschierten die Gestapo-Häscher unter Gebrüll und Stiefelknarren in die Fabrik ein und setzten den Lauf ihrer Luger-Pistolen an die Schläfen der nächstbesten Arbeiter, um ein Geständnis zu erzwingen. »Bam! Bam! Bam! Und sie drückten ab!«, ruft Jorge mit bebender Stimme. Männer sackten blutend an ihrer Werkbank zu Boden, die erstickten Schreie ihrer Kollegen erfüllten die Luft, und die Gestapo arbeitete sich von einer Gruppe zur nächsten vor, um einen Verrat zu erzwingen. »Ich weiß nicht, wie viele die Gestapo getötet hat«, fährt Jorge fort. »Er [Jorges Vater] hat jedenfalls gesagt: ›Ich hatte Glück, dass ich im Krankenhaus war. Wenn ich da gewesen wäre, wer weiß …‹«

Bevor die »jüdische Frage« mit klinischer Präzision und Effizienz beantwortet wurde, bevor im Osten Europas die Ghettos brutal geräumt und ihre Bewohner in Vernichtungslager deportiert wurden, vor jener berüchtigten Konferenz in Wannsee am 20. Januar 1942, wo hochrangige Parteifunktionäre unter dem Vorsitz Reinhard Heydrichs die »Endlösung« ausarbeiteten, war der Krieg des Dritten Reiches gegen Europas jüdische Bevölkerung eine eher rohe, primitive Angelegenheit. Hauptakteure waren die sogenannten Einsatzgruppen, die im Gefolge der Wehrmacht ostwärts zogen. Diese je nach den Umständen aus Mitgliedern der Ordnungspolizei, SS, Gestapo, SD, Kriminalpolizei und aus vor Ort rekrutierten Helfern zusammengesetzten Verbände durchforsteten die Siedlungen nach Juden, Kommunisten und potentiellen Widerstandskämpfern, trieben sie zusammen und ermordeten sie. Die dabei bevorzugte Methode bestand darin, ihre Opfer außerhalb des Orts in einen Wald zu treiben, sie dort ihr eigenes Massengrab schaufeln zu lassen und sie mit Maschinengewehrsalven hinzurichten. Wenn Letzteres zu kostspielig erschien, wurden die Todgeweihten hintereinander aufgereiht und mit einzelnen Schüssen aus großkalibrigen Waffen niedergestreckt.

Diese Kommandos gingen unter so strenger Geheimhaltung vor, dass selbst Albert Göring, der so viel von den Aktivitäten des Dritten Reichs wusste, erst Jahre nach dem ersten Einsatz dieser Methoden davon erfuhr. Die Information wurde ihm im Sommer 1942 von unerwarteter Seite zugespielt: von Dr. Max Winkler, dem Assistenten von Alberts Erzfeind innerhalb der Škoda-Werke, Dr. Wilhelm Voss. Winkler war gerade aus Polen zurückgekehrt und bat Albert um ein Gespräch, da er sehr gut wusste, dass sich dieser für die Vorgänge interessieren und womöglich dagegen vorgehen würde. Er erzählte Albert, man habe ihm berichtet, wie »ganze Zugladungen voller Juden, Männer, Frauen und Kinder, Alt und Jung« in die Berge verschleppt und mit Maschinengewehren massakriert worden seien.[153] Albert hatte in Wien und Prag schon einige Gräueltaten seiner Landsleute mit ansehen müssen, doch als er dies hörte, wurde ihm bei der Vorstellung, gebildete, kultivierte und intelligente Menschen könnten sich derart unmenschlich verhalten, körperlich schlecht.

Dieser erste Eindruck des Holocaust ließ Albert nicht mehr los. Er schrieb einen Bericht an seinen Bruder, der alles enthielt, was er soeben erfahren hatte, ohne jedoch seine Informationsquelle beim Namen zu nennen. »Ich konnte meinen Bruder an dem Tag nicht erreichen«, gab er später in Nürnberg zu Protokoll. »Also schrieb ich einen Bericht an das Luftfahrtministerium und bat darum, ihn an meinen Bruder weiterzuleiten. Als ich später noch einmal dort vorbeikam, fragte ich, was aus dem Bericht geworden sei, und bekam zur Antwort, man habe ihn an die zuständige Stelle weitergeleitet, womit in meinen Augen nur Himmler gemeint sein konnte, und damit schloss sich der Teufelskreis.

Anders gesagt, war die Angelegenheit da gelandet, wo das Morden seinen Ausgang genommen hatte.«[154] Damit hatte Albert nicht nur Hermann Görings schärfstem Konkurrenten unschätzbar wertvolle Munition geliefert, sondern sich den zweiten Gestapo-Haftbefehl eingehandelt. Zu der Zeit begann mit den vielen Rückschlägen der Luftwaffe Hitlers Vertrauen in Hermann Göring bereits abzunehmen, doch der Bruder kam Albert zu Hilfe und ließ den Haftbefehl annullieren.

Albert war der Gestapo schon lange ein Dorn im Auge gewesen, doch jetzt wurde er zum Staatsfeind erklärt, den man ständig überwachen musste. Jede seiner Bewegungen wurde dokumentiert, und auf jeden Fehltritt folgten Versuche, ihn abzustrafen. Der Prager Gestapo war längst bekannt, dass Albert Göring für die von ihnen Verfolgten der erste Ansprechpartner war. Das erfuhr Albert, als Hermann Göring ihn mit einem ihrer Berichte konfrontierte. Darin hieß es, »das Büro des Herrn Oberdirektor Göring in den Škoda-Werken [sei] eine wahre Einsatzzentrale für ›arme‹ Tschechen«.[155] Angesichts all der kleinen und großen Rettungseinsätze für Alberts Mitbürger in Prag scheint dieser Vergleich nicht einmal unangebracht.

Einmal half Albert Göring zum Beispiel einem Prager Zahnarzt, der in Bedrängnis gekommen war, weil er eine jüdische Arzthelferin beschäftigte. Albert gelang es, die Wogen zu glätten, sodass beide ihre Arbeit fortführen konnten.[156] Später kam sein Einsatz noch einmal der Zunft der Zahnärzte zugute, als der tschechischen Ärztin Dr. Duchková ihre Praxisräume gekündigt wurden und sie damit ihren Lebensunterhalt verlor. Als Albert davon erfuhr, wandte er sich an »das zuständige deutsche Amt« und erreichte, dass die Kündigung rückgängig gemacht wurde.[157]

Je mehr Menschen Göring half, desto weiter eilte ihm sein Ruf als guter Deutscher voraus. Tag und Nacht klingelte bei ihm das Telefon. »1943, als so viele Geschäfte aufgelöst wurden, wurde auch die Glaserei PENKAVA in der Vodickova-Straße geschlossen«, sagte Albert im Zuge seines Verfahrens in Prag. »Der Besitzer und seine Frau, beide schon etwas älter, kamen zu mir in die Škoda-Werke und baten mich, etwas für sie zu tun. Ich wandte mich an Herrn VEDESTÄDT vom Reichsprotektorat und sorgte dafür, dass der Laden in ihrem Besitz blieb und wieder öffnen konnte.« Ganz ähnlich verlief der Fall von Františck Šimonek, der Nummer dreißig auf der Liste der Geretteten. Seine Ländereien, auf denen auch das aus dem 16. Jahrhundert stammende Schloss Stránov stand, waren den Autoritäten ins Auge gefallen. Als Albert zu Hilfe gerufen wurde, war ein Großteil des Besitzes bereits konfisziert, doch es gelang ihm, Schloss Stránov vor dem Zugriff der Behörden zu retten.[158] Das Kulturdenkmal ist auch heute im Besitz der Familie Šimonek.

Albert Göring hatte also den Ruf eines Mannes, an den man sich jederzeit wenden konnte, doch er wartete nicht immer erst darauf, gefragt zu werden. Bei einer seiner Zugreisen kam er mit einem jungen Ehepaar ins Gespräch, Karel und Hana Schön. Beide trugen den Gelben Stern, und Hana berichtete, welchen Diskriminierungen sie ausgesetzt waren. Als Albert seine Einstellung zum NS-Regime durchblicken ließ, vertraute sie ihm an, dass die beiden versuchen wollten, aus dem besetzten Europa zu fliehen. Daraufhin versorgte er die Eheleute mit beträchtlichen Summen in Schweizer Franken und Italienischer Lira, die sie als Bestechungsgelder einsetzen konnten. Von den dankbaren Eltern des Pärchens erfuhr Albert später, dass sie wohlbehalten nach Buenos Aires entkommen waren.[159]

Solche scheinbar kleinen Interventionen wirken wie bloße Fußnoten zu Alberts heroischer Geschichte, doch man sollte ihre Auswirkungen nicht unterschätzen. Auch Alexandra Otzoup, deren Familie auf Alberts Liste an zweiundzwanzigster Stelle steht, weiß von einem solchen Einsatz zu berichten: »Im Herbst 1939 wurden mein Mann und dessen Sohn aus erster Ehe verfolgt. Herrn Göring gelang es, statt einer KZ-Inhaftierung ihre Ausweisung nach dem Ausland zu erwirken und ihre Ausreise durchzuführen.«[160]

Langsam leert sich die Café-Terrasse. Die Sonne ist hinter der Skyline von Paris verschwunden. Auch unser Gespräch nähert sich dem Ende, und Jorge berichtet von der letzten Episode der Freundschaft zwischen Albert Göring und seinem Vater. Im Jahr 1943 wurde es für Karel Sobota zunehmend deutlich, dass die Deutschen den Krieg verlieren würden. Die Russen gewannen immer mehr an Boden und näherten sich der Tschechoslowakei. Plötzlich erschien es weit weniger attraktiv, der persönliche Assistent des Bruders von Hermann Göring zu sein. Also bat Karel Albert eines Tages um ein Gespräch und sagte, er wolle versetzt werden. »Mein Vater hat erzählt, Albert sei sehr überrascht gewesen«, erinnert sich Jorge. »Er fragte: ›Aber Herr Sobota, warum wollen Sie denn versetzt werden? Geht es Ihnen nicht gut? Bekommen Sie nicht genug Gehalt? Mögen Sie Ihre Arbeit nicht?‹ Karel antwortete nur: ›Doch, es ist alles bestens, aber Sie wissen, dass ich nicht bleiben kann.‹«

Obwohl er Albert vertraute und wusste, wie verständnisvoll er war, mochte Karel nicht mehr preisgeben als diese Worte. Seinen wahren Grund konnte er einfach nicht nennen. Ausgerechnet dem Mann, dem er so viel zu verdanken hatte, konnte er unmöglich ins Gesicht sagen, dass es zur Gefahr werden könnte, mit ihm in Verbindung zu stehen. Jorge ergänzt: »Mein Vater hat es mir so erklärt: Er sagte: ›Jorge, das konnte ich ihm einfach nicht sagen – obwohl ich wusste, was für ein Mensch er war –, dass Deutschland den Krieg verlieren würde.‹« Für Albert bedeutete das nicht nur den Verlust eines kompetenten Mitarbeiters und Verbündeten, sondern eines Freundes. Doch er verstand, was Karel ihm zu sagen versuchte. Rasch überdachte er die

Situation und änderte seinen Tonfall. »Und dann verstand Albert ... ›Ah, verstehe. Kein Problem.‹ Mein Vater hat dazu gesagt: ›Ja, weißt du, mein Sohn, wenn ich geblieben wäre, hätten die Russen gar nicht erst Fragen gestellt. Ich arbeitete für den Bruder des Reichsmarschalls!‹«, berichtet Jorge.

Albert Göring hatte selbst immer vorhergesagt, dass der Krieg in einer Niederlage Deutschlands enden und man die Deutschen für ihre Verbrechen zur Rechenschaft ziehen würde. Und er kannte die Wirkung seines Familiennamens. Solange sein Bruder an der Macht war, konnte Albert den Namen einsetzen, um Gutes zu bewirken. Doch wenn sich die Zeiten änderten, konnte er leicht zu einer Bürde werden – nicht nur für seine Träger, sondern auch für alle, die mit ihnen in Verbindung standen. Sicher würden die Russen die Schuld, die mit dem Namen verknüpft war, mit allen Mitteln einzutreiben versuchen. Also vermittelte Albert Karel Sobota eine andere Stelle in der Československá Zbrojovka.

Dort blieb Karel, bis der Betrieb 1947 den Verstaatlichungsmaßnahmen der neuen tschechoslowakischen Regierung zum Opfer fiel. Als 1949 die Kommunisten die Macht übernahmen, waren Sobota ihr einheitliches Rot und Grau bereits leid und zog es vor, in ein bunteres Leben zu fliehen. Nach Zwischenstopps in Teheran 1949 und in Kairo 1950 sowie fünf Jahren Arbeit in La Paz, Bolivien, ließ er sich schließlich 1955 in Brasilien nieder.

So schwer Karel die Entscheidung auch fiel, mit Albert Göring zu brechen, im Nachhinein gaben ihm die Ereignisse recht. Als wir aufbrechen wollen, lehnt sich Jorge noch einmal zu mir herüber und flüstert: »Dieser Mann, der Tscheche, der den Posten [meines Vaters] übernommen hat, den haben die Russen abgeknallt.«

9. Bredowstraße

Am 20. Juli 1944 nahm der einäugige Graf von Stauffenberg an einer Lagebesprechung in der Wolfsschanze bei Rastenburg in Ostpreußen teil. Alles, was im Militär Rang und Namen hatte, war dort versammelt, nicht zuletzt Adolf Hitler als Oberbefehlshaber der Wehrmacht. Mitten in der Sitzung, gegen 12.30 Uhr, verließ Graf von Stauffenberg unter einem Vorwand den Raum und ließ seine mit Plastiksprengstoff gefüllte Aktentasche zu Hitlers Füßen zurück. Zehn Minuten später erschütterte eine Detonation den Lageraum und tötete einen Generalleutnant, einen Oberst, einen General und einen Stenographen, doch der Oberbefehlshaber blieb am Leben. Offenbar hatte sich die Aktentasche selbständig gemacht. Noch in der darauffolgenden Nacht wurde der Graf auf Anordnung von Generaloberst Friedrich Fromm standrechtlich erschossen. Fromm war selbst Mitwisser der Verschwörung gegen Hitler und versuchte durch die überstürzte Hinrichtung seine Haut zu retten. Dennoch wurde auch er acht Monate später hingerichtet. In der Folgezeit wurden etwa 5000 Personen als mutmaßliche Mitverschwörer inhaftiert. Um die zweihundert Menschen wurden getötet, viele von ihnen auf besonders grausame Weise: durch langsames Erdrosseln mit einer Stahldrahtschlinge.

Als Dr. Josef Charvát, Albert Görings tschechischer Freund und Prager Widerstandskämpfer, von dem Attentatsversuch hörte, traute er seinen Ohren kaum, nicht nur, weil so ein folgenschweres Ereignis stattgefunden hatte, sondern auch, weil damit eine von Albert Görings Vorhersagen eingetroffen war. Bereits »Anfang 1944« hatte Göring Charvát »etwas ausgesprochen Faszinierendes über

Hitler« mitgeteilt, nämlich, dass ein Anschlag auf ihn geplant sei. »Ich glaubte zwar nicht daran, dass so ein Attentat je stattfinden würde, machte aber dennoch Mitteilung in London«, schrieb Charvát in seinen Memoiren. Interessanterweise fügte er noch hinzu: »Auch als ich zeitig von der V1 und ihrem geplanten Einsatz hörte, schickte ich eine weitere, entsprechende Nachricht nach London.«[161]

Albert Görings privilegierter Status und sein Talent, zur richtigen Zeit am richtigen Ort zu sein, führten mitunter dazu, dass er Informationen besaß, von denen selbst die SS keine Kenntnis hatte. Sein Name und seine Position bei Škoda wirkten wie ein Universalschlüssel, mit dem er fast überall im besetzten Europa Zutritt hatte. Er pflegte Umgang mit hochrangigen Militärs; vertrauliche Informationen waren immer nur einen Telefonanruf oder einen Besuch bei Hermann Göring entfernt. Und, was noch wichtiger war, er zögerte nie, seine Informationen mit seinen Freunden und Vertrauten zu teilen, von denen er genau wusste, dass sie für den Widerstand tätig waren. Allerdings ging er dabei immer diskret und umsichtig vor, denn was er tat, war Landesverrat, eine Anklage, gegen die nicht einmal sein Bruder ihn hätte verteidigen können. Sollte er je ertappt werden, dann erwartete auch ihn die Stahldrahtschlinge.

Besonders einen Mann namens Karel Staller verband mit Albert Göring mehr als bloße Freundschaft. Staller, ein Ingenieur, der wegen seiner technischen Genialität auch »das Ass« genannt wurde, hatte sich bei der Škoda-Tochterfirma Československá Zbrojovka bis 1939 zum Generaldirektor hochgearbeitet. Auf sein Konto gingen nicht nur die Erfindung des Bren-Maschinengewehrs, sondern auch einige tschechische Widerstandsaktivitäten. Radomír Luža, der bei diesen Aktionen häufig mit Staller zusammenarbeitete, charakterisierte ihn so: »Er war in seinem Engagement für den Widerstand genauso exzessiv wie überall sonst und hätte alles getan, um den Nazis zu schaden, obwohl er als einer ihrer wichtigsten technischen Spezialisten direkt vor ihrer Nase arbeitete.« Staller war auch einer der wichtigsten Geldgeber, der die Bewegung teils aus eigener Tasche unterstützte, teils aber auch »Geldmittel aus Hermann Görings Konzern« abschöpfte.[162]

Staller etablierte und unterhielt ein ausgefeiltes Informationssystem, über das Geheimwissen zur tschechischen Exilregierung in London unter Präsident Beneš weitergeleitet werden konnte. Da Staller die Sondergenehmigung hatte, in die Slowakei zu reisen, konnte er sich in Bratislava, wo sein Sohn lebte, mit einem slowakischen Exporteur treffen, der »die Erlaubnis hatte, fünf Mal im Jahr in die Schweiz zu fahren«. Dieser Zuckerexporteur, Rudolf Frastacký, schmuggelte die meist auf Mikrofilm überlieferten Informationen dann in seinen Schuhsohlen über die Grenze und gab sie dort dem ehemaligen tschechoslowakischen Botschafter für die Schweiz Jaromir Kopecký.[163] Kopecký konnte die Informationen schließlich von der Schweiz aus direkt nach London weiterreichen.

Die Freundschaft zwischen Karel Staller und Albert Göring begann mit einem derben Scherz, den Albert, Stallers neuer Kollege bei Škoda, schon nach den ersten zehn Minuten ihrer ersten Begegnung im Jahr 1939 wie nebenher einfließen ließ: Eine Zahnarzthelferin läuft mit einer Hutschachtel durch die Straßen und wird von einem Passanten gefragt, was sie da denn Schönes habe? »Ein preußisches Gebiss«, antwortet sie.[164] Dieser unschmeichelhafte Verweis auf die Physiognomie der Machthaber im Dritten Reich machte Staller unmittelbar klar, was Albert Göring von dem Regime seines eigenen Bruders hielt. Daraus folgerte er ganz zu Recht, dass Albert ihm und seiner Sache nützlich sein könne.

In einem Brief an das 14. außerordentliche Volksgericht in Prag vom 6. Dezember 1947 erklärte Staller: »Er [Albert

Göring] war ein gutes Barometer für die aktuelle Situation und kannte Gerüchte, die er von seinem Bruder zu hören bekam. Ich tat das in der Hoffnung, die Informationen, die ich von ihm bekam, an das Ausland weiterleiten zu können. Einmal hat es funktioniert. Das war bei der Vorankündigung des Angriffs auf Frankreich, die ich über Dr. Nowotný von der britischen Botschaft in Bukarest an den britischen Nachrichtendienst weitergeben konnte. Die Informationen waren sehr detailliert und stießen auf großes Interesse. Göring hatte mir ungefähr drei Wochen vor ihrem Beginn von der Invasion erzählt, und vier Tage darauf hatte Bukarest schon die genauen Daten.«[165]

Als Stallers verdächtiges, sprunghaftes Verhalten den Deutschen im Škoda-Verwaltungsrat zu Ohren gekommen war, gelang es Albert, ihn auf seinem Posten in der Česko-slovenská Zbrojovka zu halten.[166] Wegen dieser seiner Intervention hat er ihn unter der Nummer zweiunddreißig in die Liste der Geretteten aufgenommen.

Manchmal unterstützte Albert Göring die tschechische Widerstandsbewegung auch dadurch, dass er wegschaute und ihren Mitgliedern freie Hand ließ, wenn sie ihre Geheimaktionen direkt vor seiner Nase durchführten. Dieses einfache, doch keineswegs ungefährliche Arrangement kam besonders seinem tschechischen Vorgesetzten bei Škoda, Dr. Vilém Hromádko, zugute. Seine engen Kontakte nach Russland und seine einflussreiche Position in der besetzten Tschechoslowakei machten ihn für den russischen Geheimdienst zu einem wertvollen Informanten. Als Leiter eines großen Rüstungskonzerns hatte Hromádko die Aufgabe, den Russen Prototypen und Baupläne der neuesten technischen Innovationen in Škodas Waffenproduktion zukommen zu lassen. Meist erfüllte er diese Aufgabe bei Geschäftsreisen nach Belgrad, wo er sich mit sowjetischen Kontaktpersonen treffen konnte.

Seit der Eingliederung der Škoda-Werke in die Reichswerke Hermann Göring AG 1938 wurden Hromádkos Ausflüge nach Jugoslawien jedoch zunehmend misstrauisch beäugt. Die nationalsozialistische Konzernleitung stellte ihm einen Aufseher namens Schmidt zur Seite, der auf Geschäftsreisen jede seiner Bewegungen kontrollierte. Das machte es Hromádko natürlich schwer, sein »Kulturprogramm« zu absolvieren. Doch wie das Schicksal so spielt, brach sich Herr Schmidt eines Tages ein Bein und musste vertreten werden. Die Reichsdeutschen im Verwaltungsrat wählten auch sogleich jemanden aus, der ganz sicher immer die Interessen seines Vaterlands wahren und jedes verdächtige Verhalten umgehend melden würde: den Bruder eines alten Kameraden aus den Tagen des Münchener Hitlerputschs – Albert Göring. Offenbar ahnten sie nichts von der dicken Gestapo-Akte, die sich zusehends mit Alberts subversiven Aktivitäten füllte.

So kam es, dass Vilém Hromádko und Albert Göring vom Mai 1940 an gemeinsam die Balkanstaaten bereisten. Albert erfüllte seine Aufgabe gewissenhaft, indem er Hromádko bis zur Bahnstation begleitete. Doch dort endete auch schon sein Pflichtgefühl, und die beiden gingen getrennter Wege. Albert zog sich meist in ein Café zurück, um bei einer Tasse seines Leibgetränks seiner eigenen Arbeit nachzugehen, während Hromádko sich mit sowjetischen Agenten traf und seinen geflohenen Landsleuten half. Vor dem außerordentlichen Volksgericht in Prag sagte Hromádko aus: »Göring gewährte mir im Ausland uneingeschränkte Bewegungsfreiheit, zum Beispiel in den Balkanstaaten, sodass ich unsere Emigranten finanziell unterstützen und mich darum kümmern konnte, dass unsere Leute in Jugoslawien jugoslawische Pässe bekamen.« Er ging sogar so weit, zu sagen: »Göring wusste ganz offensichtlich um meine Kontakte und meine Aktivitäten und auch um Stallers Verbindungen; er duldete sie und riet mir sogar, vorsichtig zu sein. Göring war es auch, der mir die Reise nach Moskau ermöglichte.«[167] Die Reise, auf die Hromádko sich bezog, hatte er unternommen, um besonders heikle Informationen zu übermitteln, die er von Albert Göring selbst erhalten hatte.

Neben der exakten Position einer deutschen U-Boot-Werft hatte Albert Hromádko auch mitgeteilt, dass Deutschland plante, den Deutsch-sowjetischen Nichtangriffspakt von 1939 zu brechen. Diese Information vermittelte er schon vier Monate vor dem Beginn des »Unternehmens Barbarossa«, des Vernichtungsfeldzugs gegen Russland, am 22. Juni 1941. »Ich gab den Bericht sowohl an London als auch an Moskau weiter«, erklärte Hromádko in Prag, »und die Informationen waren sowohl für die Russen als auch für den Westen von größter Bedeutung, denn es wurden dementsprechend Fabriken bombardiert, und die Russen waren rechtzeitig gewarnt.«[168]

Als schließlich auch der letzte mutmaßliche Hitler-Attentäter gerichtet war, lag das Dritte Reich längst selbst im Sterben. Unter dem massiven Bombardement der Alliierten, die täglich Tausende Bomber nach Deutschland aussandten, mussten immer mehr Mütter ihre toten Kinder aus den Trümmern bergen, und die Kampfmoral an der Heimatfront war an einem Tiefpunkt angelangt. Im Osten lichteten sich unter dem massiven Ansturm der Roten Armee mit ihren überlegenen T-34-Panzern die Reihen. Ganze Garnisonen ausgemergelter deutscher Kriegsgefangener hatten den Todesmarsch in die sibirischen Arbeitslager angetreten. Wenn es Truppenteilen doch einmal gelang, den Sowjets zu entkommen, und sie ohne den passenden Marschbefehl angetroffen wurden, stellten die »Kettenhunde« der deutschen Feldjäger-Kommandos mit ihren improvisierten Galgen die Ordnung wieder her. Im Süden wurden deutsche und italienische Truppen ebenfalls immer weiter zurückgedrängt; am 4. Juni 1944 marschierten die

Alliierten in Rom ein und zwei Monate später in Florenz. Im Westen brachten die Gegner eine französische und belgische Stadt nach der anderen unter ihre Kontrolle. Nur die Ardennenoffensive warf sie noch einmal zurück, bevor sie nach Deutschland einmarschieren konnten. Die Wehrmacht wirkte hilflos. Deutschlands Niederlage schien unausweichlich zu sein.

Doch auch Albert Görings Daueroffensive gegen Hitler ging, sehr zum Missfallen der SS, in die nächste Runde. In einem Bericht des SD von 1944 wurde Albert Göring als besonders schwerer Fall bezeichnet und seine »Vergehen« gegen das Reich aufgelistet. Eins davon hatte mit dem »politisch fragwürdigen« Verkaufsrepräsentanten der Československá Zbrojovka, einem Herrn Novotný, zu tun. Albert hatte wieder einmal den Willen des Regimes unterlaufen, indem er Novotný und seine Familie unter seine Fittiche nahm und ihnen die Flucht über Bukarest in die USA ermöglichte.[169]

Auch der Ehefrau eines griechischen Škoda-Direktors, Michail Kopelianos, kam Albert zu Hilfe, als sie sich bei einem »Zornesausbruch« in den Büros der Škoda-Verwaltung »abfällig« über Hitler äußerte und denunziert wurde.[170] Einmal zog Kopelianos selbst die Aufmerksamkeit der SS auf sich, als sich herausstellte, dass in seinem Ariernachweis nicht genügend Arier nachgewiesen waren. Wieder fand Albert eine Lösung. »Als ich davon erfuhr, schickte ich ihn unter einem Vorwand nach Budapest und dann nach Bukarest, wo er bis zum Ende des Krieges arbeiten konnte, ohne dass jemand ihm Schwierigkeiten gemacht hätte«, brachte Albert in Prag zu seiner Verteidigung vor.[171]

Eine weitere Führungskraft bei Škoda, Vilém Mašek, hatte ebenso wie Albert eine »politisch inakzeptable« Ehefrau, die allerdings nicht nur Slawin, sondern auch Jüdin war. Dieses »Vergehens« wegen verlor Mašek seine Arbeitsstelle und musste mit seiner Frau vor der Gestapo fliehen.

Bevor die beiden gefunden werden konnten, stöberte Albert sie auf und brachte sie in einem Versteck in Bukarest unter, wo sie bis zum Kriegsende blieben. Auch Jiří Kantor*, ein Ingenieur, hätte als ungarischer Jude fast seine Arbeit verloren, doch Albert »verhinderte dies, indem [er] ihn in eine Dependance nach Budapest versetzte«.[172] In Budapest blieb Kantor lange unbehelligt, bis ihr berüchtigter Perfektionismus die Deutschen dazu trieb, ihr Werk vollenden zu wollen, und SS-Obersturmbannführer Adolf Otto Eichmann, der größte Perfektionist von allen und »Architekt des Holocaust«, sich im Hotel Majestic in Budapest einquartierte, um die letzten europäischen Juden zu »erledigen«. Kantor wurde verhaftet, wurde jedoch nicht, wie 400 000 seiner Landsleute, ins Vernichtungslager Auschwitz transportiert, sondern nach Buchenwald. Dort konnte ihm Albert Göring ein wenig das Leben erleichtern, indem er ihm Geld und Essenspakete schickte.[173] Auf Alberts Liste ist Kantor an dreizehnter Stelle aufgeführt.

Als er gegen Ende des Krieges miterleben musste, wie Hunderttausende Menschen mit unmenschlicher Effektivität in den Tod geschickt wurden, überkam Albert Göring ein lähmendes Gefühl der Hilflosigkeit. Selbst er, der schon so vieles für so viele erreicht hatte, begann zu verzweifeln und sich vielleicht auch zu fragen, ob er nicht mehr hätte tun können. Elsa Moravek Perou de Wagner beschreibt in ihrer Autobiographie, wie er einmal in Gegenwart ihrer Mutter die Fassung verlor: »Einmal wurde er sehr emotional, als er von dem Leid der Häftlinge sprach, besonders der Kinder. Mit Tränen in den Augen sprach er von den furchtbaren Qualen der Opfer in den Konzentrationslagern.«[174] All dies ließ ihn immer wagemutigere Aktionen unternehmen, um die Vernichtungspläne der Nationalsozialisten wirkungsvoller zu hintertreiben. Er begann, eine tollkühne Befreiungsaktion ins Werk zu setzen.

* *Manche Quellen nennen auch die deutsche Form seines Namens, Georg Kantor.*

Aufgrund seiner geringen Entfernung von den Škoda-Standorten in Pilsen und Prag (circa sechzig Kilometer) bot sich für Albert Görings spektakulärsten Coup das KZ Theresienstadt mit seinem zynischen Spitznamen »Paradies-Ghetto« als Schauplatz an. Das Lager ist besonders dafür bekannt, dass es einmal vom Internationalen Roten Kreuz inspiziert werden durfte. Der Besuch der Inspektoren war jedoch eine reine Propagandafarce; sobald sie das Lager wieder verlassen hatten, fiel die Fassade, und Theresienstadt war wieder eine überfüllte Brutstätte für Epidemien und Zwischenstation auf dem Weg in die Vernichtungslager. 33 000 Insassen kamen in dem Lager um, und 88 000 weitere wurden deportiert, die meisten von ihnen nach Auschwitz.

Alberts Plan sah nun vor, mit einem Konvoi von acht Lastwagen unangemeldet bei dem Lager vorzufahren und dort, als Abordnung seines Konzerns getarnt oder einfach kraft seines Namens, so viele Häftlinge wie möglich auf die Lastwagen zu verladen. Ein ebenso simpler wie dreister Plan, doch laut Jacques Benbassat, dem Sohn von Alberts Freund Albert Benbassat, führte er zum Erfolg. »Er sagte: ›Ich bin Albert Göring, Škoda-Werke. Ich brauche Arbeiter.‹ Er füllte die Lastwagen mit diesen Arbeitern. Der Leiter des Konzentrationslagers stimmte zu, weil es Albert Göring war. Er fuhr sie in den Wald und ließ sie frei. Und auf diese Weise rettete er vermutlich ziemlich viele Menschenleben.«[175]

Dieser gutgläubige – oder unglaublich umsichtige – Lagerkommandant war vermutlich Karl Rahm, der letzte Mann in dieser Position vor der Befreiung. Da er wusste, dass die Rote Armee im Anmarsch war, und um sein Leben fürchtete, soll er Himmlers Anweisung, die im Lager verbliebenen Juden zu vergasen, absichtlich verzögert haben. Am 30. April 1947 wurde er unter der tschechoslowakischen Nachkriegsregierung wegen Verbrechen gegen die Menschlichkeit gehängt.

Dieser Einsatz gegen den Nationalsozialismus sollte Albert Görings letzter werden, denn inzwischen brachte ihn sein mutiges Verhalten zunehmend selbst in Gefahr.

Am 23. August 1944 um zehn Uhr abends wurde Dr. Josef Charvát vom Schrillen seiner Türglocke aufgeschreckt. Sofort ergriff ihn Panik, weil dieses Geräusch um diese Uhrzeit nur eins bedeuten konnte: dass die Gestapo vor der Tür stand. *Sie sind wieder da, um mich zu holen,* schoss es ihm durch den Kopf. »Ich ging allein zur Tür und öffnete, und da stand Albert in einem furchtbaren Zustand, zerlumpt, erschöpft, und sagte: ›Ich renne um mein Leben!‹ «, erinnerte sich Charvát später.[176]

Ein paar Wochen vor dieser Begegnung hatte Albert sich bei einem Bankett mit einem deutschen Diplomaten unterhalten. Dieser fragte ihn nach einer Weile, warum er immer wieder die Einladungen Manfred von Killingers, des deutschen Botschafters in Rumänien, ausschlug, der bei mehreren offiziellen Anlässen um seine Anwesenheit gebeten hatte. Albert antwortete mit den Worten: »Ich würde mich eher mit einem Taxichauffeur an einen Tisch setzen als mit einem Mörder.«[177]

Als ehemaliger Kommandant eines Torpedobootes hatte sich Manfred Freiherr von Killinger 1919 wie so viele Veteranen des Ersten Weltkriegs den Freikorps und ihren Versuchen angeschlossen, die neue – und sehr fremdartige – demokratisch legitimierte Weimarer Regierung zu stürzen. Nach dem Scheitern des Kapp-Putsches 1920 trat er der Organisation Consul (OC) bei, einer rechtsgerichteten, antisemitischen und monarchistischen Terrororganisation. 1921 und 1922 war die OC in Mordanschläge gegen mehrere hochrangige Politiker der Weimarer Regierung verwickelt, unter anderem gegen den Reichsfinanzminister Matthias Erzberger und den jüdischen ehemaligen Industriellen, dem sogenannten »Novemberverbrecher« und

Reichsaußenminister Walther Rathenau. Rathenau war der OC wegen seiner Bereitschaft, den Versailler Vertrag zu erfüllen, verhasst und starb am 24. Juni 1922 in Berlin in einem Hagel aus Handgranaten und Maschinenpistolensalven. Albert Göring, der wie so oft Zugang zu Hintergrundinformationen hatte, war der Ansicht, von Killinger sei für das Attentat auf Rathenau verantwortlich gewesen. Daher betrachtete er ihn schlicht und einfach als Mörder. Als sein Ausspruch über Mörder und Taxifahrer von Killinger zu Ohren kam, wollte dieser sich mit Hilfe der Gestapo an Albert rächen.

In dem frisch beförderten Prager General der Polizei und der Waffen-SS, dem SS-Obergruppenführer Karl Hermann Frank, fand Manfred von Killinger einen willigen Verbündeten. Der hochaufragende, schwer mit Orden behängte Sudetendeutsche mit dem ledrigen Wieselgesicht und dem schwarzen Mantel, der einmal stolz verkündet hatte, in der »gesamten tschechischen Nation [sei] nicht ein Einziger, der mich nicht hasst oder mein Feind ist«, war ein nicht zu unterschätzender Gegner.[178] Franks Brutalität war Albert Göring hinreichend bekannt, seit er als Vergeltung für das Attentat auf Reinhard Heydrich 1942 angeordnet hatte, das tschechische Dorf Lidice unter dem Vorwand, es habe den Attentätern Unterschlupf gewährt, dem Erdboden gleichzumachen. Alle männlichen Bewohner und ein Drittel der Frauen wurden gleich vor Ort exekutiert, und die anderen wurden, ebenso wie ihre Kinder, in Konzentrationslager deportiert. Über dreihundert Dorfbewohner starben. Zudem wusste Albert, dass es Frank schon seit langem wurmte, ihn der Gestapo immer wieder entwischen zu sehen. Vor Karl Hermann Frank zitterte selbst ein Mann wie Albert Göring.

Frank wandte sich umgehend an Himmler, um Albert wegen »Defaitismus« und anti-nationalsozialistischen Verhaltens verhaften zu lassen. In einem Fernschreiben an den

Reichsführer-SS vom 24. August 1944 schrieb er: »Herr Albert Göring, den ich persönlich mindestens für einen Defaitisten übelster Art halte, ist gestern mit Greuelnachrichten aus Bukarest in Prag eingetroffen und hält sich mit seiner tschechischen Frau bei seiner Schwiegermutter hier auf. Da er Beziehungen zu unzuverlässigen tschechischen Großindustriellen unterhält, halte ich seine Freizügigkeit für politisch gefährlich und bitte daher, ihn staatspolizeilich sicherzustellen und nach Berlin zur Vernehmung und Klärung schwerwiegender Verdachtsmomente in das Reichssicherheitshauptamt überstellen zu dürfen.«[179]

Doch noch bevor Frank dieses Schreiben aufsetzte, hatte Albert Göring erfahren müssen, dass »der Geheimdienstabteilung Informationen vorlagen, wonach der Gesandte Killinger Order aus Berlin hatte, ihn zu erschießen«.[180] Zu dieser Bedrohung kam noch der unaufhaltsame Vormarsch der Roten Armee durch Rumänien hinzu. Die Sowjets hatten bereits die bedeutende rumänische Stadt Iași eingenommen und näherten sich immer schneller. Nur die zahlenmäßig um die Hälfte unterlegenen deutsch-rumänischen Truppen standen noch zwischen ihnen und Bukarest. Antonescus Regierung stand kurz vor der Auflösung, und Gerüchte über einen geplanten monarchistischen Staatsstreich wurden laut. Rumänien versank in Chaos und Anarchie von Hobbes'schen Ausmaßen. Alles wartete auf den Einmarsch der Russen. »Als wir Brașov erreichten, waren die Straßen wie ausgestorben«, berichtete Elsa Perou, die Ehefrau von Albert Görings Freund Jan Moravek, von ihren Erfahrungen in Rumänien kurz vor Kriegsende. »Zuerst dachte ich, es hätte wieder einen Luftangriff gegeben. Als wir uns dem Stadtzentrum näherten, wurde die Leere immer bedrückender ... Endlich begriffen wir, dass die meisten Läden sehr wohl Geschäfte machten, wenn auch hinter halb geschlossenen Türen: ihre Besitzer spähten auf die Straße hinaus, mit allem bewaffnet, was sie hatten. Wir sahen Gewehre, Pistolen, sogar Maschinengewehre. Am schwersten bewaffnet waren die Läden, die Deutschen gehörten. Der ganze Ort war kampfbereit.«[181]

Mit von Killinger, Karl Hermann Frank und den Russen dicht auf den Fersen musste Albert seinen bisherigen Zufluchtsort Bukarest verlassen. Doch entkommen konnte er nicht; wenn er seinen Ausweis benutzte, musste er befürchten, aufgrund des Haftbefehls von Gestapo-Agenten verhaftet zu werden. Sein berühmter Nachname und sein Charme ebneten ihm den Weg zum Hauptbahnhof und sicherten ihm die Gunst einiger deutscher Soldaten, die ihn mit falschen Papieren ausstatteten und an Bord eines Frachtzugs nach Berlin mit Zwischenhalt in Prag schmuggelten.

So kam es, dass Albert Göring an jenem 23. August spätabends als zerlumptes, unrasiertes, vor Angst zitterndes Häufchen Elend vor Josef Charváts Wohnungstür stand und gerade noch herausbrachte: »Ich renne um mein Leben.« Charvát bat ihn hastig herein und schickte ihn ins Badezimmer, damit er sich waschen und rasieren konnte, während Charváts Frau etwas zu essen machte. Als er einigermaßen wiederhergestellt war, begann Albert von seiner Odyssee zu erzählen. »Aber um Gottes willen, warum sind Sie denn nicht, wie besprochen, in die Alpen gefahren?«, unterbrach ihn Charvát.[182] Er bezog sich damit auf einen Notfallplan, den die Männer für solche Situationen ausgeheckt hatten. Demnach hätte Albert in die österreichischen Alpen fahren und dort in einer Berghütte unterkriechen sollen, bis sich die Lage entspannte.

Gleich wurde ein neuer Plan entworfen. Albert sollte sich sofort wieder auf den Weg zum Bahnhof machen und den Nachtzug nach Linz nehmen. Doch noch bevor die Charváts ihm eine Reisetasche zusammenstellen konnten, klingelte ihr Telefon. »Bredowstraße.* Ist Ingenieur Göring

---

* Die Adresse des Prager Gestapo-Hauptquartiers.

noch bei Ihnen?« Charvát lief ein Schauder über den Rucken, als er die Stimme der allgegenwärtigen Gestapo in der Leitung hörte. »Nein, er ist gerade gegangen«, antwortete er hastig. Der Anruf war eine Machtdemonstration, eine Nachricht an Albert Göring, dass er sich nicht vor Frank verstecken konnte. Daraufhin verschwand »Bertl«, wie Charvát ihn liebevoll nannte, aus der Wohnung.[183]

Doch Albert bestieg nicht den Zug nach Linz. Stattdessen kam er, wie Karl Hermann Frank seinem Vorgesetzten per Fernschreiben mitteilen sollte, bei seiner Schwiegermutter unter, wo er bald darauf Besuch von seinem Schutzengel General Bodenschatz bekam. Nachdem Franks Antrag auf einen Haftbefehl durch geheimdienstliche Kanäle auch bei Hermann Göring angekommen war, hatte sich dieser wie üblich um Schadensbegrenzung bemüht. Er hatte seinen Adjutanten Bodenschatz mit dem Auftrag nach Prag geschickt, Albert dort abzuholen, damit er persönlich in Berlin Rede und Antwort stehen konnte. »Als ich dort ankam, zeigte er mir Dokumente, aus denen hervorging, dass der deutsche Geheimdienst zwei Haftbefehle gegen mich ausgestellt hatte, einen davon wegen anti-nationalsozialistischen Umtrieben und Defätismus«, erinnerte sich Albert nach dieser Begegnung in Berlin.[184] Als Hermann Göring sich Alberts Erklärungen angehört und sich einen Überblick über die Situation verschafft hatte, ließ er den Haftbefehl aufheben und setzte Alberts Reiseerlaubnis wieder in Kraft. Bevor sein Bruder aufbrach, gab er ihm noch mit auf den Weg, dies sei das letzte Mal, dass er ihm helfen könne.

Karl Hermann Frank machte es rasend, dass er den unter dem Schutz des großen Bruders stehenden Albert Göring wieder nicht zu fassen bekommen hatte, doch er gab nicht auf. Im Oktober 1944 lancierte er weitere Vorwürfe, von denen einer Hermann Göring direkt betraf. In einem Schreiben aus dem Gestapo-Hauptquartier in Prag werden hauptsächlich vier Anschuldigungen gegen Albert erhoben:

» 1. Beabsichtigte Flucht Albert Görings in die Schweiz,

2. Auffallende Geldabhebungen [774.000 Reichsmark] des Albert Göring,

3. Staatsfeindliche Äusserungen des Albert Göring,

4. Beabsichtigter Anschlag auf den Herrn Reichsmarschall durch Albert Göring. «[185]

Hauptquelle dieser Anschuldigungen war eine von Alberts Prager Sekretärinnen, Fräulein Hertha Auer von Randenstein. Sie war eine überzeugte Nationalsozialistin und sammelte als Informantin der Gestapo seit Jahren Beweise für Albert Görings Vergehen gegen das Reich, wobei sie sogar seine Privatkorrespondenz an sich genommen hatte. Albert selbst kommentierte: »Grund für diese Haftbefehle war eine Denunziation gegen mich vonseiten meiner Sekretärin, Fräulein von AUER, die mir zugeteilt worden war, in Wahrheit aber Gestapo-Informantin war und regelmäßig Berichte über mich einreichte, in denen unter anderem stand, dass ich mich abschätzig über die Partei äußerte, dass ich Juden geholfen hatte und so weiter.«[186]

Am 13. Oktober 1944 wurde die Angelegenheit schließlich bei einem Treffen im Berliner Hotel Adlon zwischen Albert Görings ständigem Widersacher Dr. Voss, der später wegen unlauterer Geschäftspraktiken selbst von der Gestapo verhaftet wurde, und Hermann Görings Leuten (Kriegsgerichtsrat Ehrhardt und SS-Obersturmbannführer Alfred Baubin, ein Verbündeter Alberts) beigelegt. Nach intensiven Diskussionen und massiven Machtdemonstrationen setzte sich Hermann Görings Seite durch, und die Beschuldigungen wurden für unbegründet erklärt.

Darüber hinaus schickte Ehrhardt am 30. Dezember 1944 ein Fernschreiben an das Prager Hauptquartier der Staatspolizei, in dem er den von General Bodenschatz ausgegebenen Befehl weitergab, Fräulein Auer von Randenstein »wegen wissentlich falscher Anschuldigung und Verleumdung« umgehend zu verhaften.[187] Nachdem nun schon der zweite Versuch kläglich gescheitert war, Albert Göring vor Gericht zu bringen, ruderte die Gestapo zurück, enttarnte die Informantin Auer von Randenstein und sicherte Albert zu, seine Korrespondenz baldmöglichst zurückzugeben. Frank musste sich wieder geschlagen geben.

Dies sollte die letzte Gelegenheit werden, bei der Hermann Göring seinen Bruder vor der Gestapo beschützte. Görings Stern sank mit jeder abgestürzten Maschine der Luftwaffe und jeder Bombe, die über der Reichshauptstadt abgeworfen wurde. Er war ein nervliches Wrack, Tag und Nacht mit seinen vielen Ämtern und der Suche nach der ehrenrettenden Wunderwaffe beschäftigt. Dennoch hatte er auch dieses letzte Mal wieder alle anderen Sorgen und Pflichten beiseitegeschoben, um seinem jüngeren Bruder beizustehen, wenn auch nicht ohne eine Gardinenpredigt. »Mein Bruder sagte, dies sei das letzte Mal, dass er mir helfen könne, seine eigene Position sei ins Wanken geraten und er müsse bei HIMMLER persönlich vorsprechen, um die Angelegenheit zu bereinigen, und er wies mich an, nach Salzburg umzuziehen, wo meine Frau bereits wohnte, und nicht nach Prag zurückzukehren.«[188] Diese Weisung erfüllte Albert gewissenhaft, fuhr nach Salzburg und lebte dort wieder mit seiner Familie vereint.

Gealtert und traumatisiert, aber doch zufrieden lebte Albert Göring von da an mit seiner jungen Familie in Salzburg. Er hatte den Krieg überstanden und die Verfolgung überlebt, doch seine Zufriedenheit hatte noch tiefere Gründe: Von seinem Refugium in Österreich aus hörte er deutlich das Knirschen und Krachen des in sich zusammenstürzenden NS-Regimes. Der Rauch der Krematorien verzog sich; Juden und Nichtjuden, Priester und Diebe, Kommunisten und Kapitalisten, Alte und Kinder, Hetero- und Homosexuelle, Polen und Deutsche wurden aus den Vernichtungslagern befreit. Hitlers Getreue schifften sich nach Südamerika ein. Hitler selbst hatte sich bereits in seine Gruft aus Beton zurückgezogen. Deutschland, die große Nation, die Alberts Vater mit geprägt hatte, sein Vaterland, konnte wieder aus dem Exil zurückkehren – so wie Albert selbst auch.

10.»Grund der Verhaftung: Betreffender ist der Bruder des Reichsmarschalls Göring«

Es war der 20. April 1945, und Hitler beging seinen 56. Geburtstag, doch die Stimmung in seinem »Führerbunker« in Berlin war alles andere als feierlich. Himmler, Goebbels, Göring, Speer und andere Partei- und Wehrmachtsgrößen waren da, ebenso wie einige zur Feier des Tages frisch dekorierte Mitglieder der Hitlerjugend, doch außer der verträumten Eva Braun war niemandem nach Feiern zumute. Um sie herum brach die Stadt Berlin physisch wie psychisch in sich zusammen. Ein steter Strom von Funk- und Telegraphenmeldungen verkündete eine deutsche Niederlage nach der anderen. Jünglinge wie Greise baumelten von den Laternenpfählen der Stadt; Schilder um ihren Hals gaben die Parole aus: »Wer zum Kämpfen zu feige ist, muss sterben.« Zwölfjährige Hitlerjungen in schlotternden Uniformen stellten sich mit Mausergewehren den Panzern der Russen entgegen. Mitten in diesem Chaos sagte Hermann Göring seinem geliebten Führer »auf Wiedersehen«, obwohl er wusste, dass dieses Wiedersehen nicht stattfinden würde.

Göring verließ den Bunker und zog sich eilends in das vor dem »Iwan« und seiner Henkersschlinge sichere Berchtesgaden zurück. Drei Tage darauf hielt er angesichts der Lage in Berlin seine Chance für gekommen, selbst die Führung über Deutschland zu übernehmen und den Krieg zu beenden. Also schickte er jenes berüchtigte Telegramm in den Bunker, in dem er höflich anfragen ließ, ob der geeignete Moment gekommen sei, den Führererlass vom 29. Juni 1941 in Kraft zu setzen. In jenem Erlass hatte Hitler Hermann Göring als seinen Nachfolger bestimmt, für den Fall, dass er selbst nicht mehr imstande sei, das Reich zu führen. Diese feinfühlige Nachfrage ergänzte Göring um einen etwas weniger höflicher Passus, in dem er erklärte, wenn er bis zehn Uhr am selben Abend keine Nachricht erhalte, werde er davon ausgehen, dass Hitler seiner Handlungsfreiheit beraubt sei, und den Erlass in Kraft setzen. Er beschloss das Fernschreiben mit den Worten: »Was ich in diesen schwersten Stunden meines Lebens für Sie empfinde, wissen Sie und kann ich durch Worte nicht ausdrücken. Gott schütze Sie und lasse Sie trotz allem baldmöglichst hierherkommen. Ihr getreuer Hermann Göring.«[189]

Hitler reagierte zunächst erstaunlich gelassen auf diese Mitteilung. Erst nach einem zweiten Telegramm gegen sechs Uhr abends bekam er einen Wutanfall. Er verurteile Görings Nachricht als Ultimatum, als Akt des Verrats, beschimpfte den Reichsmarschall als »Morphinisten« und weinte »wie ein Kind«.[190] Dann wischte er die Tränen fort, ordnete sein Haar und setzte seine Unterschrift unter eine Radioverlautbarung, die sein Vertrauter und Privatsekretär Martin Bormann verfasst hatte. Bormann war einer von Görings schärfsten Opponenten. In der Radioansprache wurde Göring des Hochverrats beschuldigt, was ein Todesurteil gerechtfertigt hätte, das jedoch in seinem Fall zu einem Verlust aller seiner Ämter abgemildert wurde.[191] Im zweiten Teil seines politischen Testaments vom 29. April 1945 kappte Hitler schließlich alle Verbindungen zu Hermann Göring: »Ich stoße vor meinem Tode den früheren Reichsmarschall Hermann Göring aus der Partei aus und entziehe ihm alle Rechte, die sich aus dem Erlaß vom 29. Juni 1941 sowie aus meiner Reichstagserklärung vom 1. September 1939 ergeben könnten. Ich ernenne an seiner Stelle den Großadmiral Dönitz zum Reichspräsidenten und Obersten Befehlshaber der Wehrmacht.«[192]

Bormann hatte sich unterdessen bemüht, seinen Konkurrenten endgültig loszuwerden. Ohne Hitlers Wissen erteilte er am Abend des 23. April den SS-Führern Frank und Bredow die Order, Göring und seine Familie, seine Hausangestellten und Adjutanten zu verhaften. Nach einem Luftschlag der Royal Air Force gegen den Obersalzberg und Görings Wohnhaus erhielt Frank noch ein weiteres, vermutlich von Bormann eigenmächtig aufgesetztes Telegramm, in dem er aufgefordert wurde, Göring in dem Fall, dass die Hauptstadt eingenommen würde, umgehend zu liquidieren.[193]

Doch Frank war vorausschauend genug, um zu begreifen, dass Göring im Falle von Hitlers und Bormanns Tod als einer der höchstrangigen NS-Politiker gebraucht würde, um mit den Alliierten Friedensverhandlungen zu führen. Als Berlin und der Führer tatsächlich fielen, ließ er seine Luger im Halfter und sorgte dafür, dass Göring an den nächsten sicheren Ort eskortiert wurde. Dafür bot sich ausgerechnet die Burg Mauterndorf an, Hermann Görings österreichischer Wohnsitz. Auf der Fahrt dorthin, die aufgrund widriger Umstände 36 Stunden dauerte, musste Göring einen weiteren Schlag ins Gesicht verkraften: Im Radio war zu hören, er habe »einen Herzanfall erlitten« und der Führer habe »Generaloberst Ritter von Greim zum neuen Oberbefehlshaber der Luftwaffe ernannt und ihn zugleich zum Feldmarschall befördert«.[194]

Nicht lange nach ihrer Ankunft in Burg Mauterndorf wurden die Görings von loyalen Luftwaffen-Piloten aus den Händen der SS befreit. »Und plötzlich war die SS verschwunden. Plötzlich waren gar keine SS-Leute mehr da. Und dann verabschiedete sich Hermann Göring von den Bewohnern von Mauterndorf. Er lud meinen Vater ein und den Bürgermeister und so. Und dann fuhren sie den Amerikanern entgegen. Die Russen standen nämlich schon in Scheifling. Das war nur achtzig Kilometer von hier, und er wollte den Russen nicht in die Hände fallen«, erinnert sich Dr. Liselotte Schroth, eine Verwandte von Epensteins.[195] Damit begannen Görings letzte Tage in Freiheit.

In seinem protzigen weißen Mercedes und seiner tauben-
blauen Reichsmarschalls-Uniform machte sich Hermann
Göring mit seiner Entourage auf den Weg nach Schloss
Fischorn in Bruck bei Zell am See, um dort die Amerikaner zu erwarten. Von dort aus schickte er Oberst Bernd
von Brauchitsch, seinen Chefadjutanten bei der Luftwaffe,
mit einem versiegelten Brief an General Eisenhower zu den
amerikanischen Truppenstellungen bei Kufstein. In dem
Schreiben erkannte er Deutschlands Niederlage an und
bat um Waffenstillstandsverhandlungen. Von Brauchitsch
wurde in Kufstein dem amerikanischen Brigadegeneral der
36. Infanteriedivision Robert Stack vorgestellt, der sofort
zu Göring gebracht werden wollte. Als man Burg Fischorn
jedoch leer vorfand, nahm er mit seiner Eskorte die Verfolgung auf und stellte Göring am 7. Mai kurz vor Radstadt.
Stack erinnerte sich später: »Schließlich fanden wir eine
Abteilung von ungefähr 25 Fahrzeugen vor, die mit Blick-
richtung zu uns auf der Straße standen. Es war Görings
persönlicher Geleitzug. Er hatte seine Frau dabei, seine
Schwägerin, seine Tochter, General von Epp (den Gauleiter
von Bayern), seine Köchin, Hausbedienstete, Mitarbeiter,
Stabschef, Wachen etc. – insgesamt 75 Personen. Er und ich
stiegen aus, und von Brauschitz [sic] stellte uns einander vor.
Göring vollführte den alten deutschen Militärgruß, nicht
den Hitlergruß, und ich erwiderte ihn.«[196]
　　Hermann Göring mag damit gerechnet haben, in einem
Charterflugzeug direkt zu General Eisenhower gebracht zu
werden, doch es kam anders. In den Augen der Amerikaner
war er weder ein Staatsmann noch ein geeigneter Verhand-
lungspartner, sondern bereits ein begehrter Kriegsgefangener. Man ließ ihn mit einem Zweisitzer in das Verhörzentrum der 7. US-Armee in Augsburg abtransportieren,
wo er auf Eisenhowers Weisung hin so behandelt wurde wie
jeder andere Kriegsgefangene auch. Jede Hoffnung, als Ver-
handlungspartner anerkannt zu werden, zerschlug sich, als

man ihn zwang, all seine Ehrenzeichen, sein Großkreuz des Eisernen Kreuzes, seinen Marschallstab, den Pour le Mérite und sogar seinen Brillantring abzulegen.[197] Aus dem Reichsmarschall Göring wurde ein Angeklagter.

Während Hermann Göring erste Beschwerden über die Verpflegung im Verhörzentrum (SAIC) einreichte, stellte sich am 9. Mai 1945 Albert Göring dem amerikanischen Counter Intelligence Corps (Spionageabwehrabteilung der US-Armee, CIC). Nach einer kurzen Befragung sprach dessen Mitarbeiter B. F. Egenberger die Empfehlung aus, »GOERING, Albert für weitere Befragungen und Verfügungen in die CIC-Abteilung der 7. Armeekommandantur zu überstellen. Es ist zu vermuten, dass der Betreffende über wichtige Informationen verfügt, welche die zuständigen höherrangigen Dienststellen interessieren dürften«.[198] Entsprechend wurde Albert Göring am 13. Mai festgenommen und zur Vernehmung in das SAIC in Augsburg gebracht, wo er zum letzten Mal seinen Bruder wiedersehen sollte.

Als Hermann Göring über den Hinterhof geführt wurde und Albert aus dem Fenster seiner Zelle sah, trafen sich ihre Blicke. Albert bat um Erlaubnis für einen gemeinsamen Hofgang mit seinem Bruder, und als sie sich umarmt hatten und ein paar Schritte zusammen gegangen waren, bemühte sich der große Bruder Hermann, seinem kleinen Bruder Mut zuzusprechen: »Es tut mir sehr leid, Albert, dass gerade du für mich so leiden musst. Du wirst bald frei sein. Dann nimm dich meiner Frau und meines Kindes an. Leb wohl.«[199] Doch Albert wusste es besser. Er ahnte, dass er keineswegs »bald« frei sein würde und dass er seine Verteidigung selbst in die Hand nehmen musste. Deshalb begann er unter dem Titel »Menschen, denen ich bei eigener Gefahr (dreimal Gestapo-Haftbefehle!) Leben oder Existenz rettete« eine Liste der von ihm Geretteten zusammenzustellen. Er bemühte sich sichtlich, seinen Bewachern detaillierte Hinweise auf Zeugen zu geben, die zu seinen Gunsten hätten aussagen können, doch ist es fraglich, ob auch nur einem seiner Hinweise nachgegangen wurde.

Schon bei Albert Görings erster Befragung durch Major Paul Kubala wurde die Einstellung seiner Bewacher deutlich. Kubala verkündete lauthals, auf welche Haftbedingungen sich Albert einzustellen habe, und notierte nach dem Gespräch: »Albert GOERING behauptet, sein Leben sei ein einziger Kampf gegen die Gestapo gewesen. Demnach hätte der REICHSMARSCHALL alle Hände voll zu tun gehabt, um seinem Bruder aus der Klemme zu helfen, wenn der wieder alte jüdische Damen beschützt, den Hitlergruß verweigert und höfliche Kritik am Regime angemeldet hatte.«[200] Dieser sarkastische Tonfall, der sich durch den gesamten Bericht zieht, macht deutlich, dass Kubala schon vor der Befragung seiner Sache sicher war. Für ihn war Albert Göring schuldig, ganz einfach deshalb, weil er denselben Nachnamen wie Hermann trug.

Was Kubala besonders irritiert haben dürfte, ist die Art und Weise, in der Albert seinen Bruder beschrieb – als menschliches Wesen und nicht als das aufgeblähte Feindbild, das man aus den Medien kannte. Albert gab zu Protokoll, dass »Hermann GOERING ihm des Öfteren das Leben rettete und nie versuchte, seine Hilfsaktionen zu unterbinden, sondern ihn nur ermahnte, auf seine Position Rücksicht zu nehmen«, und dass er »fest überzeugt ist, dass der Krieg viel früher zu Ende gewesen wäre, wenn HITLER abgedankt hätte oder gestorben wäre und sein Bruder Hermann GOERING der neue FUEHRER geworden wäre, wie es ursprünglich vorgesehen war.«[201]

Während sich sein gesundheitlicher und psychischer Zustand mit jedem Tag der Haft weiter verschlechterte, wurde Albert aus dem bereits nach Seckenheim umgezogenen SAIC nach Nürnberg verlegt. Nach einer kurzen Aufwärmrunde mit Colonel John H. Amen am 3. September stieg Albert dort mit Lieutenant William (Bill) Jackson in den Ring, einem New Yorker Rechtsanwalt und Sohn des Hauptanklägers gegen Hermann Göring, Robert H. Jackson. Dabei war ebenfalls ein junger Dolmetscher namens Richard W. Sonnenfeldt, ein jüdischer Emigrant aus der Hansestadt Gardelegen.

Als 15-Jähriger war Sonnenfeldt 1938 nach England geflohen, war dort irrtümlich 1940 als »feindlicher Ausländer« interniert und wie die Brotdiebe im 18. Jahrhundert kurzerhand nach Australien verschifft worden. Der inzwischen 17-Jährige konnte sich für das sonnige Australien nicht recht erwärmen und wollte die Weltereignisse in Europa nicht verpassen. Also trat er eine lange Heimreise an, die ihn über Indien, Südafrika und Südamerika nach Baltimore führte, wo er sich einbürgern ließ, anschließend in eine Meldestelle der US-Armee und dann, mit Stars and Stripes geschmückt, in die Ardennenschlacht. Von dort war es nicht mehr weit zu seinem Einsatz als Chefdolmetscher der amerikanischen Anklage in den Nürnberger Prozessen. »Tja, ich war zweiundzwanzig Jahre alt, und auf einmal saß ich Leuten gegenüber, die versucht hatten, die Welt zu zerstören«, erinnerte er sich später.[202]

Doch zunächst versuchte er, sich den Kontrast zwischen den beiden Brüdern zu erklären, von denen einer, wie er es beschrieb, versucht hatte, die Welt zu zerstören, und der andere, sie zu verbessern. Nicht nur ihr Lebensziel und ihren Charakter, auch ihre äußere Erscheinung fand Sonnenfeldt unterschiedlich wie Tag und Nacht, fast als seien die beiden gar nicht miteinander verwandt. In seiner Autobiographie *Mehr als ein Leben* schrieb er: »Der Kontrast zwischen den beiden Männern hätte nicht größer sein können: Hermann war klein, dick, autoritär und bombastisch; Albert war groß, dünn und unterwürfig.«[203]

Der verängstigte, »unterwürfige« Albert Göring erzählte hastig eine Anekdote nach der anderen von seinen vielen Hilfsaktionen, doch seine Befrager schlossen aus seiner Nervosität und wachsenden Verzweiflung nur, dass er log. »Er war ein händeringender Zeuge, einer, der zu viel redete und freiwillig mit Informationen herausrückte, nach denen niemand gefragt hatte. Er war ausgesprochen nervös. Er erzählte eine faszinierende Geschichte, an die ich damals nicht recht glauben mochte, weil er so wenig überzeugend wirkte«, erinnerte sich Sonnenfeldt. Man nahm an, dass er log, um »nicht über denselben Kamm geschoren zu werden wie sein Bruder«, oder dass er sich bei seinen Aktionen bereichert hatte.[204] Dennoch bekam Sonnenfeldt einen Eindruck davon, mit welcher Methode es Albert möglich gewesen sein könnte, seinen Bruder zur Mithilfe zu bewegen. Sonnenfeldt hatte erlebt, wie narzisstisch Hermann Göring war, und spekulierte: »Albert wusste, dass Hermann ein Angeber war und seine politische Einstellung ablehnte. [Er] nutzte seine Eitelkeit, um seinen Freunden zu helfen: ›Hermann, du hast die Macht dazu!‹«[205]

Albert Göring brachten die Befragungen zwar nicht die Freilassung ein, doch für die Beobachter in Nürnberg lohnten sie sich allemal, denn aus Alberts Aussagen ergab sich allmählich eine faszinierende Charakterstudie. Als auch das letzte »Warum« mit einem »Weil« beantwortet war, hatten sie eine präzise Zusammenfassung von Albert und Hermann Görings Lebensgeschichte vor Augen. Dieser intime Einblick in ihre gemeinsame und ihre jeweils individuelle Entwicklung begann mit der scheinbar einfachen Frage Lieutenant Jacksons, wie es um Alberts Beziehung zu Hermann bestellt sei. Albert antwortete mit einer ausführlichen Definition: »Wenn hier von ›Beziehung‹ die Rede ist, muss man zweierlei unterscheiden. Das Erste ist meine Beziehung zu ihm als Privatperson, als Bruder, und das zweite meine Beziehung zu ihm als Staatsmann. In seiner Eigenschaft als Bruder war er gut zu mir und half mir auch, wie Sie aus den bisherigen Befragungen schon wissen. Als Brüder standen wir uns nahe, und wir hatten eine Beziehung, wie sie für Brüder innerhalb der Familie üblich ist. Zu ihm als Staatsmann habe ich keinerlei Beziehung. Ich möchte an dieser Stelle betonen, dass ich seit 1923, also seit der Gründung der Partei, zu ihren entschiedensten Kritikern gehört habe und ein aktiver Gegner der Partei war und dass ich zu ihm in dieser Funktion keinerlei Kontakt hatte.«[206]

Die Charakterstudie bekam noch weitere Facetten, als Jackson eine Frage stellte, die er selbst für rein rhetorisch hielt. »Ihr Bruder war ein sehr hartherziger Mensch, nicht wahr?«, fragte er. Doch Albert erwiderte mit dem typischen Sinn für Loyalität, der zwischen den Brüdern immer spürbar war: »Nein, er war ganz im Gegenteil sehr nachgiebig. Für meine Schwestern und Cousinen tat er alles, und er verwöhnte sie. Allerdings wusste er, dass ich mir aus so etwas nichts machte und meine eigenen Wege ging, zwischen uns gab es so etwas nicht.«[207]

Einige Wochen zuvor hatte ein anderer Fragesteller etwas Ähnliches suggeriert und von Albert ebenfalls »im Gegenteil« zur Antwort bekommen: »Er half mir, wann immer er konnte ... Anfangs hatte er die Macht dazu; später nicht mehr, weil Himmler so mächtig geworden war. Er hatte ein weiches Herz, und wenn er von einer Ungerechtigkeit hörte, die ich ihm nachdrücklich vor Augen führte, versuchte er immer, die Angelegenheit wieder ins Lot zu bringen.«[208] Diese Loyalität zwischen den beiden Brüdern blieb auch noch bestehen, als Hermann in Nürnberg auf der Anklagebank saß. Bei der Frage nach seinen Geschwistern und deren momentanem Aufenthaltsort antwortete er, sein Bruder Albert sei »in einem Lager«, und betonte, er sei »nie Parteimitglied gewesen«.[209]

Doch kaum hatte sich ein halbwegs kohärentes Bild ergeben, als das Gespräch eine radikal neue Wendung nahm. Sobald das Thema Judenverfolgung aufkam, brach das von Albert heraufbeschworene Phantasma einer harmonischen

Geschwisterbeziehung in sich zusammen, und durch den aufgewirbelten Staub wurde schemenhaft die dunklere Seite ihrer gemeinsamen Geschichte sichtbar, die Albert in seiner Unterscheidung zwischen Privatbereich und Politik bereits angedeutet hatte. »Was sagte Ihr Bruder denn, wenn Sie ihm von den schrecklichen Dingen erzählten, die den Juden angetan wurden?«, fragte Jackson.

Albert erwiderte: »Seine Antwort war immer, dass diese Dinge hochgespielt wurden, weil er die genauen Berichte kannte. Er sagte, ich solle mich in Angelegenheiten des Staates und der Geschichte nicht einmischen, weil ich mich politisch überhaupt nicht auskannte. Wörtlich sagte er: ›Du bist ein politischer Idiot!‹ Ich brachte ihn oft in Schwierigkeiten, weil ich mich eben doch immer wieder in diese Angelegenheiten einmischte, na ja, er sitzt ja da drüben in Zelle Nummer fünf und kann Ihnen selbst davon erzählen. Ich weiß auch aus einem anderen Vernehmungsprotokoll, dass er mich das ›schwarze Schaf der Familie‹ genannt hat. Einen ›Außenseiter‹ hat er mich genannt.«[210]

Um endlich die Antwort zu bekommen, auf die er aus war, bohrte Jackson weiter: »Aber er hat nie geleugnet, dass diese Dinge tatsächlich geschahen, oder?«

»Nein, geleugnet hat er sie nicht. Er hat sie nur sozusagen weniger gravierend erscheinen lassen. Er sagte immer, diese Dinge würden übertrieben. Ich vermute, dass sein zugrundeliegendes Motiv darin bestand, seine Schwäche Himmler gegenüber nicht eingestehen zu wollen.«[211]

Wie Sonnenfeldt es beobachtet hatte, steuerte Albert anschließend Informationen bei, nach denen er gar nicht gefragt worden war: »Nur um Ihnen einen Eindruck zu verschaffen, wie wenig Macht mein Bruder in diesen Fragen hatte, will ich Ihnen mal ein Beispiel geben: Einmal unterhielten wir uns beim Abendessen über das ganze Thema Juden, Gestapo und so weiter.«

»Sie und Ihr Bruder?«, fragte Jackson nach.

»Ja, und ich fragte, wie seine Pläne aussähen oder was er zur Judenfrage zu sagen hätte, und er erzählte, er hätte einen Plan ausgearbeitet, nach dem ein großer Teil Polens mit Warschau als Hauptstadt den aus Deutschland, Österreich und der Tschechoslowakei zusammengetriebenen Juden zur autonomen Verwaltung überlassen werden sollte, dass sie dort mit anderen Worten ihre Angelegenheiten nach Belieben selbst regeln sollten. Das war eigentlich nichts anderes als ein riesiges Ghetto, aber trotzdem ein viel humanerer Entwurf. Natürlich ist das nie realisiert worden, weil der Lustmörder Himmler solche Pläne zu verhindern wusste.«[212]

Jackson und sein Team konnten als Außenstehende vermutlich nur über die Absurdität dieser Anekdote lachen. Sie kannten einen ganz anderen Göring, die öffentliche Figur, nicht den loyalen Bruder, als den Albert und seine Familie ihn erlebt hatten. Außerdem hatten sie Zugriff auf die Mitschriften zahlreicher Ansprachen und der Konferenzen, die Göring geleitet hatte, aus denen sich ein ganz anderes Bild ergab. Sie dokumentierten den Rassisten Hermann Göring, den die Geschichtsschreibung bis heute kennt, den Judenhasser, Aufwiegler und Mittäter des Holocaust.

Da war zum einen Görings Rede als Reichstagspräsident 1935, mit der er das Parlament dazu drängen wollte, die berüchtigten Nürnberger Rassegesetze zu verabschieden: »Gott hat die Rassen geschaffen. Er wollte nichts Gleiches, und wir weisen es deshalb weit von uns, wenn man versucht, die Rassenreinheit umzufälschen in eine Gleichheit. Wir haben erlebt, was es heißt, wenn ein Volk nach den artfremden und naturwidrigen Gesetzen einer Gleichheit leben muß. Denn diese Gleichheit gibt es nicht. Wir haben uns nie zu ihr bekannt, und deshalb müssen wir sie auch in unseren Gesetzen grundsätzlich ablehnen und müssen uns bekennen zu jener Reinheit der Rasse, die von der Vorsehung und der Natur bestimmt gewesen ist.«[213]

Dazu kam eine Rede, die Hermann Göring am 26. März 1938 an die Bevölkerung der soeben besetzten Stadt Wien richtete. Er nutzte den historischen Augenblick, um zu sagen, er müsse »... ein ernstes Wort an die Stadt Wien richten. Die Stadt Wien kann sich heute nicht mehr mit gutem Recht eine deutsche Stadt nennen. Wo 300 000 Juden leben, kann man nicht mehr von einer deutschen Stadt sprechen. Wien muss wieder eine deutsche Stadt werden, weil sie in der Ostmark Deutschlands wichtige deutsche Aufgaben hat. Diese Aufgaben liegen sowohl auf dem Gebiete der Kultur wie auch auf dem Gebiete der Wirtschaft. Weder auf dem einen noch auf dem anderen können wir auf Dauer den Juden gebrauchen.«[214] Falls das noch nicht belastend genug war, tat ein Blick in ein Protokoll sein Übriges, das von der am 12. November 1938, nach den Novemberpogromen, von Göring geleiteten Sitzung angefertigt worden war. Als Beauftragter für den Vierjahresplan betrachtete er die in der Reichskristallnacht angerichtete Zerstörung nur als finanzielles Hindernis für seine weitere Planung und ignorierte die menschlichen Kosten. Er erklärte: »Ich habe einen Brief bekommen, den mir der Stabsleiter des Stellvertreters des Führers Bormann im Auftrag des Führers geschrieben hat, wonach die Judenfrage jetzt einheitlich zusammengefasst werden soll und so oder so zur Erledigung zu bringen ist ... In der Sitzung, in der wir ... den Beschluss fassten, die deutsche Wirtschaft zu arisieren, den Juden aus der Wirtschaft heraus- und in das Schuldbuch hineinzubringen und auf die Rente zu setzen, haben wir leider Gottes nur sehr schöne Pläne gefasst, die dann aber nur sehr schleppend verfolgt worden sind ... Denn, meine Herren, diese Demonstrationen habe ich satt. Sie schädigen nicht den Juden, sondern schließlich mich, der ich die Wirtschaft als letzte Instanz zusammenzufassen habe.«[215]

Neben der weiteren Entrechtung der Juden ging es also vor allem um ihren Ausschluss aus der deutschen Wirtschaft. Es wurden konkrete Richtlinien erlassen für die »Arisierung« jüdischer Geschäfte und Fabriken.

Schließlich beendete er die Sitzung mit den grausigen Worten: »Ich werde den Wortlaut wählen, daß die deutschen Juden in ihrer Gesamtheit als Strafe für die ruchlosen Verbrechen usw. eine Kontribution von 1 Milliarde auferlegt bekommen. Das wird hinhauen. Die Schweine werden einen zweiten Mord so schnell nicht machen. Im Übrigen muß ich noch einmal feststellen: ich möchte kein Jude in Deutschland sein.«[216]

Und zu guter Letzt lag Jackson und seinem Team auch das »Endlösungs«-Memorandum vor, das Göring persönlich unterzeichnet hatte. Wie man heute weiß, gab dieses Schriftstück Reinhard Heydrich freie Hand für die vollständige Vernichtung des europäischen Judentums. Darin hieß es: »In Ergänzung der Ihnen bereits mit Erlaß vom 24. 1. 39 übertragenen Aufgabe, die Judenfrage in Form der Auswanderung oder Evakuierung einer den Zeitverhältnissen entsprechend möglichst günstigsten [sic] Lösung zuzuführen, beauftrage ich Sie hiermit, alle erforderlichen Vorbereitungen in organisatorischer, sachlicher und materieller Hinsicht zu treffen für eine Gesamtlösung der Judenfrage im deutschen Einflußgebiet in Europa. [...] Ich beauftrage Sie weiter, mir in Bälde einen Gesamtentwurf über die organisatorischen, sachlichen und materiellen Vorausmaßnahmen zur Durchführung der angestrebten Endlösung der Judenfrage vorzulegen.«[217]

»Um noch einmal auf Ihr Gespräch mit Ihrem Bruder über die Juden zurückzukommen – haben Sie sich je bei ihm darüber beschwert, wie diese behandelt wurden? Haben Sie ihn je aufgefordert, etwas dagegen zu tun, es aufzuhalten? Was hat er Ihnen dann geantwortet, und was hat er, wenn überhaupt, getan?«, fuhr Jackson fort.

»Also, das war eigentlich schon der Großteil dessen, was wir zu dem Thema besprochen haben. Das heißt, als ich ihm von den Gräueltaten erzählte, die in Wien verübt wurden und die ich mit eigenen Augen gesehen hatte; und auch in Triest, wo ich einmal Juden getroffen habe, die von Wien aus dorthin ausgewandert waren; und denen habe ich Geld gegeben; und er sagte, wenn ich die Juden schützen wollte und wenn ich ihnen helfen wollte, sei das meine Sache, aber ich sollte dabei vorsichtiger und rücksichtsvoller vorgehen, weil es ihm in seiner Position endlose Schwierigkeiten bereitete«, antwortete Albert.[218]

Als Albert dem Vernehmungsteam von seinen Interventionen zugunsten des ehemaligen österreichischen Bundeskanzlers Dr. Kurt von Schuschnigg und des Erzherzogs Joseph Ferdinand erzählte, meinte Jackson eine Lücke in seiner Argumentation zu erkennen: »Warum interessierten Sie sich für den Erzherzog und für Schuschnigg, wenn doch Ihre Aktivitäten in der Tschechoslowakei alle mit Ihrer beruflichen Tätigkeit bei den Skoda-Werken zusammenhingen?«

»Als das mit Schuschnigg und Joseph Ferdinand passierte, glaube ich nicht, dass ich da überhaupt schon bei den Skoda-Werken war«, korrigierte Albert. »Ich hatte schon immer die Neigung, Menschen zu helfen, wo ich nur konnte, unabhängig von ihrer Staatszugehörigkeit, ihrem Land, ihrem Alter oder ob es Juden oder Christen waren. Ich habe Menschen aus Rumänien geholfen, aus Bulgarien, Ungarn, der Tschechoslowakei und Deutschland, wann immer ich konnte, ob sie nun arm waren oder emigrieren wollten oder was auch immer, und ich habe nie eine Belohnung erwartet oder bekommen, denn ich habe es aus religiösen Gründen getan.«

»Welches ist Ihre Religion?«, fragte Jackson nach.

»Der Konfession nach bin ich Protestant, aber ich bin schon in Orthodoxen Kirchen und Synagogen gewesen. Ich habe buddhistische und hinduistische Gottesdienste besucht, das macht für mich gar keinen Unterschied. Es gibt nur einen Gott, aber der Konfession nach bin ich Protestant.«[219]

Doch mit dieser Antwort gab sich Jackson nicht zufrieden. Er zielte mit seinen Fragen auf das, was seiner Meinung nach die einzig mögliche Motivation für Alberts gute Taten sein konnte: das Geld. Da er wusste, dass Hermann Göring Albert regelmäßig weiterhalf, wenn er oder einer seiner Schützlinge in Schwierigkeiten war, hakte er nach: »Und nach allem, was er für Sie getan hat, wollen Sie da erzählen, Sie hätten nicht auch etwas für ihn getan?«

»Was hätte ich denn für ihn tun sollen? Das Einzige, was ich tat, war, dass ich ihm ein Mal ein Bild geschenkt habe. Was konnte ich denn schon tun? Er war ein mächtiger Mann, was sollte da ein kleines ›schwarzes Schaf‹ für ihn erreichen?«, antwortete Albert.

Doch Jackson ließ nicht locker. »Und Sie haben nie für ihn Gelder verwaltet?«

»Nein, solche Geschenke habe ich ihm nicht gemacht; ich habe nie sein Geld verwaltet«, sagte Albert.[220]

Möglicherweise war Jackson sogar auf der richtigen Spur, denn es gibt mindestens einen Hinweis darauf, dass Albert Geschenke seiner Schützlinge, zum Beispiel Kunstgegenstände, genutzt haben könnte, um sich Hermann Görings Wohlwollen zu sichern. Elsa Moravek Perou de Wagner, die Tochter von Alberts Freund Jan Moravek, erinnert sich: »Wir haben auch gehört, dass er von reichen Juden Geschenke annahm, insbesondere bedeutende Gemälde und Kunstgegenstände. Im Nachhinein verstehe ich, warum. Sein Bruder war bekannt dafür, dass er eine riesige Kunstsammlung anhäufte, die er sehr wahrscheinlich nicht von seinem Sold bezahlte. Albert hat diese ›Geschenke‹ wahrscheinlich benutzt, um seinen Bruder zu belohnen, wenn der seine Verhaftung verhinderte.«[221]

Kurz vor seiner Befragung durch Colonel Amen hatte Albert bereits einen Brief an den Kommandanten seines Nürnberger Gefängnisses Colonel Burton C. Andrus geschickt, in welchem er sein fortschreitendes Nierenleiden beschrieb und sich nach Gründen für seine scheinbar endlose Inhaftierung erkundigte. Andrus scheint damals nicht in der Stimmung gewesen zu sein, auf den Hilferuf eines Göring zu reagieren, denn Albert bekam weder eine Auskunft noch die dringend benötigte ärztliche Versorgung.

Da sein Fieber immer weiter anstieg, entschloss sich Albert am 10. September 1945, mit einem weiteren Brief nachzuhaken. Darin hieß es: »Erlaube mir die ergebene Anfrage, ob Herr Oberst auch meinen zweiten Brief vom 26. August erhalten und weitergeleitet haben. Vor allem, ob noch keine Antwort von der zuständigen Stelle eingetroffen ist. Nun sind es vier Monate, seitdem ich der Freiheit beraubt worden bin, und bald vier Wochen, dass ich hier im Gefängnis bin, ohne zu wissen, warum.«[222] Auch dieser Brief sollte »die zuständige Stelle« nie erreichen.

Während Albert Göring also weiterhin warten musste, gab es jenseits des Ärmelkanals immerhin eine Instanz, die sich für ihn interessierte. Die Sektion 5, die Spionageabwehrabteilung des britischen militärischen Nachrichtendienstes, wollte sogar so eilig wissen, wie es um ihn stand, dass sie sich am 8. Oktober mit der dringenden Nachfrage an ihre amerikanische Parallelorganisation wandte, wo er sich aufhalte. Die stolze britische Behörde war der Fehlinformation aufgesessen, einem »Major Albert GOERING, ehemals Reichsverteidigungs-Chef im Reichsluftfahrtsministerium«, wie sie ihn nannten, sei es »gelungen, auf dem Luftweg nach Portugal zu fliehen«.[223] Wie die Amerikaner ihren Amtskollegen bald darauf versicherten, war dies natürlich keineswegs der Fall, sondern Albert Göring zählte weiterhin die Tage in seiner Nürnberger Zelle.

Immerhin führte diese fragwürdige Aufklärungsarbeit dazu, dass sich auch in Nürnberg wieder jemand mit Albert befasste. Dieser Jemand war Lieutenant Colonel Arthur A. Kimball, der nicht recht wusste, wie er mit Albert zu verfahren hatte, obwohl sich aus den Befragungen keine Anklagegründe ergeben hatten. Kimball wandte sich daher an die nächsthöhere Dienststelle und schrieb am 24. Oktober 1945: »1. Albert Goering wird derzeit von dieser Dienststelle in Nurnberg [sic] unter Arrest gehalten. Aus seinen Unterlagen gehen keine Verbindungen zu seinem Cousin [sic] Hermann Goering und keine Gründe für eine fortgesetzte Haft hervor. Er ist für diese Dienststelle nicht weiter von Nutzen. 2. Erwarten Anweisung bezüglich der Freilassung oder Verlegung Albert Goerings.«[224] Die erbetene Anweisung kam prompt. Man empfahl »Verlegung«, und so wurde Albert von einer Haftanstalt in die nächste, wenn auch etwas freundlichere überführt.

Göring wurde in das zivile Internierungslager Nr. 4 in Hersbruck verlegt, wo er, wie man ihm mitteilte, nur bis zum Ende der Nürnberger Prozesse bleiben sollte. Fast ein Jahr später, am 17. Juni 1946, überstellte man ihn in ein weiteres Internierungslager in Darmstadt. Insgesamt war er seit über einem Jahr in Haft, ohne je angeklagt worden zu sein. Er hatte den Glauben an seine Befreiung fast aufgegeben, und das alles geschah, weil in jedem Bericht über ihn die Worte standen: »Bruder des Reichsmarschalls Göring«.

Doch Albert gab nicht auf. Wegen guter Führung und weil er von sich behaupten konnte, »kein Parteimitglied und nicht politisch aktiv« gewesen zu sein, bekam er die Möglichkeit, am 5. Juli 1946 einen Antrag auf Freilassung einzureichen.[225] Diesmal erwies sich das Schicksal als gnädiger gestimmt. Es begegnete Albert in Gestalt von Major Victor Parker, seinem neuen Vernehmungsoffizier. »Eines Abends kam er [Parker] nach Hause und sagte: ›Stell dir vor, wen ich getroffen habe, wen ich heute vernommen habe: Albert Göring.‹«, erinnert sich Parkers Ehefrau, Gertrude Parker, in einem Interview. »Ich wusste ja nicht, wer das war, also erklärte er mir, Albert Göring sei der Bruder von Hermann Göring. Während der Befragung hatte er den Namen Lehár erwähnt. Es hatte sich herausgestellt, dass Albert Göring Lehár und seiner Frau Sophie Paschkis geholfen hatte.«[226]

Victor Parker war verblüfft – Paschkis war sein eigener Geburtsname. Er hatte ihn in der neuen Heimat Amerika anglisiert. Mit Sophie Paschkis verband ihn nicht zufällig derselbe Nachname; er war ihr Neffe. Und diese Sophie, die Frau des berühmten österreichischen Musikers Franz Lehár, verdankte Albert Göring ihr Leben. Als die Gestapo sie wegen ihrer jüdischen Herkunft ins Visier nahm, hatte Albert sich für sie eingesetzt und mit einem Besuch bei Goebbels in Berlin erreicht, dass sie einen Sonderstatus zuerkannt bekam. Ihr Name stand auf seiner Liste der Geretteten in der fünfzehnten Zeile.

Diese Liste enthält nur vierunddreißig Namen, und die Wahrscheinlichkeit, dass ein naher Verwandter eines dieser Menschen als Vernehmungsoffizier in Deutschland war, dazu noch in dem richtigen Internierungslager dem richtigen Fall zugeteilt, und das am richtigen Tag, liegt jenseits jeder Statistik. Man ist beinahe versucht, von Vorsehung zu sprechen.

Parker schrieb also ein Vernehmungsprotokoll des Mannes, der seine Tante vor dem sicheren Tod gerettet hatte, und schloss es mit den Worten: »G. wurde als Bruder von Hermann Goering verhaftet. G. war nie Mitglied der Partei oder der angegliederten Organisationen und war in Deutschland, aber auch in Österreich, wo er die letzten 15 Jahre verbrachte, als Antifaschist bekannt. G. wurde 1933 aus Opposition zum Dritten Reich österreichischer Staatsbürger und blieb in der Hoffnung in Österreich, dort als freier Mensch in einem demokratischen Staat leben zu können. Nach der Besetzung Österreichs nutzte G. seinen Einfluss auf seinen Bruder, um mehreren Menschen zu helfen, die in beiliegender Tabelle aufgelistet sind. Die meisten dieser Menschen könnten leicht ausfindig gemacht werden, falls sie als Zeugen gebraucht werden. Die letztere Schilderung wird von

dem Verfasser dieses Protokolls für wahr gehalten, da dem
Verfasser persönlich bekannt ist, dass G. Franz Lehár geholfen hat, dem Onkel des Verfassers. Es wird empfohlen, G.
aus der Haft zu entlassen.«[227]

Plötzlich schien aus der halbverschütteten Erinnerung
an die Freiheit wieder eine Aussicht für die nahe Zukunft
zu werden. Alles deutete auf Alberts baldige Entlassung
hin. Doch in Washington und Wiesbaden hatte man andere Pläne für ihn. Bereits seit dem 25. November 1945
korrespondierten das Außenministerium in Washington
und das Büro des Deputy Judge Advocate (Stellvertretender
Judge Advocate für das Einsatzgebiet Europa) in Wiesbaden wegen eines Gesuchs der tschechoslowakischen Nachkriegsregierung um Albert Görings Auslieferung. Auch
die Tschechoslowaken sollten ihre Chance bekommen,
Albert wegen seiner angeblichen Kriegsverbrechen schmo-
ren zu lassen, denn nach einigem Hin und Her wurde am
15. März 1946 der Beschluss gefasst, »GOERING, Albert,
Oberdirektor der Škoda-Werke, CIC#4 [d.i. Ziviles Internierungslager Nr. 4], Hersbruck, Deutschland, möge an
General B. BOER, den entsprechend autorisierten Reprä-
sentanten der Tschechoslowakei, überstellt werden«.[228]
Damit hatten sich Alberts Aussichten auf Freilassung bis
auf weiteres zerschlagen, und er musste die nächste unfrei-
willige Reise antreten.

Im August 1946 wurde Albert übergangsweise in einem
Gefängnis in Pilsen einquartiert, wo er gleich eine Kostpro-
be der Umgangsformen seiner neuen Gastgeber bekam. »In
meinem ganzen Leben habe ich mir nicht so viele Ohrfeigen eingefangen wie in Pilsen«, erzählte er später seinem
Freund Josef Charvát.[229] Von dort aus ging es weiter bergab,
in das Pankrác-Gefängnis in Prag. An genau demselben Ort
hatte vor nicht allzu langer Zeit die Gestapo ihre Opfer ge-
foltert und über tausend Hinrichtungen durchgeführt. Als
Albert jetzt seine winzige Zelle bezog, quoll das Gefängnis

von den ehemaligen Tätern über, eben jenen Menschen, denen er sich jahrelang entgegengestellt hatte. Noch bis zwei Monate vor seiner Ankunft hatte der SS-Obergruppenführer Karl Hermann Frank, Alberts Erzfeind und der größte Fang der tschechoslowakischen Nachkriegsregierung, unter diesem Dach gehaust. Doch damit nicht genug, hatte er mit katastrophalen Haftbedingungen zu kämpfen und mit Wachen, die ihn ihren seit Jahren aufgestauten Hass gegen die Deutschen spüren ließen.

Wieder musste Albert Göring stundenlange Verhöre über sich ergehen lassen, und wieder setzte er eine Verteidigungsschrift auf, in der er anführte, welchen Tschechen er geholfen und was er für die Bevölkerung insgesamt erreicht hatte. Am 6. November trat Albert Göring vor den Richter Dr. Fryc. Sein Fall wurde vor dem 14. außerordentlichen Volksgericht verhandelt, einem von vierundzwanzig durch den Staatspräsidenten und ehemaligen Widerstandshelden Edvard Beneš und seine Regierung eingesetzten Volksgerichten. Glücklicherweise hatte sich Görings Auslieferung rasch unter seinen ehemaligen Škoda-Kollegen herumgesprochen, die ihm reihenweise zu Hilfe eilten. Jetzt konnten sie sich für die Großzügigkeit revanchieren, die Albert seit Beginn seiner Arbeit bei Škoda immer wieder an den Tag gelegt hatte.

Alberts alte Freunde und Schützlinge aus der Führungsriege des Konzerns – der ehemalige Vorsitzende des Verwaltungsrats Vilém Hromádko, der ehemalige stellvertretende kaufmännische Leiter Josef Modrý, der stellvertretende Geschäftsführer Vaclav Skřivánek und František Zrno, der Direktor von Omnipol – sagten alle zu seinen Gunsten aus. Selbst der Gewerkschafter der verstaatlichten Škoda-Werke, der nicht daran glaubte, dass es auch gute Deutsche gegeben haben könnte, sagte aus, es sei »ausgeschlossen, dass er Tschechen geschadet haben könnte. Es gibt keinen Grund, rechtlich gegen ihn vorzugehen, und er sollte nach Österreich überstellt werden.«[230]

Inzwischen hatte sich Albert Görings guter Ruf so weit verbreitet, dass man selbst im westlichen Europa von dem Verfahren in Prag erfuhr. Der ehemalige Stummfilmstar Alexandra Otzoup, eine Vertraute Alberts, erklärte in einer schriftlichen Aussage, wie Albert Göring den Angestellten zu helfen versuchte, die aus Vergeltung für das Attentat auf Reinhard Heydrich verhaftet worden waren: »Den Familien der Verhafteten hat er das volle Gehalt auszahlen lassen, obwohl dies verboten war. Sehr vielen Juden aus der Tschechei hat er durch Geldmittel und Intervention bei den Behörden zu Flucht und Auswanderung verholfen [...] Durch seine Hilfstätigkeit wurden Hunderte von Menschenleben gerettet.«[231]

Ernst Neubach, Alberts Freund aus Wiener Zeiten, schrieb in französischer Sprache einen Brief an Präsident Beneš persönlich, in dem er Alberts Rolle als Unterstützer vieler Tschechen, aber auch anderer Europäer beschrieb. Er schloss das Schreiben mit den Worten: »Ich will Sie nicht länger mit der Aufzählung ähnlicher Beispiele aufhalten, da es ihrer zu viele wären. Mir ist bewusst, Monsieur le Président de la République, dass dieser spezielle Fall sehr heikel und schmerzvoll ist, doch denke ich, dass es gerade in Zeiten, wo wir unglücklicherweise mit ansehen müssen, wie Tausende Attentäter und Nazis ungestraft frank und frei in Deutschland und Österreich spazieren, nicht sein sollte, dass ein Mann, der jahrelang die Nazis bekämpft hat, der ihren Opfern das Leben gerettet hat, dafür verurteilt wird, dass er den Namen eines Kriminellen trägt, dem er all die Jahre zu entkommen versuchte.«[232] Aus Österreich sandte der ehemalige SS-Obersturmbannführer Alfred Baubin, Alberts Beschützer innerhalb der SS, ein Unterstützungsschreiben an das Gericht, in welchem er die Befreiung der Omnipol-Direktoren durch Albert Göring bezeugte und bekräftigte, dass er »tschechenfreundlich und immer bereit war, sich für die Tschechen einzusetzen«.[233]

Schließlich erhielt Göring auch noch Unterstützung von gänzlich unerwarteter Seite: von den Amerikanern. Nach der Befreiung Prags hatten sie mit Hilfe eines ehemaligen SS-Offiziers einen Bunkerkomplex bei Štěchovice südlich von Prag entdeckt. Sie gruben sich durch Berge von Schutt – einen späten Versuch der SS, ihre Verbrechen zu vertuschen – und fanden unter den Trümmern das Staatsarchiv des Dritten Reichs. Es enthielt unzählige Regalmeter vertraulicher Dokumente, eine ganze Bibliothek der NS-Verbrechen. Darunter befand sich auch Albert Görings Akte, in der seine »Vergehen« gegen das Reich und seine Hilfseinsätze für die Bewohner der besetzten Tschechoslowakei aufgelistet waren. Als diese Dokumente dem Gericht vorlagen und sich mit den übrigen Beweisen ergänzten, blieb dem Vorsitzenden Richter Dr. Fryc nichts anderes übrig, als den Angeklagten in allen Punkten freizusprechen.

Am 15. Oktober 1946 nahm Hermann Göring seine Befreiung mit Hilfe einer Zyankali-Kapsel selbst in die Hand. Fünf Monate darauf, am 14. März 1947, wurde Albert als stark gealterter, gebrechlicher Mann nach zwei Jahren aus der Haft entlassen. Man entließ ihn in eine Welt, die bereits begonnen hatte, ihn zu vergessen. Auch ohne Gitterstäbe vor den Fenstern fühlte er sich gefangen in einer Stadt, die er kaum wiedererkannte. Er wollte zu seiner Frau und seinem Kind nach Österreich zurück, doch er besaß weder Geld noch Reisedokumente. Alles, was ihm geblieben war, waren seine Sträflingskleider. Außerdem befand er sich auf sowjetisch besetztem Gebiet und wusste, dass die Russen, wenn sie ihn erwischten, sich nicht erst lange mit einem Gerichtsverfahren aufhalten würden. Er hatte keine Ahnung, wohin er sich wenden sollte, bis ihm sein Freund Josef Charvát in den Sinn kam.

Bei Charváts alter Adresse in der Reslova Ulice erwartete ihn jedoch nur ein Trümmerhaufen. Albert suchte weiter, und schließlich gelang es ihm, wie schon einmal, Charváts neue Wohnung zu finden. »Ich öffnete die Tür, und vor mir stand ein grotesk zerlumpter Albert«, erinnert sich Charvát in seinen Memoiren. »Er trug ein grünes Hemd mit Schleife, wie es im Ersten Weltkrieg von einigen Bayerischen Regimentern getragen wurde. Auf die Ellbogen waren Leinenflicken aufgenäht. Auf dem Rücken prangte ein großes P. Er trug unfassbar schlechte Hosen und Schuhe, die vollständig aus dem Leim gegangen und zerschlissen waren. Ich schickte ihn ins Badezimmer, warf seine Kleider in den Abfall und gab ihm neue Sachen von mir. Da wir eine ähnliche Statur hatten, passte ihm alles, nur mein Hut war ein bisschen zu weit. Er rasierte sich, und wir trafen uns in der Bibliothek. Er konnte kaum seine Zigarette halten und mochte mir gar nicht in die Augen sehen, als ich ihm eine ganze Packung amerikanischer Zigaretten schenkte. Nach einem kleinen Imbiss begann er von seinem Leidensweg zu erzählen.«[234]

Sein Zustand allein sprach Bände, dennoch erzählte Göring Charvát von Hunger, Brutalität, Ignoranz, Verzweiflung und Entfremdung und schließlich von seiner ungläubigen Erleichterung bei der Entlassung: »Als sie mich mit dem gepanzerten Wagen zum Innenministerium brachten, weißt du, da kam es mir schon komisch vor, eine Zigarette angeboten zu bekommen. Und dann sagten sie: ›Herr Ingenieur, es liegt nichts gegen Sie vor, Sie sind frei.‹«[235]

Tags darauf drückte Charvát Albert etwas Geld in die Hand, damit er sich einen Hut kaufen konnte. Dieses simple Vorhaben erwies sich als unerwartet schwierig für Albert: Er musste schmerzhaft feststellen, dass es sich als Deutscher in Prag nicht mehr ganz so komfortabel leben ließ. »Kaum spreche ich Deutsch, fange ich mir Ohrfeigen ein«, sagte er zu Charvát. – »Wer sagt denn, dass Sie Deutsch sprechen sollen? Wenn Sie Französisch sprechen, wird man Ihnen auf Deutsch antworten, und dann können Sie in gebrochenem Deutsch einen Hut aussuchen.«[236] Noch ein wenig komplizierter war es, an den russischen Stellungen vorbei nach Österreich zu kommen.

In der österreichischen Botschaft bestätigte man Alberts Befürchtungen in Bezug auf die Russen und versicherte ihm, man könne ihn repatriieren, werde dafür jedoch eine Weile brauchen. Charvát fiel allerdings noch eine andere Lösung ein. Seine jüngste Tochter, eine Pferdenärrin, kannte aus ihren Reitsportkreisen einen Österreicher, der als Vertreter regelmäßig zwischen Österreich und der Tschechoslowakei pendelte. Eine Transportmöglichkeit gab es also, fehlte nur noch die passende Tarnung. Göring und Charvát fälschten Reisedokumente »mit großen Siegeln und Stempeln und in vielen Sprachen«. Dann statteten die Charváts ihren Freund für die Reise mit »Kleidung und ein paar Kleidchen für seine Tochter und, was wichtiger war, mit einer Packung Zuckerwürfel aus, die nicht nur eine Rarität waren, sondern sogar als Währung eingesetzt werden konnten«.[237] So ausgerüstet, verließ Albert Göring im Sommer 1947 Prag und machte sich mit dem österreichischen Vertreter auf den Weg zur Grenze.

Bereits einen Tag nach seiner Freilassung hatte er einen Brief an seine Frau Mila geschrieben: »Meine einzige, geliebte Mila! Nun bin ich also seit gestern in Freiheit u. habe Dir dies gestern telegrafiert. Ihr werdet sicher eine grosse Freude über mein Telegramm gehabt haben! [...] – Nun heißt es wieder geduldig sein, denn es könnte noch viel Zeit vergehen, bis ich endlich, endlich wieder bei Dir bin, Liebste.«[238]

11. Schwarz, Rot und Gelb

»Berlin, Berlin, wir fahren nach Berlin!«, rufen heisere Stimmen in die laue Sommernacht. Ganz Freiburg trägt Schwarz, Rot und Gold. Die Nationalfarben hängen von den Fahnenstangen, prangen auf T-Shirts, spiegeln sich in den leuchtenden Augen der Passanten. Überall auf der Bertholdstraße sieht man alberne Filzhüte und Michael-Ballack-Trikots; ein Autokorso voller hupender, »Olee« brüllender Fans kriecht den Werderring hoch und runter. Ein paar besonders siegesberauschte Nachtschwärmer versuchen sogar, wenn auch vergeblich, einen Kleinbus umzuwerfen. Deutschland ist ins Halbfinale der WM 2006 eingezogen. »Berlin, Berlin« ist schon seit dem ersten Gruppensieg das Mantra der Fangemeinde. Zwischen ihrem Team und dem Finale steht zwar noch die Begegnung mit den unerbittlichen Italienern, doch heute Abend wähnt die ganze Nation schon das Olympiastadion und die Trophäe in greifbarer Nähe.

Zuerst ist der Anblick etwas gewöhnungsbedürftig. Skandierende Menschenmassen unter einem deutschen Fahnenmeer rufen nicht unbedingt die behaglichsten Assoziationen hervor. Aber das hier ist ein neues Land. Ein wiedervereinigtes Deutschland, das über sechzig Jahre Zeit hatte, seine Wunden zu heilen und sich mit seinem Gewissen auszusöhnen. Hier und heute können Deutsche wieder im Chor skandieren, dass sie stolz sind auf sich und ihr Land.

Doch dieses Lebensgefühl gibt es nicht erst seit Beginn der WM. In den Gesprächen mit meinen deutschen Freunden klingt es immer wieder durch. Sie sind die Enkel des Dritten Reiches. Für sie ist es, anders als für ihre Eltern, kein Tabu mehr, über diese Zeit zu sprechen. Gern tun sie es allerdings auch nicht immer. Ihrer Meinung nach ist das Thema längst zum Klischee geronnen. Es wurmt sie, wenn jede neue Bekanntschaft aus dem Ausland gleich als Erstes wissen möchte, wo ihre Großeltern im Krieg gewesen sind. Ich kann diese Irritation durchaus verstehen – sie tragen für das, was ihre Großeltern getan haben, nicht die Verantwortung, nur dafür, aus deren Fehlern zu lernen und beim kleinsten Anzeichen, dass sie sich wiederholen könnten, einzugreifen. Sie sind eine eigene, neue Generation, deren Horizont nicht nur aus Hitler, Auschwitz und Hakenkreuzen besteht. Also lasse ich mich von der Siegesgewissheit, von dem neuen, selbstbewussten Gefühl der Zusammengehörigkeit anstecken und singe mit meinen Freunden: »Berlin, Berlin, wir fahren nach Berlin!«

Am nächsten Tag mache ich mich, noch ein wenig benommen und mit verquollenen Augen, auf den Weg zur Dönerbude. Die Straßen sehen aus ... tja, wie sie immer aussehen: wie geleckt. Keine einzige Bierflasche, und schon gar kein umgeworfener Bus, stört die makellose Ordnung. Offenbar waren schon frühmorgens die Heinzelmännchen unterwegs. Dennoch ist etwas von der Stimmung der vergangenen Nacht auch heute noch zu spüren. Auf der Goethestraße begegne ich einer radfahrenden Mutter, die für ihre zwei in voller Fanmontur gekleideten Kinder im Fahrradanhänger Fratzen schneidet. Ein Studentenpärchen, er mit Dreadlocks und ohne Hemd, sie im wehenden violetten Kleid, flaniert, Eis essend und kichernd, unter einem Triumphbogen aus Ahornlaub hindurch. Ganz Deutschland, so scheint es, ist in den Flitterwochen.

Ich holpere über die Straßenbahnschienen und stelle mein Fahrrad vor der Dönerbude ab. Emre ist heute da. Der unschlagbare Preis von zwei Euro pro Döner hat dafür gesorgt, dass Emre und ich gute Bekannte sind. Er ist mit zwölf Jahren nach Deutschland gekommen, als die Familie ihn für alt genug befand, bei seinem Onkel auszuhelfen. Jetzt, mit sechzehn, verbringt er einen Großteil seiner Nachmittage und Wochenenden hier im Laden, serviert frischen Döner und flirtet mit der weiblichen Kundschaft. Wir erzählen einander gern von der jeweiligen Heimat. Er schwärmt dann von seinem Leben in Istanbul, von den katzenäugigen Schönheiten, dem azurblauen Marmarameer, und natürlich von den Siegen der türkischen Nationalmannschaft. Und ich krame die Klischees meiner eigenen Heimat hervor: die blonden Strandnixen, Kylie Minogue und vor allem die Kängurus – von diesen hüpfenden zoologischen Kuriositäten bekommt Emre nie genug. Auf ganz eigene Weise verstehen wir einander sehr gut: Wir sprechen beide ein gebrochenes Deutsch mit starkem Akzent, er ein wenig gewandter als ich, und irgendwie tragen diese sprachlichen Hindernisse dazu bei, dass wir uns umso ungezwungener unterhalten.

Emre hat genauso dunkle Ringe unter den Augen wie ich, also frage ich, was ihn gestern wach gehalten hat. »Das Spiel!«, sagt er mit einem Gesichtsausdruck, als käme ich vom Mars. – »Tja, war 'ne tolle Nacht. Vielleicht ein bisschen *zu* toll«, füge ich hinzu, als mir ein säuerlicher Nachgeschmack die Kehle hochsteigt. Wie sich herausstellt, war auch Emre bis in den Morgen auf dem spontanen Volksfest in Freiburgs Straßen. Da die Türkei an der Qualifikation gescheitert ist, habe ich versucht herauszufinden, hinter welchem Team Emre steht. Jedes Mal, wenn ich ihn fragte, hielt er sich bedeckt. Aber als ich heute noch einmal nachhake, ruft er: »Deutschland natürlich!«

Der Zug hat Verspätung – volle fünf Minuten. »Scheiiße«, stöhnt ein Anzugträger zu meiner Rechten mit einem Gesicht, als sei ihm gerade der Weltuntergang verkündet worden. Für mich ist der verspätete ICE eine echte Bereicherung: Die paar Minuten Wartezeit werden den Fahrgästen mit kostenlosem Kaffee, Orangensaft und kleinen Snacks versüßt. Die mit der Verteilung beauftragte Bahnangestellte hat die Augen fest auf ihren Rollwagen

geheftet, um den grimmigen Blicken der Passagiere aus-
zuweichen. Viele ignorieren ihr Versöhnungsangebot, als
sei es nur eine weitere Zumutung. Endlich fährt der wind-
schnittige ICE in den Bahnhof ein und verscheucht die
feindselige Stimmung.

Ich fahre nach Berlin, allerdings nicht zum Finale, sondern um dort einen alten Freund wiederzusehen. Die große
WM-Party ist schon seit Monaten vorbei, seit Deutschland
in Dortmund das Halbfinalspiel gegen Italien verloren hat.
Die Angriffslust des deutschen Teams, seine flüssigen Kom-
binationen und seine spielerische Eleganz hatten gegen die
brettharte Abwehr und die hoch schematischen Angriffe
der Italiener keine Chance; was für eine Ironie. Es war ein
trauriger Tag. Ich hatte im Irish Pub die Abendschicht und
damit einen erstklassigen Blick auf die hoffnungsvollen Gesichter der Gäste. Zwei in der Nachspielzeit gefallene Tore
später sah es im Pub wie bei einem Begräbnis aus. Ausge-
wachsenen Männern liefen schwarz-rot-goldene Schlieren
die Wangen hinunter. Sie weinten nicht so sehr vor Trauer
als vor Entsetzen leise vor sich hin – ihr Optimismus war
so groß gewesen, dass eine Niederlage einfach unvorstellbar
schien.

Zwei Wochen trug ganz Deutschland Trauer. Doch jetzt,
drei Monate später, sind all die Emotionen, die in der WM
hochgespült wurden, wie weggewischt. Graue Alltagsmono-
tonie ist an ihre Stelle getreten, ganz so, als sei das »Sommer-
märchen« nur eine flüchtige Urlaubsaffäre gewesen.

Vor mir taucht der Berliner Hauptbahnhof auf wie eine
gläserne Kathedrale. Hier herrscht der glitzernde Zweckop-
timismus neuerer Shoppingmalls; das ganze Gebäude ist eine
sonnendurchflutete Ode an Modernität und Geschwindig-
keit. Draußen sieht es ähnlich aus. Das raue, geschichtsträch-
tige Berlin von vor fünf Jahren hat einen neuen, glänzenden
Anstrich bekommen. Das Marie-Elisabeth-Lüders-Haus, das
Paul-Löbe-Haus und das Kanzleramt, die alle in den Jahren

vor der WM entstanden sind, folgen mit ihren Glasflächen, unregelmäßigen Formen und hoch aufragenden weißen Wänden derselben lauten, grellen Ästhetik. Zeitlosigkeit war bei den Entwürfen offenbar nicht gefragt; Deutschland wollte sich der Welt lieber mutig und dynamisch präsentieren. Das Resultat ist durchaus erfrischend, wirkt aber auch ein bisschen angestrengt.

Das Ganze erinnert mich an meine Heimatstadt Sydney, die mit den Jahren einen Facelift nach dem anderen verpasst bekommt. Mit jedem neuen Look verwandelt sie sich in die Speerspitze der Avantgarde, doch ein paar Jahre später wirkt die Stadt schon wieder wie ein Relikt aus anderen Zeiten. Dasselbe Phänomen befürchte ich angesichts von Berlins neuestem architektonischem Triumph. Der Versuch, sich neu zu erfinden, könnte genauso schnell vorüber sein wie der Enthusiasmus, die Hoffnung und der Stolz, den die WM mit sich gebracht hat. Macht der Zeitgeist wieder einen seiner Höhenflüge und Abstürze durch wie schon in den 1970er und 90er Jahren? Wie die Begeisterung über die friedlichen, freien Olympischen Sommerspiele 1972 in Entsetzen umschlug, als plötzlich wieder jüdisches Blut auf deutschem Boden vergossen wurde, so folgte auf den Taumel der Wiedervereinigung die Ernüchterung über die verbliebene »Mauer in den Köpfen«.

Endlich ist auch Jack in unserem Hostel angekommen. Er ist ein alter Schulfreund von mir aus Sydney, der sich auf einer Europareise von der Hektik seines Berufslebens als Investmentbanker erholt. Es ist schon zehn Uhr abends, aber er besteht darauf, sich noch in Berlins alternatives Nachtleben zu stürzen. Und die beste Anlaufstelle dafür ist, so versichert er mir, das Kunsthaus Tacheles in Mitte.

Das »Tacheles« im alten jüdischen Viertel verdankt seine Existenz einer Künstlergruppe, die sich den Zensurmaßnahmen in der DDR widersetzte und sich entsprechend das jiddische Wort für »Klartext« zum Namen wählte. Das Gebäude war in der Zwischenkriegszeit ein Einkaufszentrum. Zu NS-Zeiten waren darin unter anderem eine SS-Dienststelle und Zellen für französische Kriegsgefangene untergebracht, und nach der Gründung der DDR übernahm der Freie Deutsche Gewerkschaftsbund die Verwaltung des Gebäudes. Seit dem Mauerfall hat es sich von einem besetzten Haus zu einem quirligen Komplex mit Galerien und offenen Ateliers, mit Freiluft- und Saalkino und vier Bars weiterentwickelt. Subversive Aktionen, spontane Partys und künstlerische Freiheit haben das Haus zu einer festen Größe in Berlins alternativer Kunstszene gemacht.

Und Jack und ich sind mittendrin. Der Weg zur Bar führt durch ein von oben bis unten mit Graffiti bedecktes Treppenhaus. Bässe dröhnen, Haschischdunst weht uns entgegen, Anti-Bush-Poster und politische Parolen bedecken jeden Quadratzentimeter Wand. Es ist wie ein Studentenwohnheim auf Speed – alles ist möglich. Wir tasten uns durch dicke Rauchschwaden zum Tresen vor, ergattern zwei Bier und setzen uns in eine freie Ecke, um uns erst einmal zu orientieren. Doch kaum haben wir den ersten Schluck genommen und einen Wo-sind-wir-denn-hier-gelandet-Blick ausgetauscht, als sich eine dunkle Gestalt vor uns aufbaut. Der Mann ist mindestens Ende dreißig und erinnert mit seinen Tunnelpiercings in den Ohren und den hochgesteckten grauen Dreadlocks an den Dude aus *The Big Lebowski*. Er fragt uns auf Englisch, mit starkem deutschem Akzent, ob wir »etwas brauchen«, und klopft sich bedeutungsvoll auf die Tasche. »Nein, danke, uns reicht die Atmosphäre«, stammeln wir wie echte Anfänger. Als sei ihm sein Angebot jetzt peinlich, versichert uns der Dude, er sei gar kein Drogendealer – na ja, in Teilzeit vielleicht –, sondern eigentlich ein Künstler. Er komme nur gelegentlich hierher, um den üblichen Backpackern seine kleine Auswahl an Halluzinogenen anzubieten. »Leichte Beute«, sagt er.

Übliche Backpacker? Das klingt wie ein Alarmsignal. Trotz seines künstlerischen, alternativen Anspruchs scheint das Tacheles auf der Kippe zur Touristenabsteige zu sein, oder noch schlimmer, ein Motor der Gentrifizierung. Die echte Subkultur findet offenbar längst anderswo statt.

Unser Dude hat inzwischen beschlossen, uns unter die Fittiche zu nehmen, und fragt, was wir hier in Deutschland machen. Ich antworte, dass ich in Deutschland lebe, und erzähle von meinen Eindrücken von der Achterbahnfahrt der Gefühle während der WM und von der depressiven Stimmung, die seither herrscht.

»Keine Sorge, das wird schon wieder!«, sagt er. »Nimm zum Beispiel das Haus hier. Es ist schon alles Mögliche gewesen. Es hat eine Menge Achterbahnfahrten hinter sich, wie du es nennst. *Aber weißt du*«, einen Moment lang rutscht er ins Deutsche und fängt sich gleich wieder, »es ist immer dasselbe Gebäude, dasselbe Fundament, derselbe *Geist*. In den Neunzigern wollten sie es abreißen, weil es hieß, es wäre nicht sicher oder so 'n Scheiß. Aber die Künstler haben ein neues Gutachten machen lassen, und wisst ihr was? Das Ding ist grundsolide.« Tja, das ist wohl Ansichtssache.

12. Der zufriedene Paria

Salzburg, Sommer 1947. Viele führende NS-Politiker sind in Nürnberg hingerichtet worden. Die Nachfolgeprozesse haben begonnen. Polen hat einen frischen roten Anstrich bekommen. Präsident Truman arbeitet fieberhaft an einem Farbverdünner, um die rote Gefahr zu bannen. Und Albert ist endlich wieder mit seiner Familie vereint. Aus dem Baby, das er vor seiner Verhaftung nur flüchtig gesehen hat, ist ein lebhaftes zweieinhalbjähriges Töchterchen geworden. Seine Frau ist schöner denn je. Österreich ist schwer vom Krieg gezeichnet, doch Albert und seine Familie leben endlich in Ruhe und Frieden.

In der ersten Zeit nach seiner Heimkehr hat Albert zahlreiche alte Freunde wiedergetroffen. Einige kamen, um sich bei ihrem Retter zu bedanken, unter ihnen Franz Lehár, der dank Alberts Hilfe noch einige seiner Kompositionen mit seiner geliebten Frau teilen konnte, bevor sie im September 1947 starb. Zum Dank widmete Lehár Albert eine seiner Aufführungen und bot sich als Pate für seine Tochter an.

Um eine neue Existenz aufzubauen, begab Albert sich als Nächstes auf Stellensuche. Einem Mann mit seiner Erfahrung und seinen Verdiensten sollte es nicht schwerfallen, in einer von Österreichs renommiertesten Firmen unterzukommen. Doch das Land hatte sich verändert. Und Albert Göring war aus Sicht der Österreicher eine personifizierte Erinnerung an die schmerzhafte Vergangenheit. Seine beruflichen Qualifikationen und guten Taten änderten nichts daran, dass er den Nachnamen jenes Mannes trug, der für ihre Demütigung und Verzweiflung verantwortlich war.

Also endete jedes Vorstellungsgespräch mit der Ausrede, man habe keine freien Stellen mehr, oder mit der ehrlichen

Sorge, sein Familienname könnte den Betrieb in Verruf bringen. Trotz seiner Ausbildung, trotz seiner dreißigjährigen Berufserfahrung war Albert Görings Mithilfe beim Wiederaufbau Europas nicht erwünscht. »Nach dem Krieg änderte sich ihr Leben dramatisch. Alles, was sie hatten, wurde von der Regierung oder den Alliierten konfisziert. Und damit begannen die harten Zeiten«, erinnert sich Alberts Tochter Elizabeth Goering in einem Interview.[239] Derselbe Name, der noch vor kurzem die hartgesottensten SA-Schläger in die Flucht getrieben hatte, der Hunderten Verfolgten das Leben rettete, der es Albert ermöglichte, den Willen des Regimes zu unterlaufen, dieser Name sollte ausgerechnet jetzt, da die Welt von Hermann Göring und seinen Gefolgsleuten befreit war, Albert Göring ins Unglück stürzen.

Trotz allem weigerte sich Albert stur, seinen Namen zu ändern, sei es aus noch immer ungebrochenem Stolz auf seine Herkunft oder aus der naiven Vorstellung heraus, man werde ihn letztlich aufgrund seiner Taten beurteilen. Diese Zuversicht hielt ihn eine Weile aufrecht, doch mit jeder Absage schwand sein Selbstbewusstsein. Bald erlebte er wieder dasselbe Gefühl der Hilflosigkeit wie während der Zeit seiner Haft, nur noch stärker. Er begann sein makelloses Äußeres zu vernachlässigen und gab seine preußisch aufrechte Körperhaltung auf. Sein charismatisches Lächeln wich einem verbitterten, mutlosen Ausdruck und schließlich einem sarkastischen Grinsen. Wie sein Vater, der sich in demselben Alter in einer ähnlichen Lage befunden hatte, begann er zu trinken. »Ich weiß noch, dass er zu der Zeit irgendwie wütend wirkte. Wahrscheinlich hatte er seine Gründe dafür ... Er fühlte sich unfair behandelt, weil er ein sehr guter Ingenieur war«, mutmaßt Jacques Benbassat, dessen Familie zu der Zeit mit Albert engen Kontakt hielt.[240]

Alkohol und Verzweiflung beschleunigten Alberts Niedergang. Er begann fremdzugehen. Er wurde erwischt. Mila Göring reagierte prompt, indem sie sich 1948 von ihm trennte und 1951 mit ihrer Tochter und ihrer Mutter im peruanischen Lima ein neues Leben begann. »Sie war sehr, sehr enttäuscht«, erklärt Elizabeth Goering. »Sie hatte ihm ihr ganzes Leben zu Füßen gelegt, ihre Illusionen, alles. Und dann muss sie auf einmal feststellen, dass sie nicht die Einzige ist.«[241]

Es war nicht das erste Mal, dass Albert Göring sich auf diese Weise schuldig machte. Seine überstürzte Scheidung von der ersten Ehefrau, Maria von Ammon, und die Abschiebung der zweiten, Erna von Miltner, in ein Sanatorium scheinen demselben Muster zu folgen. Man mag kaum glauben, dass dies derselbe Mensch war, der im Namen der Menschlichkeit sein Leben aufs Spiel setzte. Ganz im Gegensatz dazu hatte sein Bruder Hermann, die Unmenschlichkeit in Person, immer zu seiner Familie gehalten.

Auf der Suche nach einer Erklärung für diesen verblüffenden Charakterdefekt fragte ich Jacques Benbassat, warum Albert seiner Meinung nach nie zu Mila zurückkehrte, und er sagte: »Keine Ahnung, aber er fühlte sich durch seine Frau sehr, sehr verletzt. Was auch immer er getan hatte – was zu der Trennung geführt hatte ... er fand, so weit hätte sie nicht gehen dürfen. Nach seinen mitteleuropäischen moralischen Standards, wissen Sie.«[242] Vielleicht hatte Albert sich inzwischen in eine Opferrolle hineingesteigert. Vielleicht hatte er das Gefühl, seine Frau hätte ihn im Stich gelassen, als er sie am dringendsten brauchte, oder dass ein kleines Liebesabenteuer ihr nicht das Recht gab, mitsamt seiner Tochter auf die andere Seite der Welt zu verschwinden. Vielleicht fand er vor dem Hintergrund seiner Zeit, sein Verhalten sei durchaus nicht ungewöhnlich. Schließlich lebte er in einer anderen Ära; von Ehefrauen wurde erwartet, dass sie ihren Männern einige Abenteuer durchgehen ließen. Eine Geliebte zu haben gehörte fast zum guten Ton. Albert selbst könnte seine Existenz solch einem Arrangement zu verdanken haben.

Doch selbst wenn man versuchen kann, sich Alberts Verhalten seinen Ehefrauen gegenüber historisch zu erklären, versteht man noch nicht, wie er mit seiner Tochter Elizabeth umging. Nach dem Bruch mit Mila nahm er nie wieder Kontakt zu ihr auf.

Als ich Elizabeth interviewte, bat ich sie behutsam um ihre Sicht zu diesem Thema. Ich hatte sie als erfolgreiche Geschäftsfrau von Ende sechzig kennengelernt, als Mutter zweier begabter Söhne, die in Lima mit beiden Beinen im Leben stand und mit ihrer vaterlosen Kindheit offenbar abgeschlossen hatte. Doch ihre schwankende Stimme und ihr nervöses Lachen verrieten einen heimlichen Schmerz, der bis heute auf ihr lastet. »Nein, wütend war ich nicht; ich war gar nichts. Wissen Sie ... einen Vater zu haben, der nie antwortet ...«, begann Elizabeth. »Meine Mutter drängte mich dazu, ihm zu schreiben, bis ich ungefähr zehn war. Sie sagte immer: ›Dein Vater hat bald Geburtstag, also musst du ihm etwas schreiben, du musst ihm Bilder malen.‹ Das musste ich also für meinen Vater tun, jedes Jahr wieder. Und dann noch für Weihnachten, für ich weiß nicht was, für Ostern und alles Mögliche ... Sie schickte also die Briefe weg, aber er antwortete nicht, wissen Sie, er hat nie, nie geantwortet ... Warum hätte ich also weiter an jemanden schreiben sollen, der mich nicht wollte – denn das war mir vollkommen klar: Er wollte mich nicht! ... Ich sagte also zu meiner Mutter: ›Dann tu es selbst. Hör auf, mich vorzuschieben.‹«[243]

Trotz all des Leids, das Albert Göring ihr zugefügt hatte, schien Elizabeths Mutter Mila ihn noch immer zu respektieren, vielleicht sogar zu lieben. »Eins muss ich noch sagen«, fügte Elizabeth hinzu. »Ich weiß nicht, was zwischen den beiden vorgefallen ist und wann meine Mutter die Scheidung eingereicht hat und so weiter, aber sie [meine Mutter und meine Großmutter] haben nie ein böses Wort über ihn verloren; sie haben immer nur Gutes über ihn erzählt.«[244]

Elizabeth betonte auch, dass Albert der einzige Deutsche war, den ihre tschechische Großmutter respektierte. Dieser Respekt blieb immer bestehen, trotz der Scheidung, der Zerwürfnisse und der räumlichen Distanz.

Albert blieb allein und noch immer arbeitslos zurück und wusste nicht wohin, bis ihn Brunhilde Seiwaldstätter, seine ehemalige Haushälterin, bei sich aufnahm. Sie war eine Kriegswitwe, keine Schönheitskönigin wie Mila, doch sie besaß die Haupteigenschaften, die Albert an Frauen gefielen: Sie war weit jünger und weit rundlicher als er. Jahre später sollte er mit ihr seine vierte und letzte Ehe eingehen.

Damit hatte Albert Göring wieder ein Dach über dem Kopf und die Nähe einer Frau, doch seine Ruhe ließ man ihm nicht. »Die Amerikaner kamen, hämmerten an die Tür und riefen: ›Wo ist Göring?‹«, erinnert sich Brunhilde Löhner-Fischer, die Tochter von Brunhilde Seiwaldstätter aus erster Ehe. »Die Wohnung lief auf den Namen meiner Mutter, und sie stellte sich sofort in die Tür und sagte: ›Hier gibt es keinen Göring. Mein Name ist Seiwaldstätter. Göring wohnt hier nicht.‹ Und er versteckte sich im Schlafzimmer zitternd unter dem Bett. Sie wollten ihn mitnehmen. So war es damals.«[245]

Der einstige Millionär und Philanthrop war inzwischen restlos pleite, hatte für seine neue Frau und ihre Tochter zu sorgen und keine Aussicht auf ein festes Auskommen, kurz, er war jetzt selbst dringend auf Hilfe angewiesen. Glücklicherweise gab es durchaus Menschen, die mit seinem Namen Positives verbanden. »Er hat natürlich schon Hilfe bekommen, von denen, die er aus dem Lager geholt hat, und den Juden, denen er geholfen hat. Wir bekamen Essenspakete, und er bekam ein wenig Unterstützung, könnte man sagen. Sonst hätte er gar nicht überleben können«, erinnert sich Brunhilde Löhner-Fischer.[246]

Zu Alberts Unterstützern gehörte auch die Familie Benbassat. Die Benbassats luden Albert Göring mehrmals in die österreichischen Alpen ein, um dort gemeinsam Skiurlaub zu machen oder nur seine Gesellschaft zu genießen. Besonders ihr Sohn Jacques verbrachte viel Zeit mit ihm. Im Interview vertraute er mir an: »Richtig kennengelernt habe ich Albert in Bad Gastein und Innsbruck, wo ich mit meinen Eltern immer die Ferien verbrachte. Mein Vater lud Albert jedes Mal ein, uns in die Ferien zu begleiten, und dann waren wir fast die ganze Zeit zusammen. Ich begann ihn persönlich zu mögen, und er schien ebenfalls trotz meines Alters meine Gesellschaft zu genießen.« Sosehr die Erwachsenenwelt Albert auch zusetzte, brachte er es doch fertig, seine Sorgen zeitweise zu vergessen und sich mit einem Jugendlichen prächtig zu unterhalten. »Wir saßen immer in der gemütlichen Hotellobby und tranken Kaffee, nur Albert und ich, und ich muss zugeben, dass ich mich damals für die Weltgeschichte viel weniger interessierte als für die Damen, die dort ein und aus gingen. Glücklicherweise hatte Albert daran ein genauso lebhaftes Interesse, auch wenn unsere Geschmäcker sehr unterschiedlich waren. Er mochte immer die wohlgenährten Frauen am liebsten und überraschte mich einmal mit dem Satz: ›Eine Frau kann gar nicht dick genug sein.‹«[247]

Wenn Europa keinen Platz für einen wie Albert Göring hatte, vielleicht konnte er sich dann in Südamerika eine neue Existenz aufbauen. Südamerika war bekannt dafür, altgedienten Nationalsozialisten Asyl zu gewähren, warum also nicht auch dem Bruder eines solchen? So oder ähnlich mag es sich Albert überlegt haben, als er zu Beginn der fünfziger Jahre nach Argentinien reiste.

Alberts Reisepläne sprachen sich über eine seiner Schwestern rasch zu seiner Exfrau Mila herum, die bei der Aussicht, er könnte auch nach Lima kommen, in helle Aufregung geriet. »Wir dachten also, er würde auch zu uns nach

Lima kommen, und ich freute mich so sehr darauf, endlich meinen Vater kennenzulernen«, erzählte mir Elizabeth Goering am Telefon und brach in ein resigniertes Lachen aus. »Aber er kam nicht. Er kam nicht. Er hat sich überhaupt nicht gemeldet.«[248]

Stattdessen blieb Albert Göring in Buenos Aires und traf sich dort mit seinem alten Freund Jan Moravek und mit ehemaligen Geschäftspartnern. Er hoffte darauf, mit ihrer Hilfe eine Anstellung zu finden und ein neues Leben beginnen zu können. Es ist nicht dokumentiert, inwieweit er diese Pläne realisieren konnte, sicher ist nur, dass er schon kurz darauf die lange Heimreise nach Europa antrat, in seine noch immer ungewisse Zukunft.

Eine Weile schien es so, als habe sich der Entschluss zur Heimkehr gelohnt. 1955 konnte Albert endlich eine Stelle als Ingenieur in einer Baufirma ergattern. Sofort zog er mit Brunhilde und ihrer Tochter nach München, um endlich zu tun, wonach er sich seit zehn Jahren sehnte: seinen Beitrag zum Wiederaufbau zu leisten. Endlich hatte er wieder eine Aufgabe. Endlich fiel es wieder jemandem auf, wenn er krank zu Hause bleiben musste oder zu spät kam. Endlich bekam er sein Selbstwertgefühl zurück. Bis jemand sich die Mühe machte, sein Namensschildchen zu lesen.

Vom Wirtschaftswunder wie berauscht, hatte Deutschland längst alles darangesetzt, die finstere Vergangenheit hinter sich zu lassen. Alles drehte sich nur um das Hier und Jetzt. Für einen Blick zurück nahm sich niemand die Zeit; das konnte warten. Ganz Deutschland litt an post-traumatischem Stress und befand sich in einer Verleugnungsphase. Jemanden wie Albert, der ihnen die Laune verdarb, indem er sie an ihre Schuld erinnerte, konnten sie nicht gebrauchen. Sobald die Angestellten der Baufirma also herausgefunden hatten, wer ihr neuer Kollege war, protestierten sie. »Die Firma hatte damals vierhundert Mitarbeiter«, erzählt Brunhilde Löhner-Fischer, »und als die herausfanden, dass er Hermanns Bruder war, wurde ihm gekündigt. Der Chef des Unternehmens bestellte ihn in sein Büro und sagte: ›Es tut mir leid, aber sie haben alle gesagt: Entweder er oder wir.‹ Und weil er allein war, musste er eben gehen.«[249]

Solche Widerstände waren für Albert nichts Neues. In seinen besseren Zeiten hätte er ein wenig seinen Charme spielen lassen, hier und da mit einer witzigen Bemerkung die Stimmung aufgehellt und schließlich noch die verbohrtesten Gegner auf seine Seite gebracht. Mit anderen Worten: Dem früheren Albert Göring wäre so etwas nicht passiert. Doch von diesem früheren, charismatischen Göring war nur noch die leere Hülle geblieben, ein apathischer, abgekämpfter alter Mann. Brunhilde Löhner-Fischer erinnert sich: »Der Mann war verbittert. Er war mit seinem Leben unzufrieden. Er war in Aufruhr. Das kam vom Krieg. Vielleicht hat er das, was er vorher hatte, damit verglichen, wie es ihm jetzt ging, wie er um Übersetzungsaufträge betteln musste, um ein paar Groschen zusammenkratzen zu können. Dass jemand wie er so tief sinken konnte, gibt einem schon zu denken.«[250]

In den frühen sechziger Jahren erlebte die junge Christine Schöffel, die Tochter von Ernst Neubach, wie sich an Albert Göring eine Wandlung vollzog – auch wenn sie es damals nicht wissen konnte. Um diese Zeit, so scheint es, fügte er sich allmählich in sein Schicksal, und seine Verbitterung ließ nach. Er legte das Selbstmitleid und die Rolle des Ausgestoßenen ab und begann das Leben zu genießen, wie es war, nicht, wie es hätte sein sollen. Er genoss seine Spaziergänge im Englischen Garten, den frisch aufgebrühten Kaffee am Morgen, seine Ruhe und seinen Frieden. Albert gab sich mit seinem Leben mit Brunhilde in einer bescheidenen Münchener Vorortwohnung zufrieden. Er war mit dem Schicksal im Reinen.

»Mein Vater nahm meine Mutter und mich mit zu Albert«, erzählt Christine Schöffel. »Wir trafen ihn in einem Restaurant und gingen ein wenig spazieren ... Und ich erinnere mich, dass mein Vater darauf sehr stolz war. Das bedeutete ihm etwas: ›Ich kenne Albert Göring.‹ Nicht, weil es Albert Göring war, sondern er war stolz, jemanden zu kennen, der damals anderen Leuten geholfen hat. Und er – das muss ich auf Deutsch sagen – *er hat ihn sehr geschätzt. Eine große Achtung für ihn gehabt.*«[251]

Besonders lebhaft erinnert sie sich nach dem Treffen an Albert Görings Augen: »Sehr ausdrucksstarke Augen, aber sanft, nicht wie bei seinem Bruder. Es gibt zwei ganz unterschiedliche Arten von Augen. Sein Bruder hatte kalte Augen. Und Albert Göring war da ganz anders.« Dann fügt sie noch hinzu: »Mir kam er sehr still, freundlich und bescheiden vor ... Man hätte nie gedacht, dass er aus so einer Familie kam, aus so einer Geschichte.«[252] Als sich alle gerade verabschieden wollen, nimmt Albert Göring Christine beiseite und gibt ihr einen zeitlosen Rat mit auf den Weg: »Dir werden im Leben immer gute wie schlechte Menschen begegnen, so ist es überall auf der Welt. So hat man es mir beigebracht. Für mich waren es nie die schrecklichen Deutschen oder die schrecklichen Russen oder so etwas. Mir hat man beigebracht, dass es Gute wie Schlechte gibt, und das muss man fürs Leben lernen. Das wird sich nie ändern.«[253]

Ungefähr um dieselbe Zeit verfasste Christines Vater einen Artikel über Albert Göring in der Zeitschrift *Aktuell: Deutsches Wochenmagazin,* in dem er sich bemühte, den späten Albert Göring zu verstehen. Er schrieb: »Er könnte heute reich und unbelästigt irgendwo in Südamerika leben, wenn er nur gewollt hätte. Stattdessen lebt er in München von einer äußerst bescheidenen Rente, trinkt viel Kaffee und freut sich über ein gutes Glas Wein. Er hat weder seine Memoiren verkauft noch ein fettes Angebot einer amerikanischen Filmgesellschaft angenommen.« Als Ernst ihn fragte, warum er diese Möglichkeiten, ein komfortableres Leben zu führen, ausgeschlagen habe, antwortete er: »Nichts geht verloren in dieser Welt – es hat nur immer wieder ein anderer.«[254]

Wenige Jahre nach diesem Abendessen der Neubachs mit Albert Göring bekam Dr. Josef Charvát, sein alter tschechischer Freund, zwei Briefe von Alberts Münchner Adresse. In seinen Memoiren schreibt er: »Ich hörte lange nichts mehr von ihm, bis plötzlich ein Brief aus München kam, in dem Albert erwähnte, er habe Verdauungsprobleme. Der Brief war sehr stoisch und philosophisch im Ton. Es ging daraus hervor, dass er entweder wieder geheiratet hatte oder mit einer Frau zusammenlebte, die sich auch um ihn kümmerte. Er hatte eine Zeitschrift beigelegt, in der ein Artikel über mich stand. Dann kam ein Brief von der besagten Dame ...« So erfuhr sein Freund, dass Albert Göring im Alter von einundsiebzig Jahren am 20. Dezember 1966 an Bauchspeicheldrüsenkrebs gestorben war.

13. Wieder ein anderer

Aus dem Bus steigt eine sonntäglich gekleidete ältere Dame mit einem Wildblumenstrauß im Arm. Langsam und gebeugt trippelt sie durch das Tor des Münchener Waldfriedhofs. Ich konsultiere meinen Lageplan, und als ich wieder aufblicke, ist sie im Gehölz verschwunden. Ich folge dem Kiesweg, doch kaum habe ich die ersten Schritte getan, öffnet der Himmel seine Schleusen. Unter dem Dach einer Roteiche suche ich Schutz vor dem herabprasselnden Regen. Ihre alten Äste knarren und ächzen im Wind, und durch ihre Blätter rauscht ein Strom dunkler Erinnerungen und Phantasien.

Eine halbe Ewigkeit bleibe ich in diesem unheimlichen Szenario gefangen, bis der Regen ebenso schlagartig nachlässt und ich meinen Weg in den Wald fortsetzen kann. Unter seinem grünen Dach weicht meine Anspannung allmählich einem Gefühl der Geborgenheit und Ruhe. Leises Vogelgezwitscher ist zu hören. Steinerne Engel wachen über jeden meiner Schritte. Langsam erschließt sich mir die Schönheit dieses Ortes.

Der Waldfriedhof in einem Münchener Außenbezirk, einer der ersten seiner Art weltweit, ist nicht nach dem üblichen Schema aufgebaut. Statt effizient gerasterter Grabstellen gibt es hier labyrinthische Parkwege und Orte der Ruhe. Grabsteine und Gruften fügen sich organisch in die Landschaft ein, wie auch der Tod unauflöslich Teil der Natur ist. Dieser Ort gehört ebenso sehr den Lebenden wie den Toten.

Der Kiesweg führt mich zu einem kleinen, mit einer Sandsteinmauer abgegrenzten Familiengrab. Unter einem Mauervorsprung hängt, wie in vielen bayerischen Haushalten, ein Kruzifix. In Frakturschrift ist der Name Dr. Heinrich Ernst Göring, »kaiserlich deutscher Minister-resident«, in den Stein gemeißelt; direkt darunter steht seine Frau Franziska Göring, geborene Tiefenbrunn. Und ganz unten am Fuß des Grabsteins entdecke ich schließlich ihren Sohn: Albert Göring, Ingenieur, geboren am 9. März 1895, gestorben am 20. Dezember 1966. Nirgendwo sonst kann ich ihm so nahe sein, dem Mann, den ich nie kennenlernen durfte und doch so gut kenne.

Ich bin hierhergekommen, um ihm meine Reverenz zu erweisen und um Lebewohl zu sagen. Drei Jahre lang bin ich mit ihm um die Welt gereist, als Schüler, der den Spuren seines Lehrers folgt. Mit ihm habe ich verrauchte Cabarett-Klubs und Künstlercafés kennengelernt. Er hat mit mir im Zentrum einer aufgebrachten Wiener Menschenmenge am Boden gekniet und für die alten jüdischen Frauen das Pflaster geschrubbt. Ich habe seine ungläubige Wut erlebt, als seine zivilisierten Mitmenschen zu Schlägern und Ver-brechern wurden, Hermanns Büro vor mir gesehen, in dem über Leben und Tod entschieden wurde. Alberts angstver-zerrtes Gesicht, wenn ihm die Gestapo auf den Fersen war. Seine Zigarettenspitze und seine Filmstarqualitäten. Und seine Liebe zum Kaffee – der Duft einer guten, starken Tasse Kaffee wird mich mein Leben lang an Albert Göring erinnern.

Dennoch kommt es mir falsch und ungerecht vor, dass es nur diesen einen Erinnerungsort für Albert Göring gibt. Anders als für Oskar Schindler und Raoul Wallenberg wurde für ihn kein Baum in Yad Vashem gepflanzt. Es gibt kein Museum, das uns von seinen Taten erzählt. Dieses Eck-chen moosbewachsenen Sandsteins ist das einzige Bauwerk, das ihm gewidmet ist.

Das Unwetter hat sich verzogen; es fegt jetzt über das Stadtzentrum hinweg und hinterlässt einen weißblauen Himmel und den frischen Duft nach Regen über dem

Göring'schen Familiengrab. Über Tannennadeln und nasses Laub trete ich näher heran und stelle fest, dass etwas fehlt. Nirgends findet sich ein Hinweis auf das bekannteste Mitglied der Familie.

Am 15. September 1946 wurde Hermann Görings Leiche am Boden seiner Zelle in Nürnberg gefunden. Manche vertreten die Ansicht, er habe die Kapsel mit Kaliumzyanid, mit der er Selbstmord beging, schon seit seiner Verhaftung in einer Cremedose mit sich geführt; andere haben einen der Wärter als Mithelfer unter Verdacht. Als Hermann Göring zum Tode verurteilt wurde, wollte er wie ein Soldat vor ein Erschießungskommando treten. Dieser Wunsch wurde ihm verweigert. Göring sollte wie seine Mittäter hängen, doch kurz vor dem Termin mit dem Henker spielte er seine letzte Trumpfkarte aus. Sein lebloser Körper, dem ein Auge wie von einem eingefrorenen Zwinkern halb offen stand, wurde in den Exekutionsraum gebracht. Viele verdutzte, rote Gesichter blickten ihm entgegen, und das röteste gehörte Colonel Burton C. Andrus, dem Gefängniskommandanten, der so stolz auf seine umfassenden Vorbeugungsmaßnahmen gegen Selbstmord gewesen war. Noch im Tod hatte Hermann Göring einen Volltreffer gelandet. Dann, kurz nach Mitternacht, wurde Görings Leiche zusammen mit denen anderer NS-Größen in ein Münchener Krematorium gebracht. Seine Asche wurde am selben Tag in den kaum drei Meter breiten Conwentzbach[255] gestreut. Von dort floss sie in die Isar, durch Münchens Innenstadt und den Englischen Garten, ostwärts durch das ländliche Bayern, bis sie vielleicht in die Donau gespült und von ihr durch Wien und Bratislava, Budapest und Belgrad ins Schwarze Meer getragen wurde.

Ich beuge mich zu der grün angelaufenen kupfernen Grabplatte hinunter, die mit kreuzförmigen Messingbolzen verankert ist, und kratze ein wenig Schmutz beiseite. Nach und nach kommt das eingravierte Porträt eines Soldaten mit Tropenhelm und Gewehr zum Vorschein. Das muss der Reichskommissar Heinrich Göring sein, wie er im Namen des Kaisers die Grenzen Deutsch-Südwestafrikas erweiterte. Sein Abbild wird zu beiden Seiten von einer kaum mehr leserlichen Inschrift flankiert, die in Fraktur das Familienmotto der Görings zum Ausdruck bringt. Links ist zu lesen: »Wir sind nicht von denen, die da weichen«, und rechts steht: »sondern von denen, die da glauben.«

Bei diesem Anblick verstehe ich unmittelbar, warum Albert und Hermann Göring, als sie beim Begräbnis ihres Vaters vor eben diesem Grabmal standen, Tränen der Reue in die Augen traten. Zu spät erkannten sie, was für ein großer Mann ihr Vater gewesen war. Auch sie wollten die Tradition ihrer Vorväter würdig vertreten. Sie wollten der Stolz ihres Vaters und ihrer Familie sein. Und gingen dabei so unterschiedliche Wege: Hermanns endete in einem schlammigen Rinnsal in München, während Alberts Weg zu diesem Grabmal zurückführte und sich in die Leben derer einschrieb, denen er begegnete – auch in meins.

Albert Görings Selbstlosigkeit und der Mut, den er in finsteren Zeiten bewies, haben wenig Anerkennung erfahren; es gibt keine Orden und Auszeichnungen in seinem Namen. Ganz im Gegenteil, seine Taten wurden zur bloßen Fußnote in der Lebensgeschichte seines Bruders degradiert. Wer sich jedoch die Mühe macht, den Wegen zu folgen, die er uns aufgezeigt hat, und die Lebensgeschichten derer nachzuzeichnen, denen er half, entdeckt die Umrisse eines eindrucksvollen, wenn auch ungewöhnlichen Familienstammbaums. Seine Verästelungen sind nicht durch Erblinien verbunden, sondern durch das Wirken eines Menschen, der das Überleben der Familienmitglieder sicherstellte: Albert Göring. Auf meiner Reise habe ich Ärzte und Regisseure kennengelernt, Wissenschaftler und Politiker, Geschäftsgründer und Musiker, Adlige und Universitätsprofessoren, die alle mit Albert in Berührung gekommen sind.

Zu Lebzeiten wurde Albert Göring als Außenseiter abgestempelt, als Nationalsozialist, Frauenheld, Kriegsverbrecher und Lebemann, doch die Nachwelt sieht ihn anders: als Patriarchen einer weltumspannenden Familie, die aus hunderten Überlebenden und ihren Nachfahren besteht. Allmählich begreife ich, dass dieses Grab, dieser Abschied nicht das Ende ist.

Nichts geht verloren in dieser Welt,
es hat nur immer wieder ein anderer.

Anhang

Anmerkungen

1   Major Paul Kubala, Final Interrogation Report: Albert Goering, Brother of the Reichsmarschall and Agent of the Škoda and Brno Works, Seventh Army Interrogation Center (SAIC), Augsburg, 19th September 1945. (File Number: XE002282); Personal Name File (PNF) 1939–1976, Goering, Albert; Investigative Records Repository (IRR); Records of the Army Staff, Record Group (RG) 319; National Archives at College Park, Maryland, USA.

2   Frischauer, W.: Goering. London: Odhams Press LTD 1950, S. 15.

3   Dungern, O.: Ahnentafel des Ministerpräsidenten und Reichsluftfahrtministers Generalobersten Hermann Göring. In: Ahnentafeln berühmter Deutscher. Herausgegeben von der Zentralstelle für deutsche Personen- und Familiengeschichte. Leipzig 1936.

4   Butler, E., Young, G.: The Life and Death of Hermann Goering. Newton Abbot: David & Charles Publishers 1989, S. 12.

5   Singer, K.: Göring: Germany's most dangerous man. Melbourne: Hutchinson & Co. LTD 1940, S. 17.

6   Frischauer, W.: Goering. London: Odhams Press LTD 1950, S. 16.

7   Ebd., S. 15.

8   Gewald, J. B.: Herero Heroes. A socio-political History of the Herero of Namibia, 1890–1923. Oxford: James Currey LTD 1999, S. 31.

9   Mosley, L.: Göring. Eine Biographie. Aus dem Englischen von Hans Jürgen von Koskull. München: Desch 1975, S. 28.

10 Ebd., S. 29.

11 Frischauer, W.: Goering. London: Odhams Press LTD 1950, S. 17f.

12 Gewald, J. B.: Herero Heroes. A socio-political History of the Herero of Namibia, 1890–1923. Oxford: James Currey LTD 1999, S. 31f.

13 Mosley, L.:Göring. Eine Biographie. Aus dem Englischen von Hans Jürgen von Koskull. München: Desch 1975, S. 30.

14 Ebd., S. 29.

15 Frischauer, W.: Goering. London: Odhams Press LTD 1950, S. 20.

16 Mosley, L.: Göring. Eine Biographie. Aus dem Englischen von Hans Jürgen von Koskull. München: Desch 1975, S. 30.

17 Ebd.

18 Ebd., S. 31f.

19 Ebd., S. 32.

20 Ebd., S. 31.

21 Ebd.

22 Interview mit Mia Haunhorst, The Real Albert Goering, 3BM TV, 1998.

23 Mosley, L.: Göring. Eine Biographie. Aus dem Englischen von Hans Jürgen von Koskull. München: Desch 1975, S. 34.

24 Zit. n. ebd., S. 32.

25 Frischauer, W.: Goering. London: Odhams Press LTD 1950, S. 21.

26 Manvell, R./Fraenkel, H.: Hermann Göring. London: William Heinemann LTD 1962, S. 5.

27 Mosley, L.: Göring. Eine Biographie. Aus dem Englischen von Hans Jürgen von Koskull. München: Desch 1975, S. 33.

28 Ebd.

29 Frischauer, W.: Goering. London: Odhams Press LTD 1950, S. 21.

30 Mosley, L.: Göring. Eine Biographie. Aus dem Englischen von Hans Jürgen von Koskull. München: Desch 1975, S. 34.

31 Ebd., S. 34f.

32 Goldensohn, L.: Die Nürnberger Interviews. Hg.: R. Gellately. Düsseldorf/Zürich: Artemis & Winkler Verlag 2005, S. 183.

33 Mosley, L.: Göring. Eine Biographie. Aus dem Englischen von Hans Jürgen von Koskull. München: Desch 1975, S. 36f.

34 Ebd., S. 37.

35 Irving, D.: Göring. A Biography. London: Macmillan London LTD 1989, S. 33.

36 Miller, G.: The Death of Manfred von Richthofen. Who fired the fatal shot?. In: Sabretache. The Journal and Proceedings of the Military History Society of Australia. Jg. 39, Bd. 2, 1998.

37 Frischauer, W.: Ein Marschallstab zerbrach. Eine Göring-Biographie. Ulm: Münster Verlag 1951, S. 28.

38 Albert Günther Görings militärische Krankenakte, Landesamt für Gesundheit und Soziales: Versorgungsamt – Krankenbuchlager, Berlin.

39 Frischauer, W.: Ein Marschallstab zerbrach. Eine Göring-Biographie. Ulm: Münster Verlag 1951, S. 36f.

40 Ebd., S. 37.

41 Dr. Margot Fuchs (Leitung Historisches Archiv, Technische Universität München), E-Mail an den Autor, 23. November 2006.

42 Interrogation Report of Albert Göring, compiled at the Ministry of Interior in Prague, 17th December, 1946; Ls V 242/47, Tschechisches Nationalarchiv Prag.

43 Interview mit Jacques Benbassat, The Real Albert Goering, 3BM TV, 1998.

44 Goldensohn, L.: Die Nürnberger Interviews. Hg.: R. Gellately. Düsseldorf/Zürich: Artemis & Winkler Verlag 2005, S. 182.

45 Ebd., S. 194f.

46 Interrogation Report of Albert Göring, compiled at the Ministry of Interior in Prague, 17th December, 1946; Ls V 242/47, Tschechisches Nationalarchiv Prag.

47 Interview mit Edda Göring, The Real Albert Goering, 3BM TV, 1998.

48 Interview mit Jacques Benbassat, The Real Albert Goering, 3BM TV, 1998.

49 Schleunes, K. A.: The Twisted Road to Auschwitz. Nazi policy toward German Jews, 1933–1939. London: André Deutsch LTD 1972, S. 199.

50 »Offenbar erlittenes Unrecht«. In: Der Standard, 14. April 2006, S. 2.

51 Neubach, E.: »Mein Freund Göring«. In: Aktuell. Deutsches Wochenmagazin, 24. Februar 1962, S. 22.

52 Ebd., vgl. auch Belach, H.: Henny Porten. Der erste deutsche Filmstar, 1890–1960. Berlin: Haude und Spener 1986, S. 120.

53 Belach, H.: Henny Porten. Der erste deutsche Filmstar, 1890–1960. Berlin: Haude und Spener 1986, S. 137f.

54 Interview mit Edda Göring, The Real Albert Goering, 3BM TV, 1998.

55 Interview mit Jacques Benbassat, The Real Albert Goering, 3BM TV, 1998.

56 Ebd.

57 Neubach, E.: »Mein Freund Göring«. In: Aktuell. Deutsches Wochenmagazin, 24. Februar 1962, S. 20.

58 Testimony of Albert Goering, taken at Nuremberg, Germany, 25 September 1945, 1045–1240, by Ensign Jackson (National Archives Microfilm Publication M1270, roll 5); Interrogation Records Prepared for War Crimes Proceedings at Nuernberg, 1945–1947; The International Military Tribunal (IMT) at Nuernberg, RG 238; National Archives at College Park, Maryland, USA.

59 Ebd.

60 Heim, S./Aly, G.: »Die Ökonomie der Endlösung«. In: Aly, G., et al. (Hg.): Sozialpolitik und Judenvernichtung. Gibt es eine Ökonomie der Endlösung? Berlin: Rotbuch Verlag 1987, S. 26.

61 Braham, R. L.: The Politics of Genocide, The Holocaust in Hungary. Detroit: Wayne State University Press 2000, S. 247.

62 Zeugenaussage von Alexe Neacşu, zitiert aus Ioanid, R.: The Holocaust in Romania. The Destruction of Jews and Gypsies Under the Antonescu Regime, 1940–1944. Chicago: Irvin R. Dee 2000, S. 181.

63 Albert Göring, Menschen, denen ich bei eigener Gefahr (dreimal Gestapo-Haftbefehle!) Leben oder Existenz rettete, SAIC, Augsburg, May 1945. (XE002282); PNF 1939–1976, Goering, Albert, IRR, RG 319; National Archives at College Park, Maryland, USA.

64 Interview mit Jacques Benbassat, The Real Albert Goering, 3BM TV, 1998.

65 Neubach, E.: »Mein Freund Göring«. In: Aktuell. Deutsches Wochenmagazin, 24. Februar 1962, S. 20.

66 Ebd.

67 Ebd.

68 Hopfgartner, A.: Kurt Schuschnigg. Ein Mann gegen Hitler. Graz u. a.: Styria Verlag 1989, S. 218.

69 Neubach, E.: Flugsand. Zürich: Pan Verlag 1945, S. 35.

70 Neubach, E.: »Mein Freund Göring«. In: Aktuell. Deutsches Wochenmagazin, 24. Februar 1962, S. 20.

71 Interview mit George Pilzer, The Real Albert Goering, 3BM TV, 1998.

72 Ebd.

73 Neubach, E.: »Mein Freund Göring«. In: Aktuell. Deutsches Wochenmagazin, 24. Februar 1962, S. 20.

74 Ebd.

75 Ebd., S. 21.

76 Zit. n. Linke, N.: Franz Lehár. Reinbek bei Hamburg: Rowohlt Taschenbuch Verlag 2001, S. 118.

77 Neubach, E.: »Mein Freund Göring«. In: Aktuell. Deutsches Wochenmagazin, 24. Februar 1962, S. 21f.

78 Ebd., S. 22.

79 Haffner, H./Haffner, I.: Immer nur lächeln ... Das Franz-Lehár-Buch, Berlin: Parthas 1998, S. 184f.

80 Transcript of telephone call made by Sir N. Henderson in Berlin to the Foreign Office in London, 16th March 1938, FO 371/22316; General Correspondence from 1906–1966, Political: Southern: Austria; FO Records Created and Inherited by the Foreign Office: General Correspondence from Political and Other Departments; Britisches Nationalarchiv in Kew (London), Surrey.

81 Schuschnigg, K.: Ein Requiem in Rot-Weiss-Rot. Zürich: Amstutz, Herdeg & Co. 1946, S. 125.

82 Ebd., S. 126.

83 Neubach, E.: »Mein Freund Göring«. In: Aktuell. Deutsches Wochenmagazin, 24. Februar 1962, S. 21.

84 Schuschnigg, K.: Ein Requiem in Rot-Weiss-Rot. Zürich: Amstutz, Herdeg & Co. 1946, S. 133.

85 Heinrich Schuschnigg, E-Mail an den Autor, 24. Februar 2006.

86 Neubach, E.: »Mein Freund Göring«. In: Aktuell. Deutsches Wochenmagazin, 24. Februar 1962, S. 21.

87 Ebd., S. 20.

88 Neubach, E.: Flugsand. Zürich: Pan Verlag 1945, S. 74.

89 Neubach, E.: »Mein Freund Göring«. In: Aktuell. Deutsches Wochenmagazin, 24. Februar 1962, S. 20.

90 Neubach, E.: Flugsand. Zürich: Pan Verlag 1945, S. 74.

91 »Part II: Special Report on Relations with Albert Goering«, Appendix E: Report on Dr. Ladislao Kovacs, Report on Conversations with Hungarian Personalities in Rome, 5th July 1944; HS 4/101, Assessment of Situation inside Hungary: List of Hungarian Personalities in Rome, 1944; Special Operations Executive: Eastern Europe: Registered Files, HUNGARY; HS Records of Special Operations Executive; Britisches Nationalarchiv in Kew (London), Surrey.

92 Ebd.

93 Ebd.

94 Ebd.

95 »Part I«, ebd.

96 »Part II«, ebd.

97 Major Paul Kubala, Final Interrogation Report: *Albert Goering, Brother of the Reichsmarschall and Agent of the Škoda and Brno Works*, SAIC, 19th September 1945. (XE002282); PNF 1939–1976, Goering, Albert; IRR; RG 319; National Archives at College Park, Maryland, USA.

98 Ebd.

99 Darley, J. M./Batson, C. D.: »From Jerusalem to Jericho. A study of situational and dispositional variables in helping behaviour«. In: Journal of Personality and Social Psychology, 27(1) 1973, S. 100–108.

100 Václav Rejholec, E-Mail an den Autor, 18. September 2006.

101 Svobodný, P.: »Josef Charvát (1897–1984), Mediziner. Die Kriegsjahre 1939–1945 im Lichte seiner Tagebücher«. In: M. Glettler/A. Míšková (Hg.): Prager Professoren 1938–1948. Zwischen Wissenschaft und Politik. Essen: Klartext Verlag 2001, S. 465.

102 Testimony of ALBERT GOERING, taken at Nuremberg, Germany, 25 September 1945, 1045–1240, by Ensign Jackson M1270, roll 5; RG 238, National Archives at College Park, Maryland, USA.

103 Krátký, V. (unveröffentlicht): Göringů seznam. Archiv der Škoda-Werke, Pilsen.

104 Vilém Hromádko testimony to the Extraordinary People's Court in Prague XIV, 6th November 1947. Ls V 242/47, Tschechisches Nationalarchiv Prag.

105 Albert Göring, Menschen, denen ich bei eigener Gefahr (dreimal Gestapo-Haftbefehle!) Leben oder Existenz rettete, SAIC, Augsburg, May 1945. (XE002282); PNF 1939–1976, Goering, Albert, IRR, RG 319; National Archives at College Park, Maryland, USA.

106 Kubů, E., et al.: »Under Threat of Nazi Occupation, The Fate of Multinationals in the Czech Lands, 1938–1945«. In: Kobrak, C./Hansen, P. (Hg.): European Business, Dictatorship, and Political Risk, 1920–1945. New York: Berghahn Books 2004, S. 210f.

107 Testimony of ALBERT GOERING, taken at Nuremberg, Germany, 25 September 1945, 1045–1240, by Ensign Jackson M1270, roll 5; RG 238; National Archives at College Park, Maryland, USA.

108 Vilém Hromádko, testimony to the Extraordinary People's Court in Prague XIV, 6th November 1947. Ls V 242/47, Tschechisches Nationalarchiv Prag.

109 Charvát, J.: Můj labyrint světa. Vzpomínky, zápisky z deníků. Prag: Galén 2005, S. 198.

110 Ebd.

111 Interview mit Elizabeth Goering, The Real Albert Goering, 3BM TV, 1998.

112 Krátký, V. (unveröffentlicht): Göringů seznam. Archiv der Škoda-Werke, Pilsen.

113 SD report, Appendix 5: Albert Göring, Ingenieur, Oberdirektor der Škoda-Werke, 23rd October 1944. Ls V 242/47, Tschechisches Nationalarchiv Prag.

114 Krátký, V. (unveröffentlicht): Göringů seznam. Archiv der Škoda-Werke, Pilsen.

115 Testimony of ALBERT GOERING, taken at Nuremberg, Germany, 25 September 1945, 1045–1240, by Ensign Jackson M1270, roll 5; RG 238; National Archives at College Park, Maryland, USA.

116 Interview mit Jiřiná Rejholvová, The Real Albert Goering, 3BM TV, 1998.

117 Svobodný, P.: »Josef Charvát (1897–1984), Mediziner. Die Kriegsjahre 1939–1945 im Lichte seiner Tagebücher«. In: M. Glettler/A. Míšková (Hg.): Prager Professoren 1938–1948. Zwischen Wissenschaft und Politik. Essen: Klartext Verlag 2001, S. 469.

118 Ervin-Deutsch, L.: »Sklavenarbeit in Kaufering«. In: Dachauer Hefte 2, Sklavenarbeit im KZ (1986), S. 109–111.

119 Svobodný, P.: »Josef Charvát (1897–1984), Mediziner. Die Kriegsjahre 1939–1945 im Lichte seiner Tagebücher«. In: M. Glettler/A. Míšková (Hg.): Prager Professoren 1938–1948. Zwischen Wissenschaft und Politik. Essen: Klartext Verlag 2001, S. 470.

120 Interview mit Jiřiná Rejholvová, The Real Albert Goering, 3BM TV, 1998.

121 Interview mit Christine Schöffel, The Real Albert Goering, 3BM TV, 1998.

122 Neubach, E.: »Mein Freund Göring«. In: Aktuell. Deutsches Wochenmagazin, 24. Februar 1962, S. 21.

123 Interrogation Report of Albert Göring, compiled at the Ministry of Interior in Prague, 17th December, 1946; Ls V 242/47, Tschechisches Nationalarchiv Prag.

124 Charvát, J.: Můj labyrint světa. Vzpomínky, zápisky z deníků. Prag: Galén 2005, S. 18.

125 Per Svensson in einer E-Mail an den Autor, 15. November 2006.

126 Sabine Stein (Archiv der Stiftung Gedenkstätten Buchenwald und Mittelbau-Dora) in einer E-Mail an den Autor, 7. Oktober 2006.

127 Charvát, J.: Můj labyrint světa. Vzpomínky, zápisky z deníků. Prag: Galén 2005, S. 201.

128 Testimony of Albert Goering, taken at Nuremberg, Germany, 25 September 1945, 1045–1240, by Ensign Jackson M1270, roll 5; RG 238; National Archives at College Park, Maryland, USA.

129 Interview mit Jarmila Modra, The Real Albert Goering, 3BM TV, 1998.

130 Interview mit Jarmila Modra durch den Autor, 7. Juni 2006, Prag.

131 Kubů, E., et al.: »Under Threat of Nazi Occupation. The Fate of Multinationals in the Czech Lands, 1938–1945«. In: Kobrak, C./Hansen, P. (Hg.): European Business, Dictatorship, and Political Risk, 1920–1945. New York: Berghahn Books 2004, S. 209f.

132 Testimony of Albert Goering, taken at Nuremberg, Germany, 25 September 1945, 1045–1240, by Ensign Jackson M1270, roll 5; RG 238; National Archives at College Park, Maryland, USA.

133 Ebd.

134 Ebd.

135 Josef Modrý, testimony to the Extraordinary People's Court in Prague XIV, 6th November 1947. Ls V 242/47, Tschechisches Nationalarchiv Prag.

136 Albert Göring, letter to Herrn Reichsprotektor Exzellenz von Neurath, 10th December 1940. Ls V 242/47, Tschechisches Nationalarchiv Prag.

137 František Zrno, testimony to the Extraordinary People's Court in Prague XIV, 6th November 1947. Ls V 242/47, Tschechisches Nationalarchiv Prag.

138 Krátký, V. (unveröffentlicht): Göringů seznam. Archiv der Škoda-Werke, Pilsen.

139 Ebd.

140 František Zrno, testimony to the Extraordinary People's Court in Prague XIV, 6th November 1947. Ls V 242/47, Tschechisches Nationalarchiv Prag.

141 Krátký, V. (unveröffentlicht): Göringů seznam. Archiv der Škoda-Werke, Pilsen.

142 Ebd.

143 Moravek Perou de Wagner, E.: My Roots Continents Apart. A Tale of Courage and Survival. Nebraska: iUniverse 2006, S. 95.

144 Ebd., S. 80f.

145 Ebd., S. 81.

146 Ebd., S. 90f.

147 Ebd., S. 100f.

148 Ebd., S. 102.

149 Ebd.

150 Ebd., S. 122.

151 Ebd., S. 123.

152 Ebd., S. 125.

153 Testimony of Albert Goering, taken at Nuremberg, Germany, 25 September 1945, 1045–1240, by Ensign Jackson M1270, roll 5; RG 238; National Archives at College Park, Maryland, USA.

154 Ebd.

155 Interrogation Report of Albert Göring, compiled at the Ministry of Interior in Prague, 17th December, 1946; Ls V 242/47, Tschechisches Nationalarchiv Prag.

156 SD report, Appendix 5: Albert Göring, Ingenieur, Oberdirektor der Škoda-Werke, 23rd October 1944. Ls V 242/47, Tschechisches Nationalarchiv Prag.

157 Interrogation Report of Albert Göring, compiled at the Ministry of Interior in Prague, 17th December, 1946; Ls V 242/47, Tschechisches Nationalarchiv Prag.

158 Ebd.

159 Ebd.

160 Alexandra Otzoup, Zeugenaussage im Lager Mönchshof, 9. Januar 1947. Zitiert nach Neubach, E.: »Mein Freund Göring«. In: Aktuell. Deutsches Wochenmagazin, 24. Februar 1962, S. 21.

161 Charvát, J.: Můj labyrint světa. Vzpomínky, zápisky z deníků. Prag: Galén 2005, S. 198f.

162 Luža, R./Vella, C.: The Hitler Kiss. A Memoir of the Czech Resistence. Baton Rouge, LA: Louisiana State University Press 2002, S. 85.

163 Ebd.

164 Karel Staller, letter to Extraordinary People's Court in Prague XIV, 6th December, 1947. Ls V 242/47, Tschechisches Nationalarchiv Prag.

165 Ebd.

166 Albert Göring, Menschen, denen ich bei eigener Gefahr (dreimal Gestapo-Haftbefehle!) Leben oder Existenz rettete, SAIC, Augsburg, May 1945. (XE002282); PNF 1939–1976, Goering, Albert, IRR, RG 319; National Archives at College Park, Maryland, USA.

167 Vilém Hromádko, testimony to the Extraordinary People's Court in Prague XIV, 6th November 1947. Ls V 242/47, Tschechisches Nationalarchiv Prag.

168 Ebd.

169 SD report, Appendix 5: Albert Göring, Ingenieur, Oberdirektor der Škoda-Werke, 23rd October 1944. Ls V 242/47, Tschechisches Nationalarchiv Prag.

170 Ebd.

171 Interrogation Report of Albert Göring, compiled at the Ministry of Interior in Prague, 17th December, 1946; Ls V 242/47, Tschechisches Nationalarchiv Prag.

172 Ebd.

173 Krátký, V. (unveröffentlicht): Göringů seznam. Archiv der Škoda-Werke, Pilsen.

174 Moravek Perou de Wagner, E.: My Roots Continents Apart. A Tale of Courage and Survival. Nebraska: iUniverse 2006, S. 127.

175 Interview mit Jacques Benbassat, The Real Albert Goering, 3BM TV, 1998.

176 Charvát, J.: Můj labyrint světa. Vzpomínky, zápisky z deníků. Prag: Galén 2005, S. 199.

177 Testimony of Albert Goering, taken at Nuremberg, Germany, 25 September 1945, 1045–1240, by Ensign Jackson M1270, roll 5; RG 238; National Archives at College Park, Maryland, USA.

178 »Not a person«, Time, 3. Juni 1946.

179 Telex from SS-Obergruppenführer Staatsminister Karl Hermann Frank in Prague to SS-Obergruppenführer Dr Kaltenbrunner in Berlin, 24th August, 1944. Ls V 242/47, Tschechisches Nationalarchiv Prag.

180 Charvát, J.: Můj labyrint světa. Vzpomínky, zápisky z deníků. Prag: Galén 2005, S. 199.

181 Elsa Perou. Zitiert nach: Moravek Perou de Wagner, E.: My Roots Continents Apart. A Tale of Courage and Survival. Nebraska: iUniverse 2006, S. 143f.

182 Charvát, J.: Můj labyrint světa. Vzpomínky, zápisky z deníků. Prag: Galén 2005, S. 199.

183 Ebd.

184 Interrogation Report of Albert Göring, compiled at the Ministry of Interior in Prague, 17th December, 1946; Ls V 242/47, Tschechisches Nationalarchiv Prag.

185 Gestapo (Prague) Report on Oberdirektor Albert Göring to SS-Obergruppenführer Staatsminister Karl Hermann Frank compiled by the Staatspolizeileitstelle Prag: Bredauer-Gasse 20, 14th October, 1944. Ls V 242/47, Tschechisches Nationalarchiv Prag.

186 Interrogation Report of Albert Göring, compiled at the Ministry of Interior in Prague, 17th December, 1946; Ls V 242/47, Tschechisches Nationalarchiv Prag.

187 Telex von Kriegsgerichtsrat Ehrhardt in Berlin an die Staatspolizeileitstelle Prag, 30. Dezember 1944, zitiert nach: Gestapo (Prague) Memorandum, 20th January 1945. Ls V 242/47, Tschechisches Nationalarchiv Prag.

188 Interrogation Report of Albert Göring, compiled at the Ministry of Interior in Prague, 17th December, 1946; Ls V 242/47, Tschechisches Nationalarchiv Prag.

189 Maser, W.: Hermann Göring. Hitlers janusköpfiger Paladin. Die politische Biographie. Berlin: Quintessenz Verlag 2000, S. 427.

190 Fest, J.: Der Untergang. Hitler und das Ende des Dritten Reiches. Eine historische Skizze. Berlin: Alexander Fest Verlag 2002, S. 102.

191 Ebd.

192 Maser, W.: Hermann Göring. Hitlers janusköpfiger Paladin. Die politische Biographie. Berlin: Quintessenz Verlag 2000, S. 429.

193 Ebd., S. 434.

194 Ebd.

195 Interview mit Dr. Liselotte Schroth, The Real Albert Goering, 3BM TV, 1998.

196 Augenzeugenbericht General Robert I. Stack (Assistant Division Commander): »Capture of Goering«. The 36th Infantry Division Association Library. Online unter: www.kwanah.com/36division/ps/ps0277.htm (letzter Zugriff September 2011).

197 Maser, W.: Hermann Göring: Hitlers janusköpfiger Paladin. Die politische Biographie. Berlin: Quintessenz Verlag 2000, S. 435.

198 B. F. Egenberger, Memorandum for the Officer in Charge, Subject: GOERING, Albert, brother of Reichsfeldmarschall Goring, Hermann; Salzburg, Austria, 9th May 1945. (XE002282); PNF 1939–1976, Goering, Albert, IRR, RG 319; National Archives at College Park, Maryland, USA.

199 Neubach, E.: »Mein Freund Göring«. In: Aktuell. Deutsches Wochenmagazin, 24. Februar 1962, S. 27.

200 Major Paul Kubala, Final Interrogation Report: *Albert Goering, Brother of the Reichsmarschall and Agent of the Škoda and Brno Works*, SAIC, 19th September 1945. (XE002282); PNF 1939–1976, Goering, Albert; IRR; RG 319; National Archives at College Park, Maryland, USA.

201 Ebd.

202 Interview mit Richard Sonnenfeldt, The Real Albert Goering, 3BM TV, 1998.

203 Sonnenfeldt, R. W.: Mehr als ein Leben. Bern: Scherz Verlag 2003, S. 180.

204 Interview mit Richard Sonnenfeldt, The Real Albert Goering, 3BM TV, 1998.

205 Richard Sonnenfeldt, E-Mail an den Autor, 3. Mai 2007.

206 Testimony of Albert Goering, taken at Nuremberg, Germany, 1100–1200, 3 September 1945, by Colonel John H. Amen, M1270, roll 5; RG 238; National Archives at College Park, Maryland, USA.

207 Ebd.

208 Testimony of Albert Goering, taken at Nuremberg, Germany, 25 September 1945, 1045–1240, by Ensign Jackson M1270, roll 5; RG 238; National Archives at College Park, Maryland, USA.

209 Interrogation of Goering, SAIC, 3rd June 1945. (XE000996); PNK 1939–1976, Goering, Hermann; IRR; RG 319; National Archives at College Park, Maryland, USA.

210 Testimony of Albert Goering, taken at Nuremberg, Germany, 25 September 1945, 1045–1240, by Ensign Jackson M1270, roll 5; RG 238; National Archives at College Park, Maryland, USA.

211 Ebd.

212 Ebd.

213 IMT (Internationaler Militärgerichtshof von Nürnberg), TB-Ausg., Bd. 8, S. 294, Dok. 3460-PS. zit. nach Maser, Werner: Hermann Göring. Hitlers janusköpfiger Paladin. Die politische Biographie. Berlin: Quintessenz Verlag 2000, S. 284f.

214 Gritzbach, Erich: Hermann Göring. Reden und Aufsätze. 3. Aufl. München: Franz Eher 1939, S. 348.

215 Besprechung über die »Judenfrage« unter Vorsitz von Göring im Reichsluftfahrt-ministerium am 12. November 1938 (NA Washington, IMT 1816 PS), zit. nach

Döscher, Hans-Jürgen: »Reichskristallnacht«. Die Novemberpogrome 1938 im Spiegel ausgewählter Quellen. Eine Dokumentation. Bonn: Roeder Verlag 1988, S. 37.

216 Ebd., S. 42.

217 Gedenkstätte Haus der Wannsee-Konferenz (Hg.)/Klein, P.: Die Wannsee-Konferenz vom 20. Januar 1942. Analyse und Dokumentation. Berlin: Edition Hentrich 1995, S. 28.

218 Testimony of Albert Goering, taken at Nuremberg, Germany, 25 September 1945, 1045–1240, by Ensign Jackson M1270, roll 5; RG 238; National Archives at College Park, Maryland, USA.

219 Ebd.

220 Ebd.

221 Moravek Perou de Wagner, E.: My Roots Continents Apart. A Tale of Courage and Survival. Nebraska: iUniverse 2006, S. 127.

222 Albert Göring, letter to »the Commandant«, Nürnberg, 10th September 1945. M1270, roll 5; RG 238; National Archives at College Park, Maryland, USA.

223 Major M. N. Forrest of Section V in London, telegram to United States Forces, European Theater (USFET) Main, Major Albert GOERING, 8th October 1945. (XE002282); PNF 1939–1976, Goering, Albert, IRR, RG 319; National Archives at College Park, Maryland, USA.

224 Lieutenant Colonel Arthur A. Kimball, letter to USFET Main, Release of P. W., Nürnberg, 24th October 1945. (XE002282); PNF 1939–1976, Goering, Albert, IRR, RG 319; National Archives at College Park, Maryland, USA.

225 Application for Release, Göring, Albert, Darmstadt, 5th July 1946. (XE002282); PNF 1939–1976, Goering, Albert, IRR, RG 319; National Archives at College Park, Maryland, USA.

226 Interview mit Gertrude Parker, The Real Albert Goering, 3BM TV, 1998.

227 Major Victor Parker, Preliminary Interrogation Report, Civilian Internment Camp No. 91, Darmstadt, 31st July 1946. (XE002282); PNF 1939–1976, Goering, Albert, IRR, RG 319; National Archives at College Park, Maryland, USA.

228 Colonel C. B. Mickelwalt, Extradiction of Alleged War Criminal, Deputy Judge Advocate, Wiesbaden, 15th March, 1946. (XE002282); PNF 1939–1976, Goering, Albert, IRR, RG 319; National Archives at College Park, Maryland, USA.

229 Charvát, J.: Můj labyrint světa. Vzpomínky, zápisky z deníků. Prag: Galén 2005, S. 200.

230 Krátký, V. (unveröffentlicht): Göringů seznam. Archiv der Škoda-Werke, Pilsen.

231 Alexandra Otzoup, Zeugenaussage im Lager Mönchshof, 9. Januar 1947. Zitiert nach Neubach, E.: »Mein Freund Göring«. In: Aktuell. Deutsches Wochenmagazin, 24. Februar 1962, S. 21.

232 Ernst Neubach, letter to Monsieur le Président de la République, Paris, 27th November 1946. Ls V 242/47, Tschechisches Nationalarchiv Prag.

233 Alfred Baubin, letter to the Extraordinary People's Court in Prague XIV, 5th November 1946. Ls V 242/47, Tschechisches Nationalarchiv Prag.

234 Charvát, J.: Můj labyrint světa. Vzpomínky, zápisky z deníků. Prag: Galén 2005, S. 200.

235 Ebd., S. 199f.

236 Ebd., S. 200.

237 Ebd., S. 201.

238 Albert Göring, letter to his wife Mila, Prague, 21th March 1947, Archiv von 3BM TV, London.

239 Interview mit Elizabeth Goering, The Real Albert Goering, 3BM TV, 1998.

240 Interview mit Jacques Benbassat durch den Autor, Greenville, South Carolina, 28. Juni 2005.

241 Interview mit Elizabeth Goering, The Real Albert Goering, 3BM TV, 1998.

242 Interview mit Jacques Benbassat durch den Autor, Greenville, South Carolina, 28. Juni 2005.

243 Telefonisches Interview mit Elizabeth Goering durch den Autor, 1. April 2009.

244 Ebd.

245 Interview mit Brunhilde Löhner-Fischer, The Real Albert Goering, 3BM TV, 1998.

246 Ebd.

247 Jacques Benbassat, E-Mail an den Autor, 26. Februar 2005.

248 Telefonisches Interview mit Elizabeth Goering durch den Autor, 1. April 2009.

249 Interview mit Brunhilde Löhner-Fischer, The Real Albert Goering, 3BM TV, 1998.

250 Ebd.

251 Interview mit Christine Schöffel durch den Autor, Graz, Österreich, 12. Mai 2007.

252 Ebd.

253 Ebd.

254 Neubach, E.: »Mein Freund Göring«. In: Aktuell. Deutsches Wochenmagazin, 24. Februar 1962, S. 27.

255 Maser, W.: Hermann Göring: Hitlers janusköpfiger Paladin. Die politische Biographie. Berlin: Quintessenz Verlag 2000, S. 466f.

Zuallererst gilt mein tiefempfundener Dank denen, die mich so freundlich bei sich aufgenommen und ihre Familienüberlieferungen an mich weitergereicht haben. Sie sind die wahren Autoren dieses Buches. Ganz besonders danke ich Elizabeth Goering dafür, dass sie so großzügig Erinnerungen und Fotografien ihres Vaters beigesteuert hat.

Dankbar bin ich auch allen Archivar(inn)en und Historiker(inn)en, die mir geholfen haben, einen gewaltigen Berg an Informationen zu erklimmen, unter anderen Adam LeBor, der mir zu Beginn meiner Recherchen den Weg gewiesen hat, Lawrence H. McDonald und Jon Taylor von den US National Archives, Dr. Vladislav Krátký vom Škoda-Museum, Sabine Stein vom Archiv der Stiftung Gedenkstätten Buchenwald und Mittelbau-Dora, Dr. Margot Fuchs vom Historischen Archiv der Technischen Universität München sowie Per Svensson und den wunderbaren Mitarbeitern des Nationalarchivs Großbritannien und des Tschechischen Nationalarchivs.

Nick Mooney und Byron Matthews gilt mein herzlicher Dank für ihre »Aufklärungsmissionen« in Südamerika, und Lalo Walsh sowie Beth Porter danke ich für ihre Ermutigungen während der Überarbeitungsphase. Dustin Gould war mit seiner sprachlichen und fotografischen Expertise, seiner unermüdlichen Unterstützung und seinen Späßen auf langen Autobahnfahrten einfach unersetzlich.

Von ganzem Herzen dankbar bin ich auch den vielen Übersetzern, die mir so bereitwillig geholfen haben, unzählige Dokumente und Briefe zu entziffern. Die Kolars, Ladislav Douda und Andrey Lipattsev übersetzten für mich aus dem Tschechischen, Clare Allgeier aus dem Französischen und Marta Castorino aus dem Italienischen. Für die korrekte Deklination und Syntax im Deutschen sorgten Susanne Seeburger, Kathrin Borgerding, Klaus Keller und meine Mitbewohner.

Cheers, thanks a bunch, vielen Dank und tusen takk an meine lieben Freunde in aller Welt, die mich so geduldig ihre Sofas belegen und ihre Kühlschränke plündern ließen. Ganz besonders dankbar bin ich Sarah Lambe und den »Teds« im O'Kellys dafür, dass sie mich in ihre – wenn auch dysfunktionale – Ersatzfamilie aufgenommen haben.

Meiner eigentlichen Familie kann ich gar nicht genug dafür danken, wie verständnis- und vertrauensvoll sie bei meinem scheinbar abstrusen und endlosen Unternehmen hinter mir gestanden hat. Meiner Mutter verdanke ich den historischen Wissensdurst und meinem Vater die nötige Zuversicht für dieses Projekt. Mein Schwager hat es mir ermöglicht, in Ruhe die letzten Kapitel abzuschließen.

Am meisten Dank schulde ich meiner ältesten Schwester, die mir Lektorin, Mentorin, Freundin und Vertraute gewesen ist. Seit meiner Geburt hat sie mich unter ihre Fittiche genommen und mir geholfen, meine Ziele zu erreichen. Dass ich überhaupt in der Position bin, jetzt diese Danksagung schreiben zu können, verdanke ich ihr.

Ich danke Albert Göring, der meinen Glauben an die Menschheit gefestigt hat.

Inhalt

1. Der Kompass   7
2. Nimmerland   11
3. Blaue Augen, braune Augen   18
4. Geburt   36
5. Ein Junge im Bücherschrank   62
6. Der Emigrant   85
7. Der König von Schweden   111
8. Baron von Mosch   132
9. Bredowstraße   158
10. »Grund der Verhaftung: Betreffender ist der
    Bruder des Reichsmarschalls Göring«   175
11. Schwarz, Rot und Gelb   199
12. Der zufriedene Paria   206
13. Wieder ein anderer   216

    Anhang
    Anmerkungen   223
    Dank   235

LORENZ S. BECKHARDT
Der Jude mit dem Hakenkreuz
Meine deutsche Familie
480 Seiten
ISBN 978-3-351-03276-0
Auch als E-Book erhältlich

Erschütternd und provokant

Die Geschichte einer ungewöhnlichen deutsch-jüdischen Familie –
von aufstrebenden Kaufleuten im 19. Jahrhundert über den Großvater
Fritz Beckhardt, den glühenden Patrioten und mutigen Piloten im
Ersten Weltkrieg, bis zur Generation, die nach 1945 einen Neuanfang
im Land der Täter wagt.
Bewegend schildert Lorenz S. Beckhardt die Schicksale seiner
Verwandten und die eigene Selbstfindung, die Folgen von Schweigen,
Verdrängen, den schweren Neubeginn in der alten Heimat, die
alltäglichen Demütigungen durch Nachbarn und den zermürbenden
Streit um die Rückerstattung des Eigentums.

**Mehr Informationen erhalten Sie unter www.aufbau-verlag.de oder in Ihrer
Buchhandlung.**